金融发展理论前沿丛书

教育部人文社会科学研究规划基金项目
（10YJA840042）资助成果
国家"211工程"第三期项目成果

中国农村政策性金融的功能优化与实证分析

王伟 著

中国金融出版社

责任编辑：孔德蕴　王素娟
责任校对：张志文
责任印制：陈晓川

图书在版编目（CIP）数据

中国农村政策性金融的功能优化与实证分析（Zhongguo Nongcun Zhengcexing Jinrong de Gongneng Youhua yu Shizheng Fenxi）/王伟著．—北京：中国金融出版社，2011.1
 ISBN 978-7-5049-5771-9

Ⅰ.①中… Ⅱ.①王… Ⅲ.①农村金融—金融政策—研究—中国 Ⅳ.①F832.0

中国版本图书馆 CIP 数据核字（2010）第 242712 号

出版
发行　中国金融出版社

社址　北京市丰台区益泽路2号
市场开发部　（010）63266347，63805472，63439533（传真）
网上书店　http://www.chinafph.com
　　　　　（010）63286832，63365686（传真）
读者服务部　（010）66070833，62568380
邮编　100071
经销　新华书店
印刷　北京松源印刷有限公司
尺寸　169毫米×239毫米
印张　14.5
字数　224千
版次　2011年1月第1版
印次　2011年1月第1次印刷
定价　28.00元
ISBN 978-7-5049-5771-9/F.5331
如出现印装错误本社负责调换　联系电话（010）63263947

前言

中国仍然处在社会主义市场经济的初级阶段，处于经济转轨、转型与赶超时期，生产力水平不够高，市场经济不够完善，人口众多，区域差异大，经济发展不均衡。在这种基本国情之下，我国仍然存在着"三农"、中小企业、低收入者住房、西部大开发、扶贫开发、企业"走出去"、对外援助、节能减排、科技开发、自主创新、生态环境保护、就业、助学、灾后重建、支持西藏和新疆经济发展等国民经济重点领域和薄弱环节。这种国情之下，需要持续不断的、巨额的政策性资金代表政府的意愿加以扶持和发展的行业或领域不胜枚举，其政治效益、社会效益远远大于经济效益。从这个意义上来讲，中国比世界上其他国家更加需要发达配套的、实力强大的政策性金融。因此，2010年中央一号文件提出要"加大政策性金融对农村改革发展重点领域和薄弱环节的支持力度"，并首次明确要求"加快发展政策性农业保险"。党的十七届三中全会通过的《中共中央关于推进农村改革发展若干重大问题的决定》，强调要"加快建立商业性金融、合作性金融、政策性金融相结合，资本充足、功能健全、服务完善、运行安全的农村金融体系"，同时要"健全政策性农业保险制度"。

"三农"问题是中国的天字第一号重大战略性问题，农村金融尤其是农村政策性金融，则是破解这一重大难题的重中之重和关键之关键，也是落实科学发展观的内在要求和必然结果。在现代农村金融制度体系中，农村政策性金融是不可或缺的一个重要组成部分，是国家保障农村社会强位弱势群体金融发展权和金融平等权的特殊制度安排，也是世界各国普遍实行的用于支持农业和农村发展的一项金融制度，具有深刻的基本经济学和金融学含义。我国现代农村金融体系的构建，应坚持多种农村金融中介形式多元化协调发展的基本原则。

然而，在目前农村商业性金融机构基于利润最大化原则而逐步收缩农村地区金融业务，农村合作性金融机构在定性问题上摇摆不定，村镇银行、贷款公司等新型农村金融机构趋利性日益凸显的情况下，农村政策性金融机构的特有功能与主导性、主动性的骨干作用则应该义不容辞地充分体现出来。农村政策性金融改革与可持续发展应该建立在金融功能观的基础上。

特别值得一提的是，经济学家贾康曾主持研究过多项开发性金融课题（2005年、2006年），近年来他通过多种媒体，不断呼吁要重视政策性金融问题。不久前，他郑重提出了"一个不容回避的问题——建立和发展中国政策性金融体系"，建议要"抓紧研究，特别是在当前有压力的情况下研究：如何在中国建立和发展政策性金融体系"。[①] 所以，本书对农村政策性金融制度创新、制度功能及其实现机制问题的研究，不仅进一步深化了政策性金融学理论体系及其学科建设，而且具有很强的现实针对性，有助于完善我国政策性金融体系，充分发挥农村政策性金融支持农村改革发展的功能作用。

本书基于农村金融需求视角与金融功能观分析范式，采用描述性研究与实证分析、比较研究相结合的研究方法，研究农村政策性金融制度的功能结构理论，在实证分析我国农村政策性金融制度供求失衡现状的基础上，借鉴国外相关经验，探讨如何构建功能完善的我国农村政策性金融制度体系。第一，本书研究了农村政策性金融制度的一般理论问题，并构成了本书的基本理论基础。如农村政策性金融制度的含义、特征、界定标准与对农村政策性金融机构内涵特征的一般描述和概括，农村政策性金融功能结构的十大要素，农村政策性金融制度的理论依据以及基于我国农村金融排除度实证分析视域下的政策性金融制度持久存在和发展的客观必然性等内容。第二，按照农村政策性金融需求的微观性与宏观性相统一的要求，对于农户、农村企业和地方政府等不同需求主体对农村政策性金融需求的特点及影响因素进行实证分析。第三，从我国农村政策性金融制度供给方面，探讨我国农村政策性金融的历史演进或制度变迁，并运用现代行为金融学理论与方法，对我国农村政策性金融功能弱化或制度非均衡问题进行深入探析。第四，对农村政策性金融制度的其他主要承载体，即农村合作金融、商业性金融与社保金融的社会功能及其实现机制进行初步探

---

① 贾康. 建立和发展中国政策性金融体系不容回避 [J]. 今日中国论坛，2009 (4).

讨。第五，按照农村政策性金融的功能构成要素，从十个方面比较研究世界各国完善农村政策性金融制度功能体系的基本经验，并进行了一般性概括。第六，根据农村政策性金融制度功能优化的要求，主要从完善我国农村政策性金融制度体系的路径选择与对策上，提出一系列政策建议，以构筑功能完善的农村政策性金融制度新体系。

　　本书是教育部人文社会科学研究规划基金项目"农村政策性金融制度创新的社会学研究"（10YJA840042）资助成果之一。我的研究生刘子赫、刘力分别撰写了本书的5.1、5.2部分，陈阳博士撰写了5.3部分；张艳娟博士、田杰博士等也参与了一些问题的讨论并提供了相关资料，特致谢意。同时，我也对中国金融出版社编辑老师的严谨细致、精益求精的敬业精神深感钦佩，在此一并表示感谢。

　　本书旨在进一步繁荣我国政策性金融事业，推进政策性金融学的学科建设与理论研究。由于水平和条件有限，书中错误与不足之处在所难免，真诚地希望广大读者批评指正，真正地体现出"百花齐放，百家争鸣"的学术氛围。

王伟

2010年11月

目 录

1 引言 …………………………………………………………………… 1
  1.1 研究问题的由来 …………………………………………………… 3
  1.2 文献综述 …………………………………………………………… 5
    1.2.1 金融发展理论研究 …………………………………………… 5
    1.2.2 政策性金融理论与实践研究 ………………………………… 7
    1.2.3 农村政策性金融研究 ………………………………………… 12
    1.2.4 政策性农业保险研究 ………………………………………… 17
  1.3 研究目的与技术路线 ……………………………………………… 18
  1.4 研究内容与研究方法 ……………………………………………… 19
    1.4.1 研究内容 ……………………………………………………… 19
    1.4.2 研究方法 ……………………………………………………… 22
  1.5 主要创新点 ………………………………………………………… 22

2 农村政策性金融的制度特征、功能解释与客观必要性 …………… 25
  2.1 农村政策性金融制度的含义及特征 ……………………………… 27
    2.1.1 农村政策性金融的制度内涵与界定标准 …………………… 27
    2.1.2 农村政策性金融的制度特征 ………………………………… 29
    2.1.3 农村政策性金融机构的含义与基本特征 …………………… 30
  2.2 农村政策性金融的功能结构 ……………………………………… 33
    2.2.1 农村政策性金融制度的功能内涵 …………………………… 33
    2.2.2 农村政策性金融的十大功能要素 …………………………… 34
  2.3 农村政策性金融制度安排的理论依据及现实意义 ……………… 36
    2.3.1 农村政策性金融制度不可或缺、不可替代的理论依据 …… 37

  2.3.2 我国农村金融排除度下的政策性金融制度持久存在和
     发展的客观必然性 ·· 42
 2.4 尤努斯及其乡村银行的政策性金融实践及启示················· 53
  2.4.1 尤努斯创办乡村银行的动因：扶持弱势群体·············· 53
  2.4.2 乡村银行的贷款对象及条件 ···································· 55
  2.4.3 孟加拉国乡村银行的启示·· 56

3 我国农村政策性金融需求实证分析 ·· 59
 3.1 农户对农村政策性金融的需求及特点···························· 61
  3.1.1 农户对农村政策性金融的需求情况调查····················· 61
  3.1.2 影响农户政策性农业保险需求的因素分析················· 67
  3.1.3 农户对农村政策性金融需求的特点·························· 72
 3.2 农村企业对农村政策性金融的需求及特点······················ 74
  3.2.1 农村企业对农村政策性金融的需求情况调查·············· 74
  3.2.2 农村企业对农村政策性金融需求的特点···················· 78
 3.3 地方政府对农村政策性金融的需求及特点······················ 80
  3.3.1 地方政府对农村政策性金融的需求情况调查·············· 80
  3.3.2 地方政府对农村政策性金融需求的特点···················· 83

4 我国农村政策性金融制度供给及功能弱化问题························· 85
 4.1 我国农村政策性金融制度变迁······································· 87
  4.1.1 新中国成立之前的农村政策性金融ꞏꞏꞏꞏꞏꞏꞏꞏꞏꞏꞏꞏꞏꞏꞏꞏꞏꞏꞏꞏꞏꞏꞏꞏ 87
  4.1.2 新中国成立之后到机构专营的农村政策性金融·········· 90
  4.1.3 机构专营后的我国农村政策性金融·························· 93
 4.2 我国农村政策性金融功能弱化的实证分析······················ 97
  4.2.1 我国农村政策性金融功能性缺陷的主要表现·············· 97
  4.2.2 我国农村政策性金融功能效应实证分析 ··················· 101
 4.3 我国农村政策性金融功能弱化的原因与后果·················· 104
  4.3.1 我国农村政策性金融功能弱化的行为金融学分析······· 104
  4.3.2 关于农村政策性金融市场化运作问题的剖析············· 109
  4.3.3 我国农村政策性金融功能弱化的不良后果················ 114

5 我国农村合作金融、商业性金融与社保金融的社会功能 ······ 119
5.1 我国农村合作金融的社会互助功能 ······ 121
- 5.1.1 农村合作金融的基本功能 ······ 122
- 5.1.2 农村合作金融与政策性金融的关系国际比较 ······ 123
- 5.1.3 完善我国农村合作金融社会互助功能的对策 ······ 126

5.2 我国农村商业性金融的社会责任功能 ······ 129
- 5.2.1 农村商业性金融承担的社会责任功能及作用 ······ 129
- 5.2.2 完善我国农村商业性金融社会责任功能的途径 ······ 132

5.3 农村社会保障金融的特殊功能及对策 ······ 134
- 5.3.1 农村社会保障金融的含义与功能 ······ 134
- 5.3.2 我国农村社会保障金融发展的对策 ······ 136

6 国外优化农村政策性金融制度功能的经验和做法 ······ 141
6.1 基于农村政策性金融功能构成要素的国际比较 ······ 143
- 6.1.1 农业政策性导向功能的实现机制比较 ······ 143
- 6.1.2 农业生产扶植功能的实现机制比较 ······ 144
- 6.1.3 农业基础建设开发功能的实现机制比较 ······ 146
- 6.1.4 农产品价格支持功能的实现机制比较 ······ 147
- 6.1.5 农村扶贫开发功能的实现机制比较 ······ 148
- 6.1.6 农村专业性服务与协调功能的实现机制比较 ······ 151
- 6.1.7 农业政策性保险（担保）功能的实现机制比较 ······ 153
- 6.1.8 农村金融市场补缺性功能的实现机制比较 ······ 155
- 6.1.9 农村政策性金融诱导性功能的实现机制比较 ······ 156
- 6.1.10 有限金融性功能的实现机制比较 ······ 158

6.2 国外完善农村政策性金融功能的基本经验 ······ 159

7 构筑功能完善的我国农村政策性金融制度新体系 ······ 165
7.1 从"三农"问题战略高度，科学认识和重视农村政策性金融制度 ······ 167
7.2 按照功能观点完善农村政策性金融体系和明确职能定位 ······ 169
7.3 构建以农村政策性金融为主导的农村金融协调发展机制 ······ 173
7.4 加快发展政策性农业保险 ······ 175

7.4.1 科学认识政策性农业保险制度的内涵与意义 …………… 176
   7.4.2 政府对政策性农业保险发展的支持方式 ………………… 179
   7.4.3 农业巨灾风险的保险处理技术及转移分散模式 ………… 181
   7.4.4 建立农村政策性信贷与农业保险相结合的银保互动机制 …… 184
   7.4.5 加快发展政策性农业保险的基本对策 …………………… 185
  7.5 构筑"政合合一"的农村政策性金融组织体系 ……………… 188
  7.6 建立健全农村政策性金融支持保障机制 ……………………… 190
   7.6.1 切实加快农村政策性金融立法工作 ……………………… 190
   7.6.2 建立适合于农村政策性金融（保险）特点的特殊的金融
        监督制度 ……………………………………………………… 191
   7.6.3 建立自动稳定的农村政策性金融利益补偿机制 ………… 193

附录 ………………………………………………………………………… 197
  附录一 农户政策性金融需求问卷 ………………………………… 199
  附录二 农村企业政策性金融需求问卷 …………………………… 202
  附录三 地方政府政策性金融需求问卷 …………………………… 205
  附录四 农户农业保险调查问卷 …………………………………… 208

参考文献 …………………………………………………………………… 211

金融发展
理论前沿丛书

1 引言

1 引言

1.1 研究问题的由来

农村政策性金融是农村金融体系中不可或缺的一个重要组成部分，是国家保障农村社会强位弱势群体金融发展权和金融平等权的特殊制度安排。古今中外，一直普遍持续存在着专门服务和支持农村强位弱势群体的政策性金融活动。农村地区是政策性金融最能直接发挥其特殊功能作用且最能体现其价值的领域和舞台之一。农村政策性金融也是政策性金融理论体系的一个重要研究内容。一般来说，所谓农村政策性金融，是指在一国政府的支持和鼓励下，以农村金融资源配置的社会合理性为最大目标，以政府政策性扶植的农村地区强位弱势群体为金融支持对象，以优惠的存贷利率或信贷、保险（担保）的可得性和有偿性为条件，在专门法律的保障和规范下进行的一种特殊性资金融通行为和制度安排。由于农业的重要性与弱质性，无论是发达国家还是发展中国家、经济转轨型国家，都十分重视和扶植农业，普遍建立了农村政策性金融制度，有效地将财政与金融、计划与市场、宏观与微观、直接管理与间接管理巧妙地、有机地结合起来，充分发挥农村政策性金融特有的功能与作用。因此，农村政策性金融始终是农村金融研究的重要领域之一。

业界普遍认为，农村金融目前仍然是我国金融体系的薄弱环节，"贷款难"是农民增收的主要制约因素，而长期以来主要依靠现有商业银行和农村信用社不可能解决有效服务"三农"发展的金融需求问题，因为这类正规金融机构与农村借款人之间的信息不对称和借款人方面存在的逆向选择和道德风险行为，以及正规金融机构方面存在的成本、风险与收益的不对称，导致其"嫌贫爱富"并日益缩减在农村地区的金融业务，这种外部性约束形成农村金融的恶性循环。所以，在现阶段，我国不能单纯依靠市场机制作用来解决农村资金外流问题，也不能仅靠银行履行社会责任来解决农村信贷投入不足问题。

"三农"问题是中国的重大战略性问题，农村金融，特别是农村政策性金融，则是破解这一重大难题的重中之重和关键之关键，也是落实科学发展观的内在要求和必然结果。在我国，虽然建立有农村政策性金融制度，并发挥了一定的作用，但从现状来看，存在不少问题，主要表现是：对农村政策性金融的必要性与功能作用认识不足；农村政策性金融功能不完善，包括政策性银行、政策性农业保险、政策性信用担保、公益信托以及政策性投资基金、资产管理等在内的相互补充的农村政策性金融体系不健全；中国农业发展银行的资金来源渠道单一，业务范围狭窄，经营困难重重，发展步履维艰，支农力度和效应、效率都不容乐观，而且日益倾向于盈利性的商业性业务而偏离其制度宗旨，未能充分发挥其应有的支农服务骨干和支柱作用；政策性农业保险制度也仍然处于试点之中，举步维艰。

关于我国农村政策性金融与农业保险为什么会出现这种发展的困惑、困境，以往的研究（成思危，2005；刘锡良，2006；韩俊，2007）大多认为，是由于中国农业发展银行职能单一、机构定位不明，农村政策性金融功能不健全。那么，农村发展具体需要什么样的政策性金融功能？或者说，农村政策性金融的特有功能是什么？许多学者（周霆、邓焕民，2005；刘锡良等，2006）也提出了这个问题，但未能继续深入下去并解决好这个问题，学术界对此还没有进行专门系统的研究，相关的分析也缺乏大量实证数据的支撑，其说服力尚显薄弱。众所周知，基于功能观点（Functional Perspective）的视角分析金融体系和金融中介，是相对于传统的机构观点（Institutional Perspective）的金融分析范式的重大转换；相关研究结果表明，金融机构形式的变迁也最终将由其所履行的功能决定。因此，为了适应农村改革发展和社会主义新农村建设的要求，迫切需要从完善农村政策性金融功能及制度体系的角度，对我国农村政策性金融制度加以改革，促进其可持续发展。党的十七届三中全会通过的《中共中央关于推进农村改革发展若干重大问题的决定》（以下简称《决定》），也强调要"加快建立商业性金融、合作性金融、政策性金融相结合，资本充足、功能健全、服务完善、运行安全的农村金融体系"，同时要"健全政策性农业保险制度"；2010年中央一号文件提出要"加大政策性金融对农村改革发展重点领域和薄弱环节的支持力度"。以完善和优化农村政策性金融制度功能为突破口，有助于促进我国农村政策性金融制度创新，进而推进整个农村金融体系的协调与可持续发展，提高农村金融服务质量和水平，本书正是针对这一现实需要，对解决我国农村政策性金融（包括政策性农业保险）改革和发展实践中所面临的问题进行理论探讨。

从理论价值与学科建设方面来看，一方面，政策性金融学是20世纪80年代兴起的一门金融学科，目前国内已经开始招收政策性金融学专业的硕士生和博士生，许多高校还开设有政策性金融方面的本科生课程。在政策性金融理论体系中，农村政策性金融也是重要的研究内容之一。另一方面，20世纪最后二三十年，随着经济全球化、经济金融化、金融全球化的日益深入，金融发展问题越来越引起学者和决策层的高度关注，探究金融发展理论，构建发展金融学也势在必行。金融发展不仅要维持商业性金融的可持续发展，而且还包括与之对称、平行、并列和互补的政策性金融的可持续发展；不仅要维持本国的商业性金融和政策性金融的可持续发展，而且还要维持世界各国——既包括发展中国家、经济转型国家，也包括发达国家的商业性金融与政策性金融的可持续发展。进而，政策性金融（包括农村政策性金融）也就必然成为金融发展理论体系的重要研究内容之一。另外，随着金融类学科专业的调整，原农村金融专业并入金融学专业，原分类较细的农村金融系列课程也归纳和重新组合为一门农村金融学课程。与此相对应的是，农村金融学理论体系及内容也需要重新整合完善，其中也包括对农村政策性金融制度功能与体系建设问题的重新认识与完善研究。因此，探讨农村政策性金融理论与实践问题，也是金融发展与政策性金融、农村金融理论研究与学科建设的迫切需要。

综上所述，本书研究成果不仅可以丰富政策性金融、金融发展与农村金融理论研究成果，深化同类问题研究，推进政策性金融学、发展金融学和农村金融学学科建设和理论体系的完善，而且可以为政府部门提供决策咨询，为我国农业政策性银行改革与政策性农业保险发展进而构建功能完善的现代农村金融制度体系提供新的政策思路和决策参考。

1.2 文献综述

本书主要从相关的金融发展理论研究、政策性金融理论与实践研究、农村金融与政策性金融研究、农业保险与政策性农业保险研究等方面，对前期国内外相关的学术文献进行理论综述。

1.2.1 金融发展理论研究

从历史渊源来看，西方学者很早就有关于金融发展问题的论述，但较系统全面的金融发展理论主要是在20世纪六七十年代发展起来的。自从1969年戈德史密斯出版《金融结构和金融发展》专著以来，金融发展理论一般经历了金融结构论、金融深化论、金融约束论和金融可持续发展论等理论阶段。

戈德史密斯的金融结构论是把金融发展定义为金融结构的变化，金融结构是一国现有的金融工具和金融机构的总和。金融机构（包括开发银行等所谓重要的金融机构）主要是在上层建筑中从事活动，无论是在金融机构发展的初期还是后期，中央计划经济中的政府都完全拥有、经营并控制金融机构。金融上层建筑的规模普遍小得多，这必然导致较低的金融相关比率（FIR值）。金融体系的作用只是行政分配商品、劳动力的补充和附属，而不是资源配置中的一个独立要素。金融资产中的主要债权也都属于政府或政府机构。

金融深化论是金融压抑和金融深化两种理论的合称，由麦金农和肖在20世纪70年代初提出，其后至80年代末，一些经济学家在麦金农—肖金融深化框架内，通过建立数学模型对金融深化论又加以了严格论证。在金融资源配置主体问题上，金融深化论之前的主导性看法是，金融部门和其他经济部门不同，金融部门的有效运行离不开政府的干预，政府金融管制在经济上适用、政治上便利，因而五六十年代成为发展中国家管制金融的高峰时期。但金融深化论对此提出了质疑，认为正是由于政府对金融的过多干预（利率和汇率行政管制），才导致了金融压抑和金融"浅短"（Financial Shallow）现象，因而主张通过解除政府对金融的过度干预，推行市场金融制度——实质上是金融自由化，来实现深度金融。然而，由于这种理论是建立在与现实经济生活相脱离的完全竞争市场假设上，加之一大批非洲、亚洲和拉丁美洲的发展中国家据此理论的实践大多以失败而告终，金融深化论也就成为一种不切合实际的一相情愿，并引起许多质疑与思索。

针对金融深化论的缺陷，20世纪90年代初，一些从事金融理论研究的经济学家在汲取内生增长理论的"给养"后，将内生增长和内生金融中介体或金融市场纳入了其所建立的大量的理论模型和实证模型中，同时引入了与完全竞争相悖的不确定性（偏好冲击、流动性冲击）、信息不对称（逆向选择、道德风险）、不完全竞争、外部性等因素，形成了内生金融论。该理论认为，金融发展并不意味着完全走由市场配置资源的市场金融之路。由于金融自由化需要一些良好的、严格的宏观经济环境和微观基础先决条件，所以那些暂不具备这些条件的发展中经济和转型经济国家必须另辟蹊径，适宜于走政府有控制、有限制的金融政策的"金融约束"这样的金融发展之路。内生金融论强调了政府在流动性（流动资产）的提供方面发挥着重要作用，政府是流动性的公共供给者。

然而，20世纪90年代初的发展金融理论家对金融发展不当所导致的危害认识不足，如对金融发展转化为金融动荡和金融危机机理的研究有所欠缺等。20世纪80年代以来，特别是进入90年代以后，金融危机和动荡不断困扰世界各国；同时，经济金融日益全球化、经济日益金融化、社会资产日益金融资产化。1997年爆发的东亚金融危机更是震撼全球，也暴露了主流经济学界在揭示现代经济金融发展规律方面的无能为力，直接宣布了六七十年代以来发展金融理论的终结。在这种理论和现实背景下，以金融资源论为基础的金融可持续发展理论（白钦先，1998）应运而生。该理论从金融资源理论的角度，强调了政府金融（政策性金融）主体在金融资源配置中的独特作用，以及政策性金融可持续发展的重要意义，认为金融发展不仅要维持商业性金融的可持续发展，而且还包括与之对称、平行和并列的政策性金融的可持续发展；不仅要维持本国的商业性金融和政策性金融的可持续发展，而且还要维持世界各国——既包括发展中国家、经济转型国家，也包括发达国家的商业性金融和政策性金融的可持续发展（白钦先、王伟，2004）。

1.2.2 政策性金融理论与实践研究

在政策性金融发展研究方面，国内外许多专家学者从多种视角进行了一些探索，其中主要的理论观点可以概括如下。

1.2.2.1 对政策性金融概念的多元化理解

国内外对政策性金融有多种称谓，如国家金融、政府金融、公共金融、制度金融、特殊金融、财政投融资、公共投资、开发金融等。在英文文献中多译为 Policy – Based Finance（Tasuku Takagaki，2002），日文中称为"公的金融"（瞿强，2000）。研究者一般是从与商业性金融相互对称、平行与并列的角度来理解和界定政策性金融概念的（白钦先，1998；曾康霖，2004；Ng Kee Choe，2002）。王伟（2008）认为，扶贫性金融（曾康霖，2004）、弱势金融（王爱俭，2006）也属于政策性金融范畴和政策性金融学研究的内容之一。政策性金融实质上是一种实现政府金融职能的特殊形式（杨涛，2008），国家信用是其基本特征（白钦先，1998；唐旭等，2008）。谭庆华（2005）、臧明义（2006）认为政策性金融有广义与狭义之分，前者包括一切体现政策性目标而进行的金融活动，后者即政策性金融机构所从事的业务活动。瞿强（2000）从后发展国家的政策手段来定义政策性金融。陈元（2004）、张涛（2005）认为，政策性金融是以财政性手段弥补市场失灵的非金融性行为。国外一些研究者认为，政策性金融是公共部门所从事的金融活动，是为了实现产业政策等特定的政策目标而采取的金融手段（小滨裕久、奥田英信，1994）。

政策性金融机构是现代金融机构体系中的一个重要组成部分（王广谦等，2008），也是现代金融制度上的一个重大创新（胡炳志，2003）。但对于如何识别政策性金融机构，目前尚未有统一的认识。唐文琳、边作新（2001）归纳了三种观点。张涛、卜永祥（2006）提出国外鲜有政策性银行这一提法。汤敏（2006）认为，亚洲开发银行、世界银行也是一种国际性的政策性银行；西方国家金融中介体系中也包括政策性银行（Policy Bank）（黄达，2003）。以上对政策性金融及政策性金融机构的多称谓、不确定性和不规范性定义表明，在这一领域各国尚缺乏系统全面的规范性研究（白钦先，1998）。

1.2.2.2 政策性金融功能作用研究

在政策性金融功能作用方面，白钦先（1998）将政策性金融的功能概括为直接扶植与强力推进功能、逆向性选择功能、倡导与诱导性功能、虹吸与扩张性功能、补充与辅助性功能、服务与协调功能，以及优化一国宏观经济资源和金融资源配置调节体系的"一石二鸟双优化"功能；并将政策性金融提到基本经济学、金融学基础理论的高度，从市场失灵、资源配置、强位弱势群体、准公共产品（白钦先、郭刚，2000）、信贷配给（白钦先、王伟，2004）等角度进行了探讨。事实上，白钦先、曲昭光（1993）早期对政策性金融机构职能的分析，是对政策性金融功能的初步研究。后来国内许多学者所阐述的政策性金融机构的职能，实际上也指的是政策性金融的功能。例如，王廷科、薛峰（1995）、范恒森（2000）认为，政策性金融机构或组织具有填补资本市场空缺、执行政府经济政策和倡导性三个特有的政策性经济职能。郭刚（2002）认为，政策性金融具有三个独特的功能，即协调补充功能、调节诱导功能和均衡发展功能。谭庆华、吕玉红（2004）研究了政策性金融的引导—虹吸—扩张功能机制。谭庆华（2005）认为，政策性金融具有中介功能、服务功能（基础功能）和资源配置功能（核心功能），在扩展功能上侧重于经济调节功能，在衍生功能上侧重于宏观调节功能。其中，基础功能和核心功能是政策性金融的一般功能，而在扩展功能和衍生功能的侧重正是政策性金融的特有功能。王伟（2006）提出了基于市场原则的政策性金融功能观。

国外学者研究了政策性金融的结构调整功能（小椋·吉野，1984）、诱导功能（福田，1995）、效率增进功能（W. G. Shephard，1975）、社会福利功能（井手和林，1992）等。斯蒂格利茨（1998）依据其不完全竞争市场理论提出了政策性金融有效论，政策性银行今天被证明仍然是十分有效的（David Dollar，2006）。曾康霖（2004）认为，按照科学发展观审视我国金融事业的发展，需要多元化的金融制度安排。现阶段我国金融制度需要四类金融，即商业性金融、政策性金融、互助性金融和扶贫性金融。李扬（2005）认为，政策性金融在短期内不仅不应弱化，还应进一步加以发展和寻求创新，特别是在当前有压力的情况下，建立和发展中国政策性金融体系不容回避（贾康，2009），目前中国的经济社会发展总体上仍然需要不断强化政策性金融体系的功能（杨涛，2007）。开发性金融的倡导者陈元（2009）在分析美国次贷危机的教训后也指出，政策性金融能有效促进经济社会发展和政府目标的实现。也有人认为，政策性金融有可能造成金融抑制、阻碍金融深化（曹晓东、贺学会，1999；王曙光，2004）。

总的来看，由于政策性金融机构的种类繁多，国外直接针对政策性金融发展问题的研究不多也不系统，仅从公共投资、农业发展、中小企业、基础设施等专业领域进行间接的研究。在国外，一般认为政策性金融是弥补市场经济缺陷的需要而必然产生和发展的（Gary Clyde Hufbauer and Rita M. Rodriguez，2001）。W. G. Shephard（1975）从产业组织论的角度分析了在金融业寡占的情况下，设立政策性银行可以提高金融业的整体效率。Kozo Kato 等（1994）考察了政策性金融在第二次世界大战后日本经济复兴中的重要作用，尤其是日本开发银行（JDB）在其中扮演的角色。Gonzalez 和 Paqueo（2003）研究了一种政策性金融基金（Rainy-Day Founds）与社会部门开支之间的关系。Berger 和 Udell（1998）专门研究了对中小企业的金融扶持问题。在当今世界各国政策性金融改革发展的浪潮中，许多知名的政策性金融机构仍然一如既往地声称并坚持其政策性金融的本质属性（韩国产业银行，2004）。目前，日本政府也要求改组后的新的政策性金融机构，必须树立鲜明的政策性金融的旗帜，充分发挥其先导性作用（张舒英，2007）。

1.2.2.3 政策性金融与商业性金融的关系研究

关于政策性金融与商业性金融的关系，可概括为互补论和竞争论两种不同的观点。前者认为，政策性金融与商业性金融是相互补充而非替代的关系，是平等协调合作的伙伴而非对立的或从属的或竞争的对手（白钦先、王伟，2004；胡学好，2006；Hans Reich，2002；Shinichi Nishimiya，2006）。政策性金融机构要遵循非主动竞争性盈利原则（王伟，2006），在业务领域上应有进有退、动态转换（吴晓灵，2003；夏斌，2006；汤敏，2007），避免同商业银行的"同构"（詹向阳，2006）。为此应借鉴国际经验进行专门立法（白钦先、曲昭光，1993；宋逢明，2006），并依法独立监管（白钦先、王伟，2005；Ray Brooks，2006）。后者认为，政策性金融与商业性金融可以进行相互竞争，不存在不公平竞争的条件（周小川，2006；张涛，2005；黄记祖，2006）；或应当允许两者存在适度的交叉与竞争（国务院发展研究中心课题组，2005）。依克伟（2007）主张政策性银行应将其业务触角约束在低度竞争领域。

1.2.2.4 我国政策性金融改革发展研究

在我国政策性金融改革发展的研究上，当前面临着三大基本问题：（1）政策性银行转型。张涛（2005）等主张政策性银行向综合性开发金融转型。白钦先（2006）提出质疑，认为政策性银行不存在转型问题，而只有异化后的回归问题。政策性银行改革是一个很长期的问题，不光是商业化问题（Park KiSoon，2006），不能因为政策性银行有些困难就取消它，这是不现实的（David Dollar，2006）。（2）政策性金融市场化（商业化）运作。杨涛（2007）认为，政策性银行的商业化运行就是以盈利最大化为目标。王大用（2007）认为，商业化是指业务方式，而商业银行是一种对业务范围的定义，政策性银行商业化和市场化并不等于政策性银行要转化为商业银行。（3）开发性金融理论与实践。国家开发银行提出的开发性金融理论（2004），虽然没有明确而全面地界定开发性金融的概念，但也是对政策性金融理论的深化和发展。国家开发银行按照其开发性金融理论，并凭借其不言自明的优势和特殊而微妙的背景（高晖、陈春，2007），实现了由政策性银行向商业银行的"成功"转型。白钦先、王伟（2010）从金融基础理论研究的科学性、严谨性和逻辑性或基本实践的规范性角度，对开发性金融与政策性金融、商业性金融三者进行了区分、比较和剖析。

总体来看，国内在政策性金融改革发展问题上，一般可归纳为三种理论观点及政策倾向：第一种是在陈元（2004）提出的开发性金融理论的基础上，张涛（2005）等人主张农业发展银行等所有政策性金融机构都应当一律转型为主动竞争性盈利的综合性开发金融机构，并采取"分账管理"模式进行运作。第二种是李扬（2005）等人把开发性金融作为政策性金融的主要组成部分之一，认为政策性金融在短期内不仅不应弱化，还应从国家目标、政府信用、市场运作方面进一步加以发展和寻求创新，并以此作为政策性银行的改革方向。第三种是白钦先、王伟（2004），曾康霖（2004）等人基于政策性金融理论，认为政策性银行要坚持政策性为主的方向，在实现政策性金融"六大协调均衡"基础上，建立健全政策性银行运作机制，实现政策性金融的可持续发展。王伟（2006）提出了政策性金融"三位一体"的改革发展方向和目标。

1.2.2.5 政策性金融学科理论研究

政策性金融学科理论的前期研究主要是围绕政策性金融基本理论、体制比较和专业分类研究等展开的，这为本课题进行系统深入的研究奠定了基础。其中，作为政策性金融学科及理论研究的开创者和中国政策性金融机构首倡者的白钦先教授及其率领的研究团队作出了突出的贡献。自20世纪80年代初以来，白钦先教授等在诸多相关系列性研究成果中，比较系统地研究了政策性金融的内涵、特有功能、理论依据，将政策性金融提到基本经济学、金融学基础理论的高度，揭示了其深刻的经济学和金融学含义，并明确提出了在金融体系中，政策性金融与商业性金融是相互对称、平行和并列的两大金融族类。对政策性金融理论体系及基本内容进行了初步研究，提出了政策性金融可持续发展必须实现的六大协调均衡（白钦先、王伟，2004）。胡学好（2006）探讨了中国政策性金融理论与实践问题。王伟（2008）基于POF-SFE系统视角对政策性金融学的理论框架进行了初步分析。目前，相关教材主要有《政策性银行学》（卿淑群，1999）、《政策性银行概论》（庄俊鸿，2001）等。在白钦先、曲昭光（1993）对各国政策性金融机构进行总体综合比较研究的基础上，赵京霞（1996）、王相品（1999）、白钦先、薛誉华（2001）、白钦先等（2002）、白钦先、王伟（2005）、白钦先等（2006）等进行了分类比较研究；Mokhova Natalia（2000），Staking（1997），Kozo Kato（1994），瞿强（2000）等进行了国别体系比较研究。Gonzalez 和 Paqueo（2003）专门研究了政策性金融基金与社会部门开支之间的关系，Berger 和 Udell（1998）研究了政策性金融对中小企业的扶持问题，唐成（2002）研究了政策性金融与邮政储蓄的关系等。

综上所述，政策性金融理论研究还相对滞后，学科理论体系缺乏系统性、层次性和逻辑严密性，尚未形成完整的体系，更多的还是集中于对我国几家政策性银行自身发展模式的分析（杨涛，2008）。然而，政策性金融制度又是始终不可或缺的，并具有一定的发展潜力和前景。因此，建立健全有中国特色的政策性金融学科理论体系刻不容缓，本书的研究也将进一步推进和繁荣在这方面的理论研究。

1.2.3 农村政策性金融研究

农村政策性金融也是农村金融发展理论研究的一个重要内容。在农村金融发展研究方面，学术界可以大体上分为农业信贷补贴论、农村金融市场论和不完全竞争市场理论三种不同的理论流派。这三个流派正好分别对应于金融发展理论中的金融抑制论、金融深化论和金融约束论及其政策主张（宋宏谋，2003）。存在于20世纪80年代以前的农业信贷补贴论认为，农业的产业特性使得发展中国家的农村居民特别是贫困阶层基本上没有储蓄能力，所以政府有必要从农村外部注入低利率的政策性资金，并建立非营利性的专门金融机构来进行资金分配。20世纪80年代以来，在对农业信贷补贴论批判的基础上，产生了与其理论前提完全相反的农村金融市场论，强调市场机制的作用，认为农村居民以及贫困阶层是有储蓄能力的，没有必要从外部注入资金，非正规金融的高利率是理所当然的。进入20世纪90年代，斯蒂格利茨的不完全竞争市场理论及其农村政策性金融有效论的思想和观点，逐渐成为许多国家，特别是一些转型国家最为认同的农村金融发展理论。当然，这也是本书研究的理论基点。

1 引言

20世纪90年代中后期,尤其是东南亚金融危机之后,以斯蒂格利茨为代表的经济学家对经济转轨和金融深化与发展进行了进一步反思,先后发表了三篇著名的"New Paradigm"论文,其中一篇与"后华盛顿共识"有关,另两篇与金融发展有关。他认为,一味的自由是有害的,政府必须起一定的作用,这与他的金融约束思想一脉相承。在农村金融发展理论方面,人们也认识到为培育有效的金融市场,仍需要一些社会性、非市场的要素去支持,其中最具代表性的是斯蒂格利茨的不完全竞争理论。该理论的基本框架是:农村金融市场是一个不完全竞争的市场,尤其是放款的一方(金融机构)对于借款人的情况根本无法充分掌握(不完全信息),完全以高市场机制可能无法培育出一个社会所需要的金融市场。为了补救市场的失效部分,有必要采用诸如政府适当介入金融市场以及借款人的组织化等非市场要素。该理论的政策建议包括:金融市场发展的前提是宏观经济的稳定;在金融市场得到一定程度的发育之前,比起低利率的自由化来说,更应抑制利率的增长(包括存款利率和贷款利率);对于因此而产生的信用需求过度的问题,在不损害金融储蓄动员动机时,由政府从外部供给资金;为促进金融机构的发展,给予一定的特殊政策(如限制新参与者等保护措施);在不损害银行最基本利润的范围内,政策性金融(面向特定部门的低利政策)是有效的;为确保贷款的收回,融资与实物买卖相结合的方法是有效的;为改善资讯的非对称性,利用担保融资、使用权设定担保以及互助储金会等办法是有效的;为避免农村金融市场存在的不完全信息导致的贷款收回率低下的问题,可以利用借款人连带保证小组以及组织借款人互保的做法;非正规金融市场一般效率较低,可以通过政府适当介入加以改善。

在国内,近年来,杜晓山(2007)、何广文(2007)、韩俊(2009)等提出要着力打造农村地区易被传统金融体系忽视的普惠金融体系和机制,主张公平的金融服务和权益。白钦先(2004)提出未来的中国农村金融体制,应该是以国有商业性金融(中国农业银行)和国有政策性金融(中国农业发展银行)为主导与主体,以商业性和政策性非银行金融机构(财产保险、人寿保险、医疗保险与社会保障保险,特别是农业保险等)为两翼,以兼具商业性与政策性双重属性的、地方性农村合作金融(合作银行和信用社)为庞大基础的中国农村金融新体制。李光(2005)认为,要改变目前农村金融机构力量分散、缺乏合力、效率低下的局面，必须本着服务农业、农村和农民，提供现阶段农业发展所需的适宜的金融服务的原则对现有金融体系进行重构，形成以农业政策性金融机构为主导、农村合作金融机构和其他商业银行为基础，能广泛动员民间资金的、多元化的农村投融资体制。

在农村政策性金融发展研究方面，国外相关文献主要集中于对农村扶贫性金融或弱势金融问题的研究上，当然，这也是农村政策性金融的理论范畴或研究内容之一。

斯蒂格利茨（1998）认为，市场的不完善是贫困产生的基本原因，尤其在发展中国家，金融市场的不完善会阻止穷人借贷，进而阻碍投资所带来的未来收入，加上信息不对称和存在高昂、固定的小规模借贷成本，穷人不能从正规金融部门得到必需的金融服务。尤努斯（2006）认为，农民们每天辛苦劳作却依然贫穷，是因为本国的金融机构不能帮助他们扩展他们的经济基础，没有任何正式的金融机构来满足穷人的贷款需要。国外学者大多是通过实证研究来探讨金融发展对贫困减少的重要作用的。Li、Squire 和 Zou（1998）使用 112 个国家的从 1947 年到 1994 年的基尼系数数据发现，金融发展深度能显著地降低贫富差距，并且金融发展不断深化将提高总人口中 80% 的较低收入者的平均收入。Jalilian 和 Kirkpatrick（2001）使用了 26 个国家，其中包括 18 个发展中国家的数据来检验金融发展与贫困减少之间的关系，实证结果说明，在发展中国家，金融发展（以银行存款与 GDP 的比值以及净国外资产与 GDP 的比值衡量）每增长 1%，穷人收入将增长 0.4%。Burgess 和 Pande（2003）运用印度从 1987 年到 1990 年在农村地区的银行部门的数据，检验了穷人直接参与金融活动对农村贫困产生的影响，发现银行机构在农村设立的数量每增加 1%，将降低农村贫困率 0.34%，并通过推动农业多样化发展而增加总产出的 0.55%。Honohan（2004）采用中国、俄罗斯、英国、韩国的数据考察金融发展与绝对贫困水平之间的关系，经过回归分析发现，金融中介发展能够促进经济的增长，并降低每天生活低于 1 美元的人口比例；金融部门发展率每变化 10%，将带来 2.5% ~ 3% 的贫困减少。但他也没有考察穷人通过正规金融中介部门获利的渠道。随后，Geda、Shimeles 和 Zerfu（2006）也使用了从 1994 年到 2000 年埃塞俄比亚城市和农村中的富有家庭的数据，用一个单一的金融贫困模型检验了埃塞俄比亚金融和贫困之间的关系。研究发现，人们对金融产品的使用能显著地平滑消费,进而降低贫困。不过,也有学者就金融发展对贫困减少的影响提出和上述文献相左的观点。例如,Ranjan 和 Zingales(2003)就认为,在开放竞争的金融体系中,金融仅仅是主要让富人受益,而不利于贫困的减少。Arestis 和 Caner(2004)从金融自由化的角度,说明了金融发展对贫困减少的消极影响。Jeanneney 和 Kpodar(2005)通过建立金融发展和金融波动的贫困决定模型发现,金融的不稳定性对穷人的打击却更为显著,并可能抵消金融发展给其带来的好处。目前对金融扶贫的研究倾向于发展微型金融来满足穷人的金融需求,如有些国家出现的非正规金融部门,但并没有就正规金融部门如何来满足穷人的金融需求提出较好的政策措施。例如,Ledgerwood(1998),Matin、Hulme 和 Rutherford(1999)提出了"微型金融"思路,专门为穷人提供贷款、储蓄和其他基本金融服务。尤努斯(2006)认为,小额信贷是缓解贫困问题的一条重要途径。对于在扶贫减贫中微型金融与主流金融的关系,Honohan(2004a)利用金融机构规模、资产回报、贷款规模、金融深度及贫困率等变量,将微型金融和主流金融进行比较,得出微型金融和主流金融在处理贫困问题上是相互补充、交替的关系,而不是互斥的关系,将两者结合将有利于贫困问题的解决。

在国内,无论是在理论界还是在实践中就农村政策性金融存在的必要性已经基本达成共识,党的十七届三中全会的《决定》和2010年中央一号文件也再次强调,要加快建立商业性金融、合作性金融、政策性金融相结合的现代农村金融体系,加快发展政策性农业保险。白钦先(2004)、董玉华(2007)、孔宪勇(2002)、甘绍群(2004)、王伟(2006)等认为,应该充分发挥农业政策性金融促进农村发展的举足轻重的作用。目前,主要是在农村政策性金融发展战略和改革方向、农村金融体系中政策性金融制度具体安排上存在不同的观点。

一种观点是倾向于将现存的中国农业发展银行看做是我国农村政策性金融,在农村政策性研究中,基本上是在研究中国农业发展银行的发展战略、运行机制等改革措施。主要代表有:王群琳(2006)通过对中国农业发展银行的职能定位、组织制度建设、完善筹资渠道、经营管理制度等的研究,探讨了我国农村政策性金融制度的完善创新;刘仁伍(2006)结合农村政策性银行存在的问题,提出了中国农村政策性金融的发展战略,但只对中国农业发展银行的职能定位、立法管理、开展开发性和商业性金融业务、建立现代企业制度实施市场化运作等提出了政策建议;李建英(2007)认为,农村政策性金融机构运行的根本目的是为了有效弥补国家财政支农、合作金融支农和商业性金融支农的融资需求缺口,是政府的银行,是非竞争性的银行,具有政策导向、政府调控、示范引导、信用保障等特殊作用,通过政策性信贷杠杆作用体现国家宏观调控的要求,实现政府的意图和政策目标。

另一种观点认为中国农村政策性金融应该是一种制度安排、一个体系,而不只是一个机构。主要代表有:何广文等(2005)认为,农村政策金融改革问题,不是一个简单的"留"、"撤"、"并"的历史命题,是需要在对中国农村政策金融问题进行深层次的理性思考之后,才能作出判断。刘锡良(2006)提出重构农村政策性金融体系的六项原则及具体构建内容:一是扩大政策性金融的作用领域;二是建立政策性金融与商业性金融相互支持的机制;三是建立一个包括政策性银行、政策性担保机构和政策性农业保险等在内的完整的农村政策性金融体系。白钦先、徐爱田、王小兴(2006)在比较研究各国农村政策性金融体制的基础上,提出了集农村政策性信贷与农村政策性保险于一体、重新构筑中国农村政策性金融的对策。王伟等(2009)从制度功能角度,实证研究了农村政策性金融与政策性农业保险推进现代农业发展的保障机制。卢平、蔡友才(2005)认为,现在农村政策性金融这些制度安排上的缺陷,不是仅仅依靠通过业务范围的扩大、现有体制下机制的转型就能解决的,不能只就农业发展银行谈我国农村政策性金融改革。谢爱辉(2006)认为,我国农村政策性金融改革不能只走机构路径,应是一种制度、一个体系,它包括现有农村政策性金融机构改革和重新定位、促进县域经济发展的开发性金融安排、商业银行县域机构社区再投资制度安排、农村信用社以服务"三农"为宗旨的综合改革以及农村信用担保体系和农村政策性保险机构的建立、农村社会保障制度安排等。费振国、丁荣贵(2008)从农业基础设施建设准公共产品属性对农村政策性金融需求角度,研究农村政策性金融体系的重构,提出构建双层合作模式的农村政策性金融体系。

1.2.4 政策性农业保险研究

郭晓航（1986）在国内首先提出农业保险是政策性保险的论点，但当时并未引起保险业界和政府的足够重视。2002年新修订的《中华人民共和国农业法》确定国家要逐步建立和完善政策性农业保险制度。李军（1996）从私人物品和公共物品的角度分析，认为农业保险属于准公共物品。庹国柱、李军（2005）认为农业保险在很大程度上与国家的经济和社会发展政策结缘，成为所谓政策性农业保险，离开了政府的行政干预和财政补贴就无法存在，更无法生长。龙文军（2004）运用供求曲线分析了商业保险公司在农民自愿投保但没有政府补贴的情况下，严格按市场规则经营农业保险出现不断萎缩是必然的。庹国柱（2005）等在分析新一轮农业保险试验的基础上，探讨了我国政策性农业保险的制度模式。王伟（2006）提出要建立主要由商业保险公司经营农业原保险、中国农业发展银行经营农业再保险的多元化的农业保险分工与合作经营机制。李琴英（2007）认为，应该建立由商业保险公司与保险合作社等经营原保险、国家经营再保险和巨灾风险基金的农业保险及其风险分散机制。王信、丁少群（2007）认为，我国政策性农业保险的发展路径可选择以商业性保险为主、政策性保险为辅的近期模式和以政策性保险为主、商业性保险为辅的远期模式。庹国柱、丁少群（1994）提出了农业保险在险种设计和费率厘定方法上不同于一般财产保险的若干特点，并进行了农作物保险区划的研究。邢鹂（2003）考察了新疆生产建设兵团农业保险保费收入变化的影响因素，结果表明，农场职工投保的积极性不高。钟甫宁、宁满秀、邢鹂（2007）采用条件评价法（CVM）对农户农业保险支付水平的意愿进行了实证分析。

国外农业保险制度的历史悠久，其理论和实践研究已经形成一个完整的体系。例如，美国在1980年开始全面推行农作物保险之前，已有了连续40年的试验；而加拿大在1959年通过联邦农作物保险立法之前也有长达24年的可行性研究。近年来，国外的研究主要集中在农户较低参与率、道德风险和逆向选择等问题以及农业保险精算技术等更为技术和微观方面的定量分析。Ahsan、Ali 和 Kurian（1982），Nelson 和 Loehman（1987）以及 Chambers（1989）的研究表明，由于信息不完全，市场在提供农业保险时容易出现失败，而政府提供农业保险并予以补贴可以解决这些问题。解决农业保险中严重出现的逆向选择和道德风险问题，办法之一是精心制定费率（Goodwin，1994；Knight and Coble，1997）。Barnett 等（1990）研究认为，农作物保险费率昂贵而期望收益不高，农业保险缺乏有效需求，导致农民的自愿参与率较低。Glauber 和 Collin（2001）证明，政府的"特别灾害计划"影响了农民参加农作物保险的积极性，农民参加保险是为了可以得到政府可观的补贴所产生的预期利益。

我国在农业保险研究方面，既远远落后于国外理论研究，也落后于农业保险实践。我国最早有文字记载的农业保险是在1934年，之后，20世纪50年代初至1958年末又进行过这种试验。但是，由于对农业保险规律和特点的认识不足，试验并不成功，而且也未留下相关的数据和研究资料。大约从20世纪80年代中后期开始，国内才逐渐重视农业保险方面的研究。但总体而言，作为农业风险规避的主要形式的农业保险在我国长时间没有发挥出它应该发挥的作用，而且由于一些原因逐渐萎缩（刘京生，2000；陈璐，2004）。农业保险现在列入WTO"绿箱"政策中，尽管在实际执行中有很多争议，但是由于农业的特殊地位及农业保险的特殊性，只有在政府主导下才能建立完善的农业保险制度（陶建平，2003）。

综上所述，学术界在农村政策性金融研究方面，一般是基于传统的金融机构观（Institutional Perspective）就事论事，鲜有从功能观（Functional Perspective）视角专门解释农村政策性金融的改革发展与制度建设问题；从需求视角研究农村政策性金融体系构建问题的就更少，相关研究也缺乏系统性、整体性分析以及大量实证数据的支撑与计量分析，其说服力尚显薄弱，而这些问题则成为本书需要探究的主要内容。

1.3 研究目的与技术路线

本书主要针对我国农村政策性金融发展面临的困境，通过对农村政策性金融功能结构与制度体系的深入系统地研究，为我国农业发展银行的改革发展和农业保险制度的建立健全提供政策依据，从理论上进一步推动农村金融学与政策性金融学的学术研究及学科建设。本书的研究思路及技术路线，如图1-1

所示。

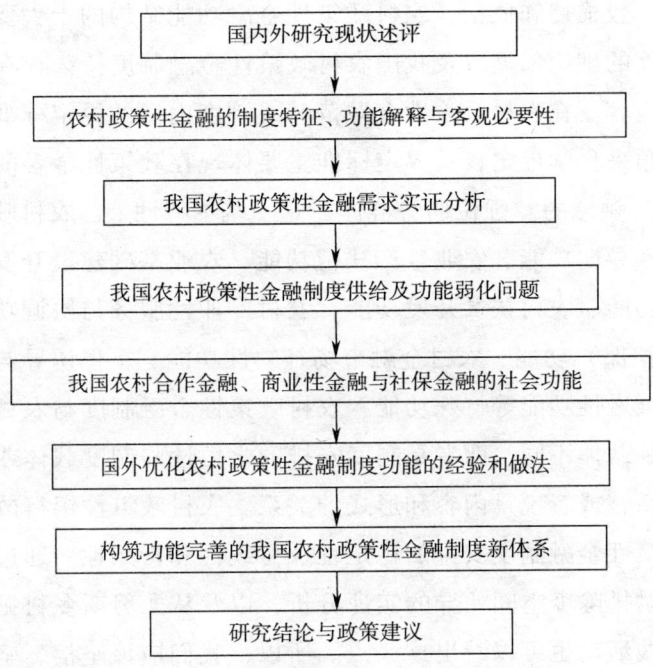

图1-1 本书的研究思路及技术路线

1.4 研究内容与研究方法

1.4.1 研究内容

本书主要基于农村金融需求与金融功能观的视角，采用描述性研究与实证分析、比较研究相结合的研究方法，研究农村政策性金融制度的功能结构理论，在实证分析我国农村政策性金融制度供求失衡现状的基础上，借鉴国外相关经验，探讨如何构建功能完善的我国农村政策性金融制度体系。围绕上述的研究思路及技术路线，本书主要分为以下七部分：

第1部分为"引言"，包括研究的目的、意义、相关文献综述、研究思路框架、研究方法和主要创新之处。

第 2 部分为"农村政策性金融的制度特征、功能解释与客观必要性",包括对农村政策性金融制度的含义、特征、界定标准与农村政策性金融机构内涵特征的一般描述和概括;农村政策性金融功能结构的十大要素;农村政策性金融制度的理论依据以及我国农村政策性金融制度持久存在和发展的客观必然性等内容。在农村政策性金融范畴或制度内涵的界定标准上,应该基于制度的视角来科学界定,其界定标准主要体现在政策性金融的业务对象是不是"三农"领域的"强位弱势群体"这一基本特性上。农村政策性金融具有农业政策性导向功能、农业生产扶植功能、农业基础建设开发功能、农产品价格支持功能、农村扶贫开发功能、农村专业性服务与协调功能、农业政策性保险(担保)功能、农村金融市场补缺性功能、首倡诱导与虹吸扩张性功能、有限金融性功能等特殊功能。农村政策性金融制度与农村政策性金融机构等制度承载体不同,两者是制度安排的永恒性与制度载体或实现形式的多元性的关系,或者说是内容和形式的关系。农村政策性银行改革也丝毫不影响农村政策性金融制度安排的稳定性、持续性和持久性。通过对我国各个省份农村金融排除度空间差异的实证分析,以及从尤努斯乡村银行的政策性金融业务实践活动也可以看出这一点。所以,我们应该坚信、坚持科学的政策性金融理论。

第 3 部分为"我国农村政策性金融需求实证分析"。根据农村政策性金融需求的微观性与宏观性相统一的特点要求,本章把农村政策性金融的需求对象分为农户、农村企业和地方政府(县和乡镇政府)三大需求主体。针对我国农村政策性金融制度供求非均衡的现状,以农户为重点,采取问卷抽样调查、个别访谈与统计分析相结合的方法,对农村政策性金融(包括政策性农业保险)的不同需求主体及其金融需求情况,进行实地调研和实证分析。总结和抽象分析、概况不同需求主体对农村政策性金融需求的特点及影响因素等。

第 4 部分为"我国农村政策性金融制度供给及功能弱化问题"。本章从我国农村政策性金融制度供给方面,对我国农村政策性金融的功能弱化或制度非均衡问题进行深入探析。主要包括:我国农村政策性金融的历史演进或制度变迁;实证分析我国农村政策性金融的功能效应与功能弱化的现状表现;运用现代行为金融学理论与方法,探析我国农村政策性金融功能弱化的根本原因,并对相关的农村政策性金融市场化运作问题进行理论剖析，以找出问题的症结所在。然后，分析我国农村政策性金融功能弱化所引致的一系列直接或间接的不良后果。我们认同"市场化运作"或"商业化运作"是农村政策性金融的重要经营原则，但不是农村政策性金融的最高原则。农村政策性金融的市场化运作也不等于自身质的市场化或商业化、不等于农业发展银行也必须转型为商业银行。市场化运作原则是农村政策性金融的本义，是农村政策性金融微观经营、运营、操作管理的一个基本准则和要求，但市场化运作原则必须依赖于、服从于、服务于国家法律或者法规对农村政策性金融自身基本性质、宗旨、职能定位与定性这一最高原则。农村政策性金融实行市场化运作的前提，是基于农村政策性金融特有的有限金融性功能的要求，按照信用有偿性、公平性等市场规则，合理运营农村政策性业务。

第5部分为"我国农村合作金融、商业性金融与社保金融的社会功能"。本章对农村政策性金融制度的其他主要承载体及其社会功能和实现机制进行初步探讨。农村合作金融的非营利性的互助共济特性及其社会互助功能，使得农村合作金融与政策性金融具有合作共赢的特点，并形成一种特殊耦合机制的天然基础和条件。从世界各国的相关比较研究中也发现并证明了这一点，而且这种联系是合作金融所独有的。商业性金融承担的社会责任，其实也是其兼营的一种政策性金融业务。研究农村商业性金融的社会责任功能及其实现机制，也是完善我国农村政策性金融制度体系的一项重要内容；并有助于树立商业性金融良好的企业形象，为实现其利润最大化目标奠定良好的社会基础。农村社会保障金融既是中国农村金融体制改革和整个社会保障金融体系的重要组成部分，也是政策性金融研究的一个主要内容。本章还在分析农村社保金融特有功能的基础上，探讨了我国农村社保金融发展中的问题及其对策，以指导与改善农村社保金融体系的资源配置效率。

第6部分为"国外优化农村政策性金融制度功能的经验和做法"。鉴于国外农村政策性金融机构建立得较早，在完善农村政策性金融功能方面积累了一定的经验教训，所以本章按照农村政策性金融的功能要素，从十个方面，主要是比较研究美国、日本、法国、韩国、孟加拉国、印度等国家在充分发挥农村政策性金融功能和完善农村政策性金融制度体系方面的成功经验，从中得到启示和借鉴，为我所用，帮助我们少走或不走弯路，从而正确地认识并采取措施强化我国农村政策性金融功能。摸别人的石头、过自己的河,发挥后发优势。通过比较研究发现,国外都普遍通过建立健全农村政策性金融功能体系,充分发挥其支持、扶植和保护农业生产及促进农村经济社会稳定发展的不可替代的特殊作用。然后,对各国完善和强化农村政策性金融制度功能的基本经验进行了一般性概括。

第7部分为"构筑功能完善的我国农村政策性金融制度新体系"。在以上几章对农村政策性金融理论研究与实证分析的基础上,本章根据农村政策性金融制度功能实现的要求,主要从完善我国农村政策性金融制度体系的路径选择与对策上,提出一系列政策建议。包括要从"三农"问题战略高度科学认识和重视农村政策性金融制度、按照功能观点完善农村政策性金融体系和明确职能定位、构建以农村政策性金融为主导的农村金融协调发展机制、加快发展政策性农业保险、构筑"政合合一"的农村政策性金融组织体系、建立健全农村政策性金融支持保障机制等。针对当前我国发展农业保险的迫切性,本章对政策性农业保险制度的理论与实践问题进行了重点探讨。在系统性研究的基础上,强调应该在强化农村政策性金融整体功能的基础上,重构我国农村政策性金融制度体系,充分发挥农村政策性金融机构在推进农业农村发展中的先导性、主动性、主导性和主体性的积极作用。最后,本书得出了一些基本的研究结论与政策建议。

1.4.2 研究方法

本书试图借助于制度经济学、发展金融学、金融功能理论、行为金融学、计量经济学等理论根基,采取描述性研究与实证研究、比较研究相结合的方法,通过实地调查和收集样本数据,运用数据模型,分析我国农村政策性金融制度供求非均衡问题,研究我国农村政策性金融的功能完善及体系构建的路径和方法。为使研究结论更具科学性和说服力,本书重点采取抽样调查分析与计量分析相结合的研究方法。

1.5 主要创新点

第一,在研究思路上,本书基于金融功能观视角,对农村政策性金融的制度内涵特征、界定标准、制度体系与改革发展等问题全面、系统地展开分析，突破了现有农村政策性金融研究中就事论事或仅从改变农村政策性金融机构形态等传统的"机构观点"进行探讨的不足。因此，本书研究对象的选择及研究视角、研究思路均具有一定的新意。

第二，在研究方法上，本书在采用描述性研究的同时，注重实证研究。这是对传统农村政策性金融研究偏重定性分析的一个突破，也是对已有成果的进一步完善和延伸。通过问卷抽样调查、个别访谈和广泛收集样本数据、统计数据，实证分析我国各个省份农村弱势群体金融排除度的空间差异，对不同需求主体对于农村政策性金融的需求特点及其影响因素进行实证研究，探析我国农村政策性金融制度供求非均衡状况；采用现代行为金融理论与方法，剖析农村政策性金融功能缺失及体系不全的深层次原因，为完善农村政策性金融功能及制度体系提供有力的理论支持；采用比较研究方法，对世界各国完善农村政策性金融功能的经验和做法也专门进行了比较研究。

第三，在理论观点上，本书提出应该基于制度的视角来科学界定农村政策性金融范畴或制度内涵，其界定标准主要体现在业务对象的"强位弱势群体"特性上；农村政策性金融制度与农村政策性金融机构等制度承载体不同，两者是制度安排的永恒性与制度载体或实现形式的多元性的关系，或者说是内容和形式的关系；专门研究和提出了农村政策性金融功能结构的十大要素；剖析了农村政策性金融市场化运作等焦点问题，认为农村政策性金融的市场化运作不等于自身质的市场化或转型为商业银行，农村政策性金融市场化运作的前提是基于农村政策性金融特有的有限金融性功能的要求，按照信用有偿性、公平性等市场规则，合理运营农业政策性业务；提出农村合作金融的社会互助功能、商业性金融的社会责任功能和农村社会保障金融功能也是农村政策性金融研究的重要内容，并对这些农村政策性金融制度承载体的社会功能及其实现机制进行了初步探讨。

第四，在基本结论方面，提出在强化农村政策性金融整体功能的基础上，重构我国农村政策性金融制度体系，充分发挥农村政策性金融机构在推进农业农村发展中的先导性、主动性、主导性和主体性的积极作用，从而逐步建立以农村政策性金融为主导的农村金融新体系，实现农村金融的协调发展。并提出一系列可操作的政策建议与路径选择，如农业发展银行的职能可定位为：为

"三农"发展提供多功能、全方位扶持性金融服务的农村政策性金融机构，建立健全以农业发展银行为依托的农村政策性信贷与农业保险相结合的银保互动机制，构筑"政合合一"的农村政策性金融组织体系等。这些观点相对于已有研究，也具有一定新意。

金融发展
理论前沿丛书

2 农村政策性金融的制度特征、功能解释与客观必要性

2 农村政策性金融的制度特征、功能解释与客观必要性

农村政策性金融作为世界各国农村金融体系中不可或缺的一种特殊的制度安排，有其特殊的内涵特征、界定标准与制度功能；古今中外，农村政策性金融制度之所以广泛而持续地存在和发展，也有其坚不可摧的经济金融学理论基础、客观依据与现实意义。对我国而言，农村政策性金融制度安排也绝不是一种权宜之计，而是社会主义初级阶段国情与建设社会主义新农村的客观需要。本章主要是围绕这些理论问题，系统深入地论述农村政策性金融制度的基本理论，并构成本书的基本理论基础。同时，还对尤努斯及其创办的乡村银行的政策性金融实践活动进行分析，以期进一步证实政策性金融业务的广泛性、普遍性及政策性金融制度在古今中外长期持续存在的客观必然性。

2.1 农村政策性金融制度的含义及特征

2.1.1 农村政策性金融的制度内涵与界定标准

究竟什么是农村政策性金融？目前众说纷纭，其中也存在着许多误解或错解乃至曲解之处。按照《现代汉语词典》的解释，政策是"国家或政党为实现一定历史时期的路线而制定的行动准则"。由此可以看出政策的基本特点，即政策制定的主体是代表自身意图和行为的政党、国家或政府；政策的内容具体化为一系列指导行动的计划与准则，包括产业政策、区域政策、社会发展政策等；政策的政治性色彩浓厚，因而从一定意义上说，政策性金融业务也是一种"政治性银行业务"。[①]

早在20世纪80年代末，白钦先教授就概括了政策性金融的基本含义。在此基础上，结合最新理论研究成果和迄今国内外政策性金融理论与实践的发展变化及特点，笔者认为，应该基于制度的视角来科学界定农村政策性金融的范畴或制度内涵，其界定标准主要体现在政策性金融的业务对象是不是"三农"领域的"强位弱势群体"[②] 这一基本特性上。在农村地区，凡是既符合或体现

[①] 赵海宽. 中国金融业的大变革 [M]. 郑州：河南人民出版社，1993.

[②] 根据社会学原理，"群体"不仅是指处于社会关系中具有共同目标和期待的人群的集合体，而且也包括为了实现一定社会目的、依照特定的规范和正式的规章制度而组成的正式组织（次级社会群体或次属群体），如企业、政府等。同样，《现代汉语词典》对"群体"一词也有相同的诠释。所以，政策性金融所针对的"强位弱势群体"，无论是内涵还是外延也都相对广泛。

政府的特定的农村社会经济政策或政治意图，又属于强位（关系国计民生）与弱势（融资及参保难）范畴而需要金融特别支持的产业、地区、领域、项目或群体，都应该属于农村政策性金融制度安排与服务的范畴。

因此，所谓农村政策性金融，应该是指在一国政府的支持和鼓励下，以国家信用为基础，以农村金融资源配置的社会合理性为最大目标，以政府政策性扶植的农村地区强位弱势产业、强位弱势领域或强位弱势群体为金融支持对象，以优惠的存贷利率或信贷、保险（担保）的可得性和有偿性为条件，在专门法律的保障和规范下而进行的一种特殊性资金融通行为和制度安排。这里，所谓"强位"，是指关系到国计民生、需要政策性金融扶植的农村地区弱质产业、弱势领域和群体，在世界各国或地区经济和社会发展中具有特殊战略性的重要地位；所谓"弱势"，是指农村金融需求主体或融资对象由于自身的、历史的和自然的等特殊原因，造成其在一定的经济环境条件下、在激烈的市场竞争中始终处于融资、参保方面的劣势或特别弱势的状态。如遭受自然灾害的农村地区及群众，就是属于强位弱势的地区、产业或群体，亟待农村政策性金融的特殊支持与援助。这既符合并执行了政府的灾区重建复兴政策和社会主义新农村建设等国家宏观调控政策，也是农村政策性金融质的规定性及其"政策性"的集中体现。

从制度结构或业务形式上来看，农村政策性金融制度体系应该是由农村政策性金融组织体系和业务体系两部分所构成的，即农村政策性金融不仅主要是指农业政策性银行，而且还包括政策性非银行金融机构和其他制度承载体；不仅主要是指一切规范性意义上的农业政策性贷款，而且还包括一切带有特定政策性意向的农村存款（如农村社会保障保险存款）、投资、担保、贴现、信用保险、存款保险、农业保险、公益信托、利息补贴等一系列特殊性资金融通行为活动。农村政策性金融业务既可以由专门设立的农业政策性银行与政策性非银行金融机构集中经营，还包括其他政策性金融机构兼营的农村政策性金融业务、政府农业财政投融资和其他政府部门的涉农资金运用活动，以及农村商业性金融机构通过承担社会责任而间接从事的农村政策性金融业务等。因此，农村政策性金融制度体系，应该是包括农业政策性银行等制度承载体与政策性农业保险、担保、信托、投资基金、资产管理等业务在内的相互补充的农村政策性金融机构体系和业务体系的总和。

2.1.2 农村政策性金融的制度特征

在现代金融体系中，存在着两大相互对称、平行、并列和互补的基本金融中介，即政策性金融与商业性金融。根据上述农村政策性金融的制度内涵及外延，并相较于农村商业性金融而言，农村政策性金融制度具有如下基本特征：

1. 农村金融资源配置目标的社会合理性。农村商业性金融配置资源的目标，是以经济利益最大化为核心的经济有效性，资源配置方式的最终取向是高盈利率。农村政策性金融配置资源的目标，是以社会效益为核心的社会合理性，资源配置方式的最终取向是维护农村社会公平、机会均等和安全稳定，有利于社会经济的整体性、协调性和可持续发展。例如，尤努斯及其创办的乡村银行，就是为了争取和维护穷人贷款的基本人权的公平性。他说"贷款的权利应被视为一种人权"，穷人也应当拥有这个权利。当然，尽管农村政策性金融以社会合理性和公共绩效作为资源配置的首要目标，但也并非不讲经营绩效或经济效益，并非不讲信用的有偿性、单向无偿分配资金的农业财政投融资、政府机关或慈善机构，而是具有其自身特点和绩效评价体系的农村政策性金融资源配置主体。

2. 对农村强位弱势对象的融资倾斜和强力扶植的政策性。即农村政策性金融要服从和服务于政府的农业农村发展政策、目标或意图。政策性主要体现为对农村强位弱势对象的政策性倾斜和扶植上。尤努斯乡村银行的信贷对象，就是需要政策性贷款扶植的农村弱势地区的弱势穷人，也体现了政府的扶贫政策意图，因而属于农村政策性金融制度的范畴。

3. 融资的优惠性、可得性和有偿性。融资的优惠性，是指农村政策性金融以比商业性金融更加优惠的利息率、期限、担保等条件提供农业贷款（保险）。融资的可得性，是在农村商业性金融不能提供融资、农村客户不容易得到融资的情况下，农村政策性金融能够保证提供贷款、保险（担保）。在当代市场化融资的趋势下，农村政策性金融更多地体现为在提供融资的可得性上，而不是大量地提供低息贷款。融资的有偿性，就是要求贷款有借有还。农村政策性金融作为一种信用活动，也是在一定期限内有条件地让渡资金使用权的资金融通活动，这也体现了农村政策性金融作为一种金融活动的基本的、起码的要求。

4. 金融功能的特殊性。农村政策性金融不仅具有直接扶植与强力推进功能、逆向性选择功能、倡导与诱导性功能、虹吸与扩张性功能、补充与辅助性功能、服务与协调功能等政策性金融制度的一般功能，而且还具有其自身的特殊功能，如农产品价格支持功能、农业生产扶植功能、农村扶贫开发功能等。

5. 独有的法律制度安排。在金融类法系中，不仅包括商业性金融法，还有与之相对应的专门的政策性金融法，包括农村政策性银行法等。各国立法当局也是严格地将金融类法律法规分为针对商业性金融的普通法律与针对政策性金融的特殊法律两大类。在农村政策性金融组织体系中也是如此，每个农村政策性金融机构都分别有不同的专门法律法规，既能有效保障农村政策性金融机构的特殊权利与义务，又能依法规范其业务运作行为。这是实现农村政策性金融可持续发展的基本的外部条件。

6. 制度载体的多元性。农村政策性金融业务可以由不同部门、不同类型的金融机构承担。作为一种制度载体，农村政策性金融业务，既可以由专门组建的农村政策性金融机构（包括农业政策性银行、政策性农业保险公司等）独立经营或专营，也可以由政府涉农部门机关和其他各种类型的农村金融机构（如农业银行、农村信用社），在特殊时期、特定领域对特殊对象，通过多种方式（如制定和实施特殊金融政策、发放特殊贷款[①]、自愿承担社会责任等）代理经营或兼营。国内外的相关实践证明，通过专门组建的农村政策性金融机构专营农村政策性业务，效果会更直接、更明显、更有效，尤其是在遭受自然灾害及贫穷落后的农村地区和关键时期，方显农村政策性金融的制度本色。

2.1.3　农村政策性金融机构的含义与基本特征

依据农村政策性金融制度的内涵和特征，可以看出，农村政策性金融制度不同于农业政策性银行等制度承载体。按照对农村政策性金融制度内涵的界定，农村政策性金融制度与制度承载体两者之间是制度安排的质的规定性与制度承载体或实现形式的多元性的关系，或者说是内容和形式的关系。农村政策性金融业务可以由不同类型的金融机构或组织承担，既可由专门组建的农村政

---

① 国外一般把政策性贷款称为特殊贷款（简称特贷）。见白钦先，曲昭光. 各国政策性金融机构比较[M]. 北京：中国金融出版社，1993.

2 农村政策性金融的制度特征、功能解释与客观必要性

策性金融机构（包括农业政策性银行和政策性非银行农村金融机构）独立经营或专营，也可由其他金融机构、部门和组织在特殊时期、特定领域对特殊对象，通过多种方式代理或兼营。国内外的相关实践证明，通过专门组建的农村政策性金融机构专营政策性业务，效果会更直接、更明显、更有效。因此，当前针对我国农业政策性银行改革发展的讨论，也与农村政策性金融的制度安排没有很大的或必然的相关性。或者说，农业政策性银行无论如何改革，也丝毫不影响农村政策性金融制度安排的稳定性、持续性和持久性。由此，我们应该坚信、坚持科学的政策性金融理论。当然，农业政策性银行无论如何改革，也不应该忘记政策性金融制度安排的初衷和宗旨，始终不能偏离科学的政策性金融理论的正确轨道。

一般来说，作为农村政策性金融制度主要承载体的农村政策性金融机构，是指由政府发起或出资，以某种特定政策性金融业务为其基本业务活动的农村政策性金融制度载体，包括农村政策性银行机构和政策性非银行农村金融机构。确切地说，所谓农村政策性金融机构，是指由一国政府或政府机构发起、出资创立、参股、保证或扶植的，以国家信用为基础，不以利润最大化为其经营目标，专门为贯彻、配合政府特定的农村社会经济政策或意图，在法律限定的业务领域内直接或间接地从事某种特殊政策性投融资活动，从而充当政府发展农村经济、促进农村社会发展稳定、进行宏观经济调节管理工具的金融机构。

依上述含义可知，在当代一切规范的市场经济国家中，农村政策性金融机构既不同于中央银行，也不同于一般私人的，或民间的，或政府的商业性金融机构。它具有如下主要的特征：

1. 由政府或政府机构出资创立、参股、保证或扶植。除少数例外，这类机构的绝大多数都是由政府出全资创立的，也有的是由政府参与部分资本，同其他金融机构共同投资组成的；有的由政府通过另一政府机构间接地参股；有的由政府提供特殊信用保证。有些发达国家的农村政策性金融机构由于运营状况良好，积累较丰，全部或部分退还了政府原来的资本，成为政府扶植、服务于公众利益的特殊公法法人。不管具体采取何种形式，农村政策性金融机构都是以政府为坚强后盾的，同政府有种种密切的联系。就资本投入而言，在发达国家此类问题已越来越不重要，而在大多数发展中国家则还是相当重要的或不可缺少的。

2. 不以追求盈利或利润最大化为经营目标。这是农村政策性金融机构同商业性金融机构的根本区别之一。但这里需要强调指出的是，不以追求盈利为目标，这仅仅是从其自身主观经营动机或目标的角度来讲的，并不意味着农村政策性金融机构可以无视项目的效益性，或者政策性项目都不盈利，总是赔钱。实践表明，相当多国家此类机构的运营状况都不错，有盈余，且有一定的自我发展能力。

3. 以国家信用为基础。其实质是"政府的担保"，也就是说，政府对农村政策性金融机构的负债进行担保，承担最高和最后的国家风险。因为农村政策性金融机构的贷款利率比较优惠，而且正在逐步地面向市场融资、筹资，所以只有以国家信用为基础，才能保证在资本市场上发行风险小、易为市场接受的"金边债券"，筹措到长期稳定、足额、低成本的资金。

4. 负债的高效性和业务职能的动态调整性。农村政策性资金来源的高效性，表现在筹资成本低、量大集中、相对稳定和可用期限长。农村政策性金融机构业务职能的动态调整性或资金运用的不确定性，即农村政策性投融资不仅伴随着难以预料的不同程度的风险性，而且会随着国家有关农村社会经济政策的变化而相应地因时因地因情地在投向投量上发生变化。主要表现在农村政策性投融资的时效性（动态发展性）和差别性（地区差别和对象差别）方面，即在某个时期或地区被列为政策性投融资对象的，在另一个时期或地区又可能不属于政策性投融资的范围；而在某种特殊情况下，又会产生新的特有的政策性投融资对象。

5. 遵循特殊的融资条件和业务规则。一是特殊的融资条件或资格。许多国家的相关法规限定，必须是在商业性金融机构得不到或不易得到所需资金的条件下，才有从农村政策性金融机构获得融资的资格。二是特别的优惠性，包括贷款期长，利率低，在特殊情况下，贷款人不能按期偿还本息时，由政府通过农村政策性金融机构予以补贴；在一些发展中国家，有时这种特殊的优惠并不表现在低利率上，而是表现在整体资金短缺条件下的贷款可得性上。三是充当"最后贷款人"（再融资）或"最终偿债人"（担保人）的特殊角色。四是非主动竞争性盈利原则。农村政策性金融机构一般不同商业性金融机构竞争，它只是补充后者的不足而不是替代它。

6. 依据专门的法律法规开展业务活动。农村政策性金融机构不同于商业性金融机构,它有特殊的宗旨(维护社会公平、社会合理性)、特殊的经营目标(非营利性),一般不受普通银行法或者商业性金融法规的制约,许多针对商业银行的法律法规对它并不适用。所以,农村政策性金融机构有专门而单一、单独的立法,具有"一行一法"的法律独特性,并依法开展业务活动。

2.2 农村政策性金融的功能结构

2.2.1 农村政策性金融制度的功能内涵

与金融体系或金融中介的功能一样,农村政策性金融制度功能也具有"客观性、稳定性、层次性和稀缺性"的特征,"从某种意义上讲,它是一个相对稳定的量或一种状态,它会自动剔除一切可计量的与不可计量的、已知的与未知的影响因素,它是扣除了一切成本、消耗、摩擦、不适应、不协调、不吻合、不耦合以后的'净剩余'、'净结果'"。①

因此,农村政策性金融功能,应定义为从农村政策性金融制度总体或基础而言的一般功效、效用、效应、效能或作用。农村政策性金融功能也不同于农村政策性金融职能,尽管二者有某种广义上的重合与交叉之处,但从更为确切的或狭义上的概念理解,二者还是有一定属种概念的区别的。这两个不同概念相互之间体现的是一般与具体、内容与形式的属种概念关系。作为种概念的农村政策性金融职能,则是影响其功能发挥的农村政策性金融作用范围和职责义务(业务)的,是农村政策性金融功能的具体延伸和体现。据此,对农业政策性金融机构的定位,实际上是指基于农村政策性金融功能基础上的机构性质定位和职能定位,而非功能定位,主要体现为对农业政策性金融机构的性质、业务职责及其作用范围的界定。其中,性质定位即定性表明了机构的政策性金融属性,职能定位是对农业政策性金融机构的业务职责及其作用范围所进行的具体划分和界定。机构定性是职能定位的前提,职能定位是机构性质的具体体现。②

---

① 白钦先,谭庆华. 金融功能演进与金融发展 [D]. 中国金融学术年会征文,2004.
② 王伟. 中国政策性金融与商业性金融协调发展研究 [M]. 北京:中国金融出版社,2006.

2.2.2 农村政策性金融的十大功能要素

农村政策性金融制度具有自身特有的功能，诸多功能要素共同构成一个完整的农村政策性金融功能体系。各种功能相辅相成、缺一不可，从而在农村经济与社会发展中起着其他金融中介不可替代的直接扶植与强力推进的特殊作用。

1. 农业政策性导向功能。这是最能体现农村政策性金融制度宗旨的基本功能。农村政策性金融作为政府强制性制度变迁下的一种正式制度安排，必须密切配合、服从和服务于政府在每个时期确定的一系列农村发展政策和目标。政策性主要体现在对农村强位弱势群体的政策性信用倾斜和扶植上。

2. 农业生产扶植功能。由于农业生产的先天性弱势、弱质特征，如果按照纯粹的市场条件，农业生产活动所需的资金就不能得到应有的满足。在这种情况下，农村政策性金融就发挥着主动性、主导性和主体性作用，以改善农业生产条件，降低农业生产成本，提高农业的综合竞争力。

3. 农业基础建设开发功能。农村发展的后劲在于具备完善、配套的农村基础设施条件。由于农村地区基础设施项目建设，如水利灌溉设施和中小型水电站建设、粮食储备基础设施建设、农村公路建设、生态保护配套建设等，其资金需求规模大、周期长、缺乏抵押担保，是典型的农村公共产品或准公共产品，在政府财力有限以及商业性金融往往不愿首先介入的情况下，需要农村政策性金融的主动介入，给予巨额的、持续的、强大的金融支持。

4. 农产品价格支持功能。农产品的价值实现取决于市场供求状况，具有自然和市场双重风险。在需求弹性小于供给弹性的情形下，农产品价格波动较为剧烈，存在着很大的经营风险。因而在农产品流通领域，需要通过发放农业政策性贷款，支持农产品收购和储备，以平衡农产品市场供求，稳定市场价格，防止谷贱伤农，保护农民的生产积极性。

5. 农村扶贫开发功能。农村是贫困人口集中分布的地区，农村贫困问题也是经济增长理论的永恒话题和各国政府共同面对的永久议题。农村扶贫既需要财政的无偿拨款援助，也需要农村政策性金融的有偿开发式扶持，通过开展欠发达农业地区扶助脱贫、控制返贫、抗灾救灾、康复和助学金融业务，提高农民生活水平和自身素质，提高对有限的政府金融资源的使用效率，也体现了

2 农村政策性金融的制度特征、功能解释与客观必要性

政府的扶贫政策意图。因而农村贫困地区是政策性金融最能直接发挥其特殊功能作用且最能体现其价值的领域和舞台。

6. 农村专业性服务与协调功能。为了保障农业政策性投融资项目的顺利运作和贷款的安全性偿还，农村政策性金融可以充分利用其自身特有的专业性强而广博的优势和有利条件，提供诸如农民技能培训、农业投资咨询、农村企业经营情况诊断、农村市场信息发布等金融衍生服务，全方位地服务于农村社会经济发展。当然，农村政策性金融一般依据特殊的法规或政策，在特定农业领域或涉农行业进行融资活动，具有很强的专业性特征，在该领域积累了丰富的经验和专业技能，聚集了一批精通业务的专业人才，也有能力为农业、农村、农民及相关农村企业提供全面而地道的服务。此外，农村政策性金融机构长期在农业领域活动，成为政府在这方面的得力助手，可以参与政府有关农村发展规划的制定乃至代表政府组织实施。这种基于宏观视角的准政府机构的规划、协调与实施功能，也是任何商业性金融机构所难以充当或完成的。

7. 农业政策性保险（担保）功能。农业是一个风险性相对巨大的基础产业，这不仅体现在自然灾害的损失补偿方面，也体现在农村资金的可得性问题上。因而农村政策性金融提供的保障性功能，既包括分散和化解农业风险、防灾防损和经济补偿的政策性农业保险，也有融资担保职能，具有保障农业持续、稳定、健康、安全发展和农村社会稳定的社会管理职能。

8. 农村金融市场补缺性功能。农村金融市场也是一个存在市场失灵的不完全竞争市场，成本、风险与收益的不对称，导致了商业性金融机构的嫌贫爱富，所以，如果完全依靠市场机制就可能无法培育出一个农村所需要的金融市场，农村金融供求矛盾与农村资金严重不足问题就永远得不到缓解。因而有必要采用农村政策性金融这种非市场因素，对农村金融市场进行补充完善。这种补缺是建立在农村商业性金融按照市场原则进行正向性选择基础之上的一种逆向选择，并非完全替代或包揽一切农村金融活动和业务，而且这种逆向选择是一个不断变化和调整的动态过程。

9. 首倡诱导与虹吸扩张性功能。即农村政策性金融率先以较少的政策性资金进行倡导性投资，然后在此基础上以小博大、间接地引致更多的商业性金融从事符合政府"三农"政策意图的贷款、投资和保险活动。一旦商业性金融的投融资热情高涨起来，农村政策性金融再转移业务方向和业务领域，开始

新的另一轮诱导性金融循环。

10. 有限金融性功能。农村政策性金融也具有信用性、有偿性和盈利性的金融中介基本属性，否则，既无异于财政的无偿融资职能，也难以保证这种制度的生存与可持续发展。然而，农村政策性金融的金融属性又完全不同于商业性金融，而是一种对自身业务行为、盈利性动机及业务领域有所限制与约束的金融属性。如不能片面追逐利润最大化，不能主动竞争抢客户而有损于商业性金融的利益，因而是一种非主动竞争性的自然盈利，否则，就无异于商业性金融，也没有其存在的必要性。

2.3 农村政策性金融制度安排的理论依据及现实意义

农业历来是各国国民经济的基础和具有战略地位的部门之一，"三农"问题是既困扰和挑战世界，更困扰和挑战中国的国际性攻坚课题。农业又是一个受自然力与环境影响巨大、高风险与低积累率并存的天然的弱势、弱质性产业，导致农业对外部资金缺乏吸引力，而一般金融机构的"抽水机效应"更使其雪上加霜。这也是经济领域内典型的"马太效应"的结果。所以单纯地依靠商业性金融根本不可能解决农村发展、农业增长、农民增收的大问题。农村金融领域中政策性金融与商业性金融的并存、互补和协调发展，在很大程度上决定着"三农"问题解决得成功与否。农村政策性金融与商业性金融的共生共存，不仅是一个自然历史规律，也是一个必然的经济金融规律，有着一般的经济金融理论的基础和依据，对我国则更具有十分重要的现实意义。

近年来的深入研究表明，政策性金融具有深刻的经济学和金融学含义，并将政策性金融提到经济学、金融学基本要素的高度。[①] 同样，从空间上讲，农村政策性金融制度也存在于几乎全世界所有国家和地区，包括发达国家、发展中国家和经济转型国家；从时间上讲，农村政策性金融制度是亘古至今经济生活中普遍存在的一种经济金融现象，不是某个国家的暂时性、局部性现象。尽管随着各国经济与社会向更高层次发展，农村政策性金融的业务方式和运作范围与领域可能有种种变化，但它的基本机制与功能将长久存在并发挥作用。从

---

① 白钦先.白钦先经济金融文集［M］.北京：中国金融出版社，1999.

2 农村政策性金融的制度特征、功能解释与客观必要性

更深层次看,在可以预见的将来,不管一国经济与社会发展处在多么高的层次或水平上,农村市场机制本身所固有的某些缺陷与不足都不会消失,资源的微观或宏观配置主体所关注的目标侧重点之间的差异,也不会自动消失或自动趋于一致,尤其是在广大发展中国家,农村政策性金融将会得到更久、更快、更大的发展。因此,在市场经济和金融活动最发达的美国,也将其农业政策性金融机构在法律上定位为"永久性法人机构",这恐怕也是从长期实践和长远预测、深思熟虑的结果。

2.3.1 农村政策性金融制度不可或缺、不可替代的理论依据

农村政策性金融制度的存在和发展有着坚实的理论基础和深刻的经济、社会根源,它是政府为促进经济发展和弥补市场失灵,用来干预经济在金融领域实施的一种得力工具;它是市场性与公共性、财政性与金融性、微观性与宏观性、有偿性与无偿性、直接管理与间接管理、市场失灵与政府干预巧妙的结合体与统一体。其理论依据主要包括市场失灵理论、资源配置理论、公共产品理论、不完全竞争市场理论、政府与市场关系理论等。

2.3.1.1 市场失灵理论

市场失灵(Market Failure)一词,有的译为市场障碍、市场失效、市场失败、市场缺陷等,是由美国经济学家弗朗西斯·M.巴托(Francis. M. Bator, 1925)在《市场失灵的剖析》(The Anatomy of Market Failure)一文中提出来的。在《现代经济学辞典》中对市场失灵含义的解释是:"市场失灵是指私营市场完全不能提供某些商品或不能提供最合意或最适度的产量[①]。"在市场失灵情况下,市场经济运行往往偏离帕累托最优状态,不能达到资源配置的最佳状态。

斯蒂格利茨不仅从各种表面现象论证市场失灵,而且还证明了当市场不完备、信息不完全、竞争不完全时,市场机制不会自己达到帕累托最优;市场失灵是以现实中普遍存在的不完全信息、不完全竞争、不完备市场为基础的,因此,市场失灵不再局限于外部性、公共产品等狭隘范围,而是无处不在的。以亚当·斯密的"看不见的手"为基础的新古典经济学不仅在转型经济和制度

---

① 戴维·W.皮尔斯.现代经济学辞典[M].上海:上海译文出版社,1988.

选择中用处很少，即使在解释发达的市场经济方面也存在着根本的局限。市场失灵现象的根源在于没有人对市场负责，没有人干预市场。这就为政府干预提供了广阔的潜在空间。为了弥补市场失灵，政府干预应该遍布各个经济部门和领域，而不仅仅是制定法规、再分配和提供公共品。政府的经济职能理论认为，市场失灵的普遍性必然要求政府干预的普遍性①。

在现实社会经济活动中，市场失灵反映在方方面面，例如，不能解决宏观经济的总量平衡和国民经济长期发展的问题；不能有效地、适时地合理调整产业结构的问题；不能调节公共产品的供给和公共资源的有效利用问题；不能很好地解决外部性带来的环境污染和生态恶化问题；按市场机制分配收入的后果，必然会出现两极分化并可能引起严重的社会问题等。在"三农"领域，由于农业生产经营、农业自身积累和农业资金周转的长期性、波动性、分散性等特点，决定了农业外部资金的需求具有长期、高风险、总额巨大和单笔额小等特点。对于一般银行而言，经营农业贷款将面临风险大、收益少、成本高、资金周转较慢等不利因素，这完全有悖于其盈利经营的原则。因此，一般银行不愿意经营农业贷款。如日本民间银行的农业贷款份额在1956—1958年，仅为总贷款余额的0.3%。② 不仅如此，当工商业投资可获得更高利润时，资金便会从农业流向工商业。本应承担融通外部资金"流入"到农业部门的农业银行，则将在农业部门吸收的存款资金贷放到工商部门。1952年，日本农业资金净流出比例达70%，那时的农业银行被人们称为"抽水"机构。③ 这样，在市场机制的作用下，资本追逐高额利润的天性使得资金向微观经济效益高的地区、行业和项目流动，而相对落后的地区社会效益好、自身效益差的行业或项目就得不到资金支持，从而形成地区之间、部门之间或行业之间强者恒强、弱者恒弱的"马太效应"。因此，这一切都需要发挥政府职能作用，进行适当和必要的干预，弥补与纠正市场失灵。这也成为现代市场经济的一个重要的基本特征。

因此，对于农村金融市场中出现的市场失灵问题，政府所采取的一种适度

---

① 但西方经济学的流行观点是，政府本身也有失灵问题，政府干预经常是无效的。针对这一点，斯蒂格利茨提出了政府的经济职能理论。他认为，政府失灵并不比市场失灵更糟，而且这种失灵是可以被缓解乃至消除的；通过采取适当的政策，政府干预可带来帕累托改进。
② 白钦先，曲昭光. 各国政策性金融机构比较 [M]. 北京：中国金融出版社，1993.
③ 白钦先，曲昭光. 各国政策性金融机构比较 [M]. 北京：中国金融出版社，1993.

有效的干预方式,就是农村政策性金融制度的主动介入。

2.3.1.2 资源配置理论

资源配置的目标与方式是经济金融学的永恒主题。资源配置的合理与否,直接关系到资源的合理利用,进而对经济、社会产生重大影响。

资源配置有两大目标:一是经济有效性,即资源配置的目标是追求利润的最大化,这是商业性金融的资源配置目标。二是社会合理性,即资源配置要有利于维护社会公平、机会均等和安全稳定,这是政策性金融的资源配置目标。资源配置是由经济主体来进行的,相应地,资源配置主体也存在两个层次:一个是微观层次的主体,即以资源配置的经济有效性为目的的企业或厂商,在金融领域主要是指商业性金融机构;二是宏观层次的主体,即以资源配置的社会合理性为目的的政府,在金融领域,包括以政策性金融机构为主体的政策性金融制度的各种承载体。

关于资源配置的方式,有三种选择:第一种方式是古典经济学主张的,通过市场机制这一"万能的"、"看不见的手"的自发调节,来实现资源的合理配置,从而排斥任何形式的干预或调控。第二种方式是传统的社会主义计划经济,极大地抑制市场机制,企图依靠国家这一"万能的"、"看得见的手"的计划调节,来实现资源的有效合理配置。实践证明,以上两种方式都行不通。而介于这两者之间的第三种资源配置方式即"两手"并用,既承认市场机制又利用市场调节,并将二者适当结合,实现资源的合理有效配置。

在农村金融资源配置领域,农村政策性金融就是"两手"并用的巧妙结合体。它既强调充分发挥商业性金融在资源配置中的基础性、第一位的作用,同时又弥补了商业性金融的市场不足。

2.3.1.3 公共产品理论

在市场经济条件下,市场和政府分配的产品可以分为三类:第一类是纯公共产品,即完全具备非排他性和非竞争性特点的产品,如国防、司法、行政等,这类产品的合理供给成为财政机制配置的目标。第二类是私人产品,即满足私人需要或私人消费需要的产品,如工商企业产品等,这类产品因其良好的直接经济效益决定了其由市场提供。第三类是准公共产品,即具备非排他性和非竞争性两个特点之一,另一个不具备或不完全具备;或两个特点都不完全具备但产品具有较大的外部收益,如能源、交通等基础产业、基础设施等。准公共产品的外部收益具有两种表现形式:一是生产的正外部性,即生产的社会成本小于私人成本;二是消费的正外部性,即消费的社会收益大于私人收益。这两种表现形式都意味着准公共产品不具有较高的内部直接经济效益,但拥有明显的外部间接净正效益。一方面,如果准公共产品完全由市场供给,就会产生消费不足的问题;另一方面,如果单纯由政府财政机制配置这部分资源,将无法避免其内部直接经济效益的降低。但准公共产品又是不可或缺的。这就为政策性金融在这一领域发挥作用提供了必要性和作用的空间。

在金融产品生产领域,从一般宏观理论的角度,金融产品也可以划分为私人金融产品(商业性金融产品)和公共金融产品(政策性金融产品,属于准公共产品而非纯公共产品)两大类。商业性金融机构以市场为原则生产具有竞争性、排他性和盈利性的私人金融产品,由于缺少经济利益的激励而不愿生产公共金融产品。所谓排他性,就是对一种金融商品,不付费就不能消费,商业银行也就不提供贷款和其他金融服务。政策性金融机构则按公共利益原则生产只具备局部的排他性和有限的非竞争性的公共金融产品。所谓局部的排他性,即政策性金融机构提供的贷款,要收取适当的、少量的费用,或者说是低息贷款;所谓有限的非竞争性,要求政策性金融机构不能主动和商业银行展开激烈地竞争、抢客户、争市场、赚大钱,业务活动和业务行为要适度有限。商业性金融与政策性金融二者相互补充、相互协调,共同促进经济金融健康发展。在高度信用化的市场经济中,政策性金融是生产准公共金融产品的重要手段。

同样,在农村金融市场中,农村政策性金融机构和其他的农村政策性金融制度承载体也是提供和生产农村准公共金融产品的主体。

2.3.1.4 不完全竞争市场理论

20世纪90年代,由斯蒂格利茨等人提出的不完全竞争市场理论及其相应的金融约束论已经日益成为许多国家尤其是一些发展中国家和经济转型国家最为认同的金融发展理论及农村金融理论。赫尔曼、穆尔多克以及斯蒂格利茨认为,发展中国家在面临金融制度选择时,有金融抑制、IMF及世界银行的金融自由化方案和金融约束三个选择权,而金融约束是有效的范式,政府有选择的干预将有助于而不是阻碍金融深化。金融约束论类似于"国家推动发展论",是在金融自由化失败的基础上以及在考核"东亚发展模式"后总结出来的一种理论，实际上是考察涉及政府在金融发展中的角色问题。

该理论的基本框架是：发展中国家的金融市场也是一个不完全竞争的市场，尤其是放款的一方（金融机构）对于借款人的情况根本无法充分掌握（不完全信息），完全以高市场机制可能无法培育出一个社会所需要的金融市场。为了补救市场的失效部分，有必要采用诸如政府适当介入金融市场以及借款人的组织化等非市场要素。该理论的政策建议包括：金融市场发展的前提是宏观经济的稳定；在金融市场得到一定程度的发育之前，比起低利率的自由化来说，更应抑制利率的增长（包括存款利率和贷款利率）；对于因此而产生的信用需求过度的问题，在不损害金融储蓄动员动机时，由政府从外部供给资金；为促进金融机构的发展，给予一定的特殊政策（如限制新参与者等保护措施）；在不损害银行最基本利润的范围内，政策性金融（面向特定部门的低利政策）是有效的；为确保贷款的收回，融资与实物买卖相结合的方法是有效的；为改善资讯的非对称性，利用担保融资、使用权设定担保以及互助储金会等办法是有效的；为避免金融市场存在的不完全信息导致的贷款收回率低下的问题，可以利用借款人连带保证小组以及组织借款人互保的做法；非正规金融市场（民间金融）一般效率较低，可以通过政府适当介入加以改善。

不完全竞争市场理论（金融约束论）提出的政策性金融有效论思想，也构成了农村金融组织体系中农村政策性金融不可或缺的一个重要的理论基础。

2.3.1.5 政府与市场关系理论

自20世纪90年代以来，各国在讨论发展的核心问题时，最为关注也是最有争议的理论命题和最有意义的现实问题就是政府与市场关系问题。在政府与市场相互关系的研究和争论中，古今中外，迄今为止，经济学界存在着三种观点或三种模式，即市场亲善论、国家推动发展论和市场增进论。第一，市场亲善论。实际上这也是新古典经济学的政府调控论，认为政府除了执行稳定的宏观经济政策之外，不做其他事，而市场则是唯一和最适用的资源配置机制。第二，国家推动发展论，认为政府应该规制市场，政府可以作为市场的替代，通过政府干预来弥补市场失灵。第三，市场增进论。前两种理论模式都基于政府与市场互相替代的假定，把它们作为完全平行的、对立对等的和非此即彼的两个极端；而市场增进论认为，"政府政策并非旨在直接引入一种解决市场失灵的替代机制,而是以增强民间部门解决市场失灵的能力为目标",①强调政府在企业与市场间的协调作用,政府的干预性协调的主要作用是弥补市场失灵。

约瑟夫·斯蒂格利茨在其《后华盛顿共识》一文中写道,"在目前大多数情况中,问题的关键不是政府在每个领域中做得太多,而是它在某些领域中做得太少"。② 在总结20世纪90年代美国经济成功和失败的经验教训时,他说:"为了市场经济的正常运转,政府必须发挥重要作用。市场本身不能解决所有问题,政府和市场必须相互补充。这一点对中国尤为重要。然而,必须注意的是政府不要过度干预,一个什么都包办的政府和一个什么都不管的政府同样都是不好的,两者必须达到一种平衡。"③ 目前,国内外学术界基本上对市场增进论达成了共识。

所以,在市场经济体制下,政府和市场两者就像是市场经济这匹马牵引的两只车轮子,缺一不可,政府的经济职能与市场机制的基础性作用都不应该忽视。政府要做的,就是做市场做不到的事情,而不做市场能做到的事情。这种职能的逻辑关系体现在金融领域,就是政策性金融只做商业性金融做不到的金融业务,而一般不做商业性金融能做到的金融业务。这种逻辑关系也同样适用于农村金融领域,并成为农村政策性金融持续存在和发展的理论依据。

2.3.2 我国农村金融排除度下的政策性金融制度持久存在和发展的客观必然性

通过对我国各个省份农村金融排除度空间差异的实证分析,以及我国"三农"群体的强位弱势特征、农村金融领域的市场失灵问题、中国的基本国情与农村社会经济发展的主要矛盾、农业的国际化趋势等,都充分表明并决定了中国农村政策性金融的不可或缺的地位与作用,进而决定了其存在的客观必要性、必然性和长期性,在当今推进社会主义新农村建设中更具有极其重要的现实意义。因此,党的十七届三中全会《中共中央关于推进农村改革发展若干重大问题的决定》确立了要加快建立商业性金融、合作性金融、政策性金

---

① 刘遵义. 政府在经济发展中的作用:对中国大陆、香港和台湾经验的观察. 选自青木昌彦等. 政府在东亚经济发展中的作用 [M]. 北京:中国经济出版社,1998.
② 约瑟夫·斯蒂格利茨. 后华盛顿共识 [J]. 中国经济学教育科研网(www.cenet.org.cn).
③ 约瑟夫·斯蒂格利茨. 市场机制与政府干预的平衡 [J]. 中国金融,2004(8).

融相结合的农村金融体系这一重大的战略决策。

2.3.2.1　我国农村弱势群体金融排除度的空间差异实证分析

近年来,包容性金融体系和农村普惠制金融的重要性已经为各国政策制定者所重视,促进金融包容性被视为许多国家优先发展的政策。但就所观察到的,发达的金融体系并没有成功地实行包容性的金融体系,一部分人仍然被排除在金融服务体系之外(Mandira Sarma,2008)。作为世界发展中大国,我国的金融排除状况也越来越引起人们的关注,2008年1月17日,世界银行中国代表处在北京发表了《全民金融:拓宽渠道的政策与陷阱》报告,建议中国拓展金融服务的渠道,提高对于穷人和中小企业等弱势群体的金融服务支持。那么,我国农村当前遭受的金融排除程度如何?这里,笔者根据最新的金融包容性指数(IFI),并考虑到指标数据的可获得性,计算了我国2009年的农村金融排除度。研究结果表明:在我国31个省(区、市)中,9.7%的省份金融排除度低,54.8%的地区遭受了严重的金融排除,其余省份遭受了中等程度的金融排除。据此,我国广大农村地区尤其是贫穷落后地区,需要政策性金融制度充当普惠金融服务的主动性、主导性力量。

1. 金融排除的定义

目前文献对金融排除(或者定义为金融包容性)的定义主要是从社会包容性这个大背景来考虑的。Leyshon 和 Thrift(1995)将金融排除定义为:阻止一定的社会群体和个人获取正式的金融服务。根据 Sinclair(2001)的定义,金融排除意味着没有能力通过合适的方式获取必需的金融服务。排除的发生可能是由于获取、环境、价格和负面的社会经历和观察导致的自我排除等各种原因引起的。Carbo 等(2005)将金融排除广泛地定义为:一部分社会群体没有能力获取正式的金融服务。印度政府在它的报告开始中定义金融包容性为,在一个可支付的成本上确保金融服务的获取,并且脆弱群体(如弱势的和低收入的群体)能及时充分地获取贷款(Rangarajan Committee,2008)。从以上的定义我们可以得出,大部分的定义强调的金融排除是表示一定社会人群更广泛的社会排除,比如贫穷的和处于弱势地位的人群。由于银行是金融服务的一个主要金融中介机构,银行的包容和排除经常被类比为金融的包容和排除。事实上,根据 Leeladhar(2005)的定义,金融包容性就是居民能够在可负担成本的情况下获取银行提供的服务。本书中,我们将把银行包容性类比为金融包容性。

2. 金融包容性指数（IFI）的构建原则及方法

根据以上对金融排除的定义，Mandira Sarma（2008）提出了金融包容性指数，并使用多个维度的指标来评价金融包容性的程度。该指数首先考虑的指标维度是银行的账户数（用每千个人所拥有的账户数来表示），同时考虑到其他的一些指标，如银行分支机构数（每百万人所拥有的 ATM 数）、银行信贷和储蓄量占 GDP 的比例。就这些单个指标来说，它们仅仅提供了部分关于经济体金融包容性的信息，如果单个使用这些指标会导致对经济中金融排除程度的误解。基于以上的考虑，Mandira Sarma（2008）认为一个全面的测量金融包容性的公式应该能够吸收多个维度的信息，而且最好能用一个单一的数字表达，因此，对金融包容度的测量需要综合考虑各个维度的指标。通过对金融包容度的测量，不同经济体或不同国家或同一国家不同省份在一定时间的金融包容水平能够进行对比、分析。一个好的用于测量金融包容度的公式能够满足以上目的并且基于如下标准来构建。

在计算 IFI 指数这些指标的时候，我们首先计算每个维度的金融包容性。维度 d_i 用如下的公式计算

$$d_i = \frac{A_i - m_i}{M_i - m_i} \qquad (2-1)$$

式中，$A_i = i$ 维度的实际值，$m_i = i$ 维度的最小值，$M_i = i$ 维度的最大值。

本书中使用的金融包容性指数，考虑了金融体系的三个基本的维度：银行渗透、银行服务的可利用性和银行服务的使用程度。Mandira Sarma（2008）对这些维度①的选择主要受两个因素的影响：数据的可获得性和近来文献研究的发展。其对每个具体指标的选择解释如下。

银行渗透性（维度 1）：一个包容性的金融体系应该有尽可能多的使用者，或者说能广泛渗透到每个使用者。测量银行渗透性的指标我们可以用拥有银行账户的人群来表示，具体的指标用每万人拥有账户数来表示。因此，假如经济体中的每个人拥有一个账户，这个测量值将会是 1。在缺乏拥有银行账户人数时，我们用银行账户数比上总的人口数来表示这个维度。

---

① 还有很多其他重要的维度，比如印度 Rangarajan Committee 反金融排除委员会的报告认为，还有对金融服务耗费的支付能力、为获取金融服务花费的时间等。

2 农村政策性金融的制度特征、功能解释与客观必要性

银行服务的可利用性（维度2）：包容性的金融体系应该能够很方便地提供金融服务给他的使用者。服务的可利用性用每千人拥有的银行员工数或每千人拥有的 ATM 数，或每千人拥有的银行网点数来表示。在本书中，我们使用每千人的银行分支机构数去测量银行服务的可利用性。

使用程度（维度3）：Kempson 等（2004）观察到，在一些银行化程度非常高的国家，大量拥有银行账户的居民却很少使用银行的服务，这些人被定义为"未使用银行服务"或"处于银行服务的边缘"。受此启发，Mandira Sarma（2008）认为，仅仅拥有一个银行账户对一个包容性的金融体系还是不够的，银行服务的充分利用也是至关重要的。在整合使用的指标后，本书考虑了银行体系的两个基本维度——储蓄和贷款，并且用储蓄和存款量比上国家的 GDP 来测量这个维度。

因此，考虑了以上的三个维度——银行服务的渗透性、可使用性和使用程度——本书用（p_i, a_i, u_i）来分别表示，i 表示单个省份，每个维度用公式（2-1）来计算，IFI 计算公式如下

$$IFI = 1 - \sqrt{\frac{(1-p_i)^2 + (1-a_i)^2 + (1-u_i)^2}{3}} \quad (2-2)$$

式中，$0.5 < IFI \leq 1$，高的金融包容性；$0.3 \leq IFI \leq 0.5$，中等程度的金融包容性；$0 \leq IFI < 0.3$，低的金融包容性。

3. 数据来源

在计算指数时，数据的可获得性是本书研究很重要的一个方面。对银行渗透性这个指标，因为无法获取银行居民个人账户数量，必须去掉这个指标。因此，本书使用的 IFI 指数从银行服务的可利用性和使用程度两个维度来计算。本书使用的数据来自中国银行业监督管理委员会农村金融服务分布地图、《中国统计年鉴》、《中国金融年鉴》、国家统计局网站和各省统计局网站。截取的样本区域包括东部11个省区市、中部9个省区和西部11个省区市（东部地区包括河北、北京、天津、山东、江苏、上海、浙江、福建、辽宁、广东和海南，中部省区包括山西、安徽、江西、河南、湖北、湖南、黑龙江、吉林和内蒙古，其他省份为西部省区市）。

4. 我国各个省（区、市）农村金融排除度的空间差异

表2-1　　我国31个省（区、市）2009年的农村金融排除度

地区	服务可利用性		服务使用程度		金融排除度	
	指数	排名	指数	排名	IFI	综合排名
北京	1.000	1	1.000	1	1.000	1
上海	0.738	4	0.576	2	0.648	2
浙江	0.672	6	0.394	4	0.513	3
山西	0.607	8	0.406	3	0.496	4
天津	0.787	3	0.310	9	0.489	5
辽宁	0.648	7	0.260	15	0.421	6
宁夏	0.377	14	0.364	6	0.370	7
陕西	0.467	10	0.268	14	0.360	8
重庆	0.328	17	0.389	5	0.358	9
甘肃	0.385	13	0.322	7	0.353	10
四川	0.402	11	0.286	11	0.341	11
海南	0.377	14	0.276	12	0.325	12
青海	0.361	15	0.274	13	0.316	13
内蒙古	0.721	5	0.066	29	0.311	14
吉林	0.525	9	0.124	23	0.295	15
西藏	0.861	2	0.000	30	0.286	16
福建	0.352	16	0.195	17	0.269	17
江苏	0.328	17	0.192	18	0.257	18
河北	0.320	18	0.186	19	0.250	19
新疆	0.401	12	0.111	27	0.242	20
黑龙江	0.377	14	0.113	25	0.234	21
江西	0.295	19	0.164	20	0.227	22
云南	0.115	23	0.315	8	0.209	23
广东	0.246	21	0.112	26	0.176	24
山东	0.287	20	0.068	28	0.170	25
安徽	0.066	25	0.251	16	0.153	26
湖南	0.156	22	0.117	24	0.136	27
贵州	0.000	26	0.298	10	0.136	27
湖北	0.066	25	0.138	21	0.101	28
河南	0.107	24	0.066	29	0.086	29
广西	0.000	26	0.126	22	0.061	30

资料来源：银监会农村金融服务分布地图、《中国统计年鉴》、《中国金融年鉴》、国家统计局网站和各省统计局网站。

2 农村政策性金融的制度特征、功能解释与客观必要性

从表2-1中我们可以知道，只有北京、上海、浙江这三个经济发达地方农村金融排除程度低，金融包容指数位于0.5~1；11个省（区、市）处于中等程度的农村金融排除的地区，在这些地区，除了天津、辽宁、内蒙古，其余的省份如山西、宁夏、陕西、重庆、甘肃、四川、海南、青海都位于传统的西部地区或经济欠发达地区，金融包容指数在0.3~0.5；剩下的17个省份全部位于高的农村金融排除度地区，包括位于发达地区的江苏、广东、山东、福建和处于中部地区的湖南、湖北、河南等省份。我们发现，以上的结论与田霖（2007）通过金融综合竞争力得出的各个省（区、市）金融排除程度结论不相符①。从表2-1构成金融包容性指数的两个维度比较分析得出，几个发达的地区如江苏、福建、广东、山东银行服务使用程度明显偏低，即储蓄和存款量与GDP的比例偏低，可能原因是这几个省GDP总量偏大，导致了计算出来的银行服务使用程度指数偏低。而山西、辽宁、宁夏等传统的西部地区银行服务使用程度高，这可以解释为当地的外出打工多，导致汇款多并转化为当地的储蓄，再加上当地经济总量小，导致了测算出来的银行服务使用指数高。农村金融排除程度最高的是广西，其金融包容性指数只有0.061。

2.3.2.2 "三农"群体是一个非常典型而有代表性的强位弱势群体

农业、农村、农民即所谓的"三农"问题，是既困扰和挑战世界，更困扰和挑战中国的国际性攻坚课题。农业历来是世界各国国民经济的基础和具有战略地位的物质生产部门，农业不现代化，中国无现代化；农民不富，中国不富；农村不稳，中国不稳；农村金融不稳不强，中国"三农"问题无望。针对中国农村人口占大多数、发达程度较低、发展不平衡的实际，要实现到2020年全面建设小康社会这一宏伟目标，就必须促进农业发展，维持农村稳定，促使农民增收。所以，党的十七届三中全会通过的《中共中央关于推进农村改革发展若干重大问题的决定》指出，"农业、农村、农民问题关系党和国家事业发展全局"，中央一号文件连续6年关注"三农"工作，2009年的中央一号文件中明确指出，"扩大国内需求，最大潜力在农村；实现经济平稳较

---

① 田霖（2007）通过金融综合竞争力指标将我国31个省（区、市）划分为不同的金融排除地区。第一梯队广东、北京、上海，第二梯队江苏、山东、辽宁、浙江，第三梯队湖北、湖南、四川、河南、河北，第四梯队福建、安徽、山西、天津、吉林、黑龙江、重庆、江西，第五梯队广西、陕西、新疆、云南、内蒙古、甘肃、海南、贵州、青海、宁夏、西藏。这些梯队金融排除程度依次增强。

快发展,基础支撑在农业;保障和改善民生,重点难点在农民"。

然而,农业又是一个天然的弱势、弱质性产业,受自然灾害和市场风险的双重影响,严重制约着农业生产的长期稳定发展,影响农民增收和农村物质生活条件的改善。在中国"三农"问题中,聚合交织着四个影响国家全局性发展稳定的"强位弱势群体"①:(1)农业是一个强位弱势产业群体,是人类生存、延续与发展的基础,是国民经济各行各业的基础(强位),又是受自然力与环境影响巨大、物质再生产与环境再生产相统一而又高风险与低积累率并存的弱质性产业(弱势);(2)占全国人口72%的近10亿的农民更是中国社会一个典型的强位弱势群体,农民的生存、温饱与小康及其医疗、教育和社会保障保险等诸多问题,是中国的根本问题,是一个尖锐的社会发展与稳定问题;(3)农村中小企业与个体经济构成中国中小企业和个体经济的压倒性主体,但往往规模不经济、范围不经济,竞争力弱、技术水平相对较低,在诸多困难中尤以融资难为甚,是一个强位弱势企业群体;(4)全国中小金融机构的90%以上在农村,数量大、规模小、资本与资金实力弱、高分散、管理差、问题多、风险大,难以支撑农村经济与社会发展稳定的重任,农村中小金融机构也成为中国金融体系中的强位弱势群体。中国这样一个大国的四个"强位弱势群体"高度交织聚集于农村这一焦点上,这在世界各国都是极为罕见的,这就使彻底解决中国"三农"问题变得更为紧迫与艰巨,也更具政治与社会敏感性。

农村金融是现代农村经济的核心。只有大力发展农村金融,尽量满足农业、农村及农民的金融需求,保证充足的资本供应,才能逐步解决"三农"这一重大战略问题。然而,"三农"强位弱势群体的"外部性"特征,也导致其对外部资金缺乏吸引力,而一般金融机构的"抽水机效应"更使其雪上加霜。这也是经济领域内典型的"马太效应"的结果。古今中外的历史经验证明,单纯地依靠商业性金融根本不可能解决农村发展、农业增长、农民增收的大问题。世界各国的经验做法也表明,"三农"强位弱势群体也是农村政策性金融最能直接发挥其特殊功能作用且最能体现其价值的领域和舞台。正如《中共中央关于推进农村改革发展若干重大问题的决定》提出的,要完善农村

---

① 白钦先. 中国农村金融体制改革的战略性重构重组与重建[J]. 中国金融, 2004(12).

2 农村政策性金融的制度特征、功能解释与客观必要性

政策性金融,拓展农业发展银行支农领域,完善其功能定位和运行机制,加大各类政策性金融对农业开发和农村基础设施建设中的长期信贷支持。

2.3.2.3 中国的基本国情与农村经济社会发展的主要矛盾的客观存在

党的十一届三中全会以来,在总结历史经验教训,重新认识基本国情的基础上,提出了中国社会处于并将长期处于社会主义初级阶段的论断。30多年来,中国改革开放和现代化建设取得举世瞩目的成就,人民生活总体达到小康水平,但中国依然处于不发达阶段,我们所达到的小康依然是低水平、不全面、很不平衡的小康,人民群众日益增长的物质文化需要同落后的社会生产之间的矛盾依然是中国社会的主要矛盾。牢记社会主义初级阶段基本国情,是当前想问题、办事情绝不可脱离的出发点[①]。

长期以来,农业在支持工业和城市发展方面作出了巨大的牺牲,但农业自身的发展则受到较多因素的限制。目前中国人多地少,贫困人口主要集中在农村,很多地区的农民仍然靠天吃饭,农业技术比较落后。由于受农田水利基本建设和农村基础设施建设不足的限制,农业经济发展相对滞后。农业发展落后、农民增收缓慢、农村生活条件差等问题长期内难以根本解决。随着国家经济发展战略从强调经济效率的"非均衡"发展战略转向兼顾公平的协调发展战略,以城市反哺农村,以工业反哺农业,促进城乡经济的协调发展,城市和乡村即农业经济与工业经济的"二元经济结构"之间的差距将不断缩小,但这是一个长期、艰巨而复杂的历程。尽管农村经济社会的可持续发展离不开先进的农业科学技术这一"第一生产力",但科学技术要转化为现实的生产力,也离不开资金这一"第一推动力",离不开强而有力的农村金融支持和有效服务。然而,目前我国的农村金融服务还远未跟上农村经济发展的需要,主要表现在:一方面,农村信贷总量投入不足。在农村信贷结构上,直接对生产环节投放的比重较低。农村货币市场的金融工具和融资方式,受农村金融体制的制约,不能满足农村经济发展的需要。农村商业性金融机构信贷投放的趋利性也进一步显化,市场化中农村资金外流现象明显。另一方面,农业对信贷资金需求不断加大加剧了农村信贷资金的供需矛盾。农村资金严重不足,也是中央提

---

① 2007年6月25日,胡锦涛总书记在中央党校省部级干部进修班上发表重要讲话时说,要牢记社会主义初级阶段基本国情,清醒认识新世纪新阶段面临的新课题新矛盾。

出的建设社会主义新农村战略的决策背景之一。①

针对农村金融面临的支农与自身利益难以两全的棘手问题，为解决"三农"资金投入的"瓶颈"，让资金回流农村，可以借助于农村政策性金融的力量，加大对农村的投入力度，对农业综合开发项目、农业产业化项目和农副产品加工项目等先行支持，从而带动商业性金融及其他社会资金逐步跟进。

2.3.2.4 中国农村金融市场一直并将继续存在市场失灵问题

在我国农村金融领域，也一直存在着市场失灵问题，主要体现在以下两个方面：一是农业自身积累困难。由于受到自然灾害的影响，农业生产经常出现较大的波动。因此，农业资金积累也不稳定。另外，以家庭为单位的生产经营方式目前仍占有较大比重。农业生产单位小而且分散，集约化程度低，农业资金积累也比较零散。总的来说，农业的产业特征造成资金积累缓慢，数量不足，依赖农业部门资金自身的积累可能会导致农业生产停滞不前。二是农业对外部资金缺乏吸引力。由于农业自身资金积累不足，它必然要较多地依靠外部资金，以外源性融资为主。但是，农业生产特点决定了资金需求的长期性、波动性、分散性等特征，经营农业贷款将面临风险大、成本高、资金周转较慢而收益少等不利因素，因此，一般金融机构不愿意经营农业贷款。

在我国，随着商业银行改革的不断深入，为增强市场竞争力，追求利润最大化，国有商业银行调整经营战略和贷款投向。其中，撤并农村机构网点，退出经济欠发达地区，上收贷款权限，集中优势资源进占大中城市和经济发达地区，是四大国有商业银行整合资源的一致行动。从而对农业支持的选择性减弱，属于农业政策性的信贷品种被"冷落"。1999年以来，四大国有商业银行从贫困县撤掉分支机构3万多个，未撤的县乡机构也多是只存不贷或多存少贷。当然，作为商业银行，其经营目标是非农商业化和盈利最大化也无可非议。随着中国邮政储蓄银行的挂牌成立，邮政储蓄打破了20年"只存不贷"的局面，中国邮政储蓄银行也是按照商业性金融经营原则，全面办理商业银行业务。作为新型农村金融机构试点的村镇银行、贷款公司、农村资金互助社等也具有商业性和盈利性特征，能否承担起支持资金需求量大、风险高的弱质农业及现代农业建设的重任，还需要拭目以待。目前，农村信用联社是农民的主

---

① 李炳坤. 扎实稳步推进社会主义新农村建设 [J]. 中国农村经济, 2005 (11).

2 农村政策性金融的制度特征、功能解释与客观必要性

要融资渠道之一。然而，农村信用社是否能够真正担负起"农村金融服务主力军"的重大责任，还是一个十分值得商榷的问题。从目前的情况看，由于制度安排、政策制约、市场环境等多方面的因素制约，使得农村信用合作社无论是在近期还是在未来一段时间，都很难担负起全面服务"三农"的重大历史使命。事实上，农村信用社也出现与商业银行同样的盈利动机，大量信贷资金非农化，大量农村资金流出农村，被多渠道分流至城市客户。近年来，虽然各种形式的农村商业性金融机构积极响应中央提出的一系列支农政策，积极承担企业社会责任，有的还专门设立了农村金融服务部门，但实际效果不容乐观，"政治表态和真正的运行是两张皮"，"仍然看不到稳定的可以长效运行的机制性的东西"。[①] 因此，弥补农村金融市场失灵、促进新农村建设的历史重任，就义不容辞地落在农村政策性金融身上。

针对农村金融领域出现的市场失灵问题，迫切需要不以盈利为目的的农村政策性金融机构的主动介入，为农业、农村和农民提供低利中长期优惠性特别贷款，贯彻配合政府"三农"政策，从而有效弥补商业性金融的不足之处。在农村金融领域，也只有农村政策性金融与商业性金融的协调发展，才能对农村经济和农业金融起到"一石二鸟双优化"的宏观调控作用。

2.3.2.5 农业的国际化与我国农业保护的政策性和迫切性

由于农业处于弱势，把它作为重点行业加以支持和保护，已成为各国普遍采取的政策。所谓农业保护，是指政府为使农业有效支持国民经济持续、稳定、协调发展，保证社会安定和良好的生态环境，通过对农业生产和贸易等环节的支持与保护，以提高农业综合生产能力为基本目标，以保护农民利益为落脚点，由此而采取的一系列支持与保护农业的政策措施的总称。

国际化是我国农业发展的一个基本趋势，加入世界贸易组织后，我国农业发展的环境也发生了巨大的变化，我国农业生产面临着十分严峻的考验，国内农产品受到国外农产品进口的强力冲击，这是我国农业在国际化过程中所面临的最大挑战。2004—2007年，我国农产品进出口贸易连续4年出现逆差。2008年，中国经受住了蔓延全球的粮食危机、能源危机和金融危机的考验，国民经济仍然保持平稳较快的发展。但是，持续蔓延的国际金融危机对我国经济的负

---

① 贾康. 中国坚持金融创新和建立、发展政策性金融体系的必要性 [J]. 中国财经信息资料，2009（2）.

面影响正日益加深，对农业农村发展的冲击不断显现。未来，"中国列车"能否在如此艰难的环境中平稳行驶，这与中国的农业基础是否坚实是分不开的。在上述情况下，我国农业保护的紧迫性更加明显，也面临新的更大的挑战。由于我国农业的国际竞争力还较弱，对农业的保护和支持不仅不能放松，而且还要加强，当然是在符合世界贸易组织规则下的灵活运用，如充分利用世界贸易组织规则中许多的"例外条款"和"灰色地带"。

根据世贸组织规则，政府对农业的支持主要有"绿箱政策"、"黄箱政策"①。"黄箱政策"属于被要求减让的国内支持措施。我国政府承诺"黄箱政策"支持不超过农业产值的8.5%，但我国政府可以更多地采用"绿箱政策"，"绿箱政策"支持的范围非常广泛，从我国来看，农业科研、病虫害控制、技术推广、基础设施建设、粮食安全储备、农业结构调整、环境保护、扶贫和西部开发等，都是符合"绿箱政策"支持的内容，这为农村政策性金融拓展业务提供了广阔空间，具体支持方式为财政转移支付和农村政策性金融。在国家财力允许的情况下，应以财政支持为主，但我国政府财力有限，财政支农资金也一直不足。所以，农村政策性金融应该成为支持和保护农业的主要政策措施。

根据世贸组织金融服务定义，政策性金融可排除在对缔约方开放的银行业之外，国家给予政策性银行的特殊待遇（如补贴、充实信贷基金等）将不适用于国民待遇条款，外资银行和其他商业银行不能享受。这样，政策性银行既可围绕政府意图来保证国家政策的顺利实现，又不违背WTO的贸易规则。农业保险也是世贸组织规则中的"绿箱"政策之一，并已成为WTO成员支持本国农业的基本手段和方式之一。世界经验表明，农业政策性金融集财政与金融优势于一体，成为各国扶持和保护农业的最佳选择。运用政策性金融手段对农

---

① 世界贸易组织《农业协议》将国内支持政策措施分为两种类型：要求削减承诺的国内支持措施和可免除削减承诺的国内支持措施。《农业协议》将那些对生产和贸易产生扭曲作用的政策称为"黄箱政策"，要求对其作出削减承诺，包括价格支持，营销贷款，面积补贴，牲畜数量补贴，种子、肥料、灌溉等投入补贴，某些有补贴的贷款计划。同时，《农业协议》规定，一些国内支持措施不需作削减承诺，包括"绿箱政策"、"微量允许标准"、"蓝箱政策"、"特殊和差别待遇"等内容的措施。列入"绿箱政策"清单的农业支持政策措施包括一般政府服务、粮食安全储备、国内粮食援助、对生产者的直接补贴、不挂钩收入支持、收入保险补贴、自然灾害救济补贴、通过生产者退休计划提供的结构调整支持、通过资源停用计划提供的结构调整支持、结构调整投资补贴、环境保护补贴、地区性援助补贴12项内容。

业予以支持与保护是国际普遍采取的积极措施。凡是发达国家和新兴工业化国家及地区，农业现代化的进程中都有国家的政策性金融扶持，都普遍建立了各种各样的农业政策性金融机构，在支持各国农业发展、保护农民利益和国家利益方面发挥了积极作用。从世界贸易组织成员国的实践来看，"绿箱政策"支持在整个农业支持中占有重要的地位，如1995年，美国和欧盟"绿箱政策"支持占整个农业支持水平的76%，而支持的重要形式之一就是以贴息的方式向农业项目提供短期或长期贷款。美国、日本、韩国等都以优惠利息提供贷款支持农业生产结构调整。

因此，充分发挥农村政策性金融制度的特有功能和作用，既是现代农业发展不可缺少的重要条件，也是促使弱质农业从落后走向比较发达，并最终实现现代化的客观要求。这也使得农村政策性金融在我国农业支持保护体系中的地位举足轻重。

2.4 尤努斯及其乡村银行的政策性金融实践及启示

2006年10月13日，瑞典皇家科学院诺贝尔奖委员会宣布，将2006年度诺贝尔和平奖授予孟加拉国银行家尤努斯及其创立的格莱珉银行。"格莱珉"又被翻译为"格拉明"，是孟加拉国语"乡村"的意思，所以格莱珉银行一般称为"乡村银行"；又因为这个银行是专门为穷人服务的银行，所以"乡村银行"也被叫做"穷人银行"、"光脚银行"，尤努斯也被称为穷人的银行家。

在诺贝尔和平奖委员会的颁奖词里，是这样描述尤努斯和他的乡村银行的：尤努斯通过孟加拉国乡村银行向孟加拉国社会最底层的穷人提供小额银行贷款，使这些在通常金融制度下无法得到信贷的人有了发展的起步资本。

2.4.1 尤努斯创办乡村银行的动因：扶持弱势群体

尤努斯之所以创办乡村银行，有以下四点原因。

第一个原因是尤努斯母亲同情穷人、同情弱者的影响。尤努斯博士1940年出生于孟加拉国吉大港的一个首饰商人的家庭，他的母亲对尤努斯的一生影响很大。他的母亲十分善良并充满同情心，总是周济从遥远的乡下来的穷亲戚。母亲对家人和穷苦人的关爱深刻影响了尤努斯。

第二个原因是当时出现的天灾、饥荒。1974年，孟加拉国陷入空前的饥荒之中。饥饿的人们遍布全城，无论男人、女人，还是儿童，都是一个模样：老人看起来像孩子，而儿童看起来像老人。尤努斯当时在吉大港大学任教并担任经济系主任，衣食无忧。但他看到这些饥饿的人时却心如刀绞。他说：人有许多死法，但饿死是所有死法中最让人无法接受的。从此以后，他立志要找到解决贫穷的办法。

第三个原因是和农村妇女苏菲亚的偶遇，真正让尤努斯产生了开办乡村银行的想法。1976年的一天下午，尤努斯在一个乡村实地调研，遇到了编制竹凳的苏菲亚。苏菲亚有3个孩子，丈夫已经去世，自己一人靠卖竹凳维持生计。尽管自己辛苦劳动，每天却只有两美分的收入。尤努斯问她为什么每天赚到的钱这么少，苏菲亚回答说，自己编制竹凳需要借钱买竹子，而这个村里唯一肯借给她钱的只有竹凳的买家；而且只能从这个买家手里高利贷借钱5塔卡用于买竹子；苏菲亚在卖竹凳时，买家就把竹凳的成交价压得相当低。所以加工一天竹凳仅仅赚0.5塔卡，几乎和成本持平。尤努斯再问她，如果你自己有钱，加工一个竹凳能赚多少钱。苏菲亚回答说，可以赚3～5塔卡。这样，如果没有高利贷，农妇的收入可以增加6～10倍。于是，尤努斯进一步组织学生在村里调查，发现这种情况很普遍，村里还有42个有同样遭遇的人，他们共借了865塔卡，合27美元，最高的高利贷利息一天付10%。这样，27美元的高利贷就能够让这些农民永远也翻不了身！

第四个原因是商业银行的歧视和不贷款。当时，尤努斯还去了一家当地银行，寻求小额贷款帮助。但银行的经理对着他哈哈大笑地说，这些村民需要借贷的资金还不够银行装订文件的成本。还说，这些村民基本上都是文盲，他们没有东西可以用来作抵押，所以不愿意向他们提供贷款。这让尤努斯感到非常的遗憾、震怒和羞耻：自己生活在这样一个社会，它居然不能向42个有能力、有技术、想靠自己努力改善生活的人提供27美元。

尤努斯认为："农民们每天辛苦劳作却依然贫穷，是因为这个国家的金融机构不能帮助他们扩展他们的经济基础，没有任何正式的金融机构来满足穷人的贷款需要。"所以，1983年，尤努斯在学生的协助下，一反传统商业银行漠视穷人的习惯，在孟加拉国创办了第一家只向穷人贷款的并有别于商业银行的乡村银行，自任行长。

2 农村政策性金融的制度特征、功能解释与客观必要性

2.4.2 乡村银行的贷款对象及条件

乡村银行的贷款对象和贷款条件有两个显著的特点：一是只有那些最贫穷、没有土地或没有财产的农村穷人才可以贷款，才有资格成为他们的客户；二是贷款主要面向农村妇女，以及农村乞丐。

尤努斯之所以大胆放心地向穷人提供贷款，是基于这样的理念：穷人比富人更讲信用！尤努斯博士坚持认为，信用是最基本的人权之一，借贷也是一项基本人权。一个人无论再穷，他都有权力被人信任，有权力获得贷款。穷人由于毫无退路，不敢挥霍乱用贷款，不敢逃债、赖账，所以他只能更讲信用，穷人的信誉要远比富人高。

乡村银行贷款对象的另一个特点是，银行的借款者绝大多数是农村妇女。因为在孟加拉国农村，宗教信仰非常虔诚，男权思想也很严重，妇女不能与外人接触，不能碰钱。否则，就会受到宗教首脑的质疑，死后也不得按照伊斯兰葬礼安葬。对于一个一无所有的妇女来说，这是一件可怕的事。

乡村银行把农村妇女当做主要客户是因为尤努斯相信，妇女一旦得到社会的信任，她们会比男人更有责任心、更守信。因为妇女既要照顾家庭，又要出外谋生，她们懂得如何珍惜用好每一分钱。所以，乡村银行把钱借给家庭主妇，不仅有利于提高她们的社会地位，而且也有利于银行降低风险。事实证明，尤努斯的判断是完全正确的。多年来，乡村银行97%的客户、借贷者是妇女，而在过去银行里女性贷款者不到1%。孟加拉国的贫穷女性成为小额信贷最大的受益者，乡村银行也因此被外界称为妇女解放的先驱。

乡村银行还给乞丐提供贷款，这种乞丐主要是农村的乞丐，他们跟城市的乞丐不同。城市的乞丐只要钱，而且来自各地，没有固定的住处；而农村的乞丐挨家挨户要的只是食物，而且一般是当地人，在一定时期内有固定的住处，所以信贷风险相对较小。因为银行毕竟是银行，必须讲究风险控制和管理。按照尤努斯的想法：乡村银行给乞丐们提供小额贷款后，他们可以买一些糖果、饼干或者玩具什么的。在挨家挨户乞讨的时候，接待他们的往往是家庭主妇，他们可以把这些东西推销给主妇，然后主妇可以买给自己的孩子吃和玩。所以尤努斯认为，这是非常简单方便的扶贫方法：这些上门的乞讨者，同时也是上

门的推销员，这样不是很好吗？

为了防范和规避信贷风险，保障贷款的偿还性和安全性，乡村银行还创造性地采取了"小组＋中心＋银行"的信贷保障机制。这是一种极具智慧的金融创新。这种信贷保障机制的流程是：首先，需要贷款的申请人，必须事先加入一个由5人组成的贷款支持小组，并建立起相互的监督和激励机制：如果一人还款有困难，另外4人会想办法帮助他；如果一人不还贷款，小组其他成员也会因此而"信誉"受损，以后也可能贷不到款了；如果小组每个成员都按时还款，他们可以获得向银行不断贷款的权利。这样，小组成员之间成为相互负责、相互监督的关系。由于与自身利益息息相关，每个人在挑选贷款小组的伙伴时总会格外谨慎，信用不佳者往往没有人搭理。"中心"是由8个小组组成的联盟，每周按时在约定的地点与银行工作人员开会，互相通报、商谈贷款偿还以及决定贷款事宜。中心负责人和组长在决定贷款时担负很大的责任，也有相当大的表决权。

2.4.3 孟加拉国乡村银行的启示

在目前学术界还普遍以为孟加拉国乡村银行是商业银行的时候，其实，乡村银行所做的则是一种政策性金融业务，也属于政策性金融制度的范畴。从上述尤努斯乡村银行的创办动机、宗旨及其业务活动中可以看出，这种乡村银行就是一种体现政府扶贫济困的社会政策、专门经营政策性金融业务的特殊银行。因为乡村银行只为农村弱势群体服务、为穷人服务，信贷对象是不能从商业银行获得贷款而需要政策性贷款扶植的农村弱势地区的穷人、妇女和乞丐等弱势群体，而且银行不以盈利为目的，经营活动也体现了政府的农村扶贫政策意图。从乡村银行的股权来看，银行94%的股权为贷款者所拥有，另外6%的股权为政府所有，这也是政策性金融机构产权中的一种官民合营或公私合营的政府参股形式。所以，按照政策性金融机构的特征要求，即使乡村银行不能称为真正的政策性银行，起码也属于一种特殊的公益银行或准政策性银行。①

---

① 唐旭、黄晓捷等（2008）认为，孟加拉国乡村银行实质上是一个非营利性、自负盈亏的农村金融服务机构。而且乡村银行最初即为中央银行出资创办，此后又向其注入大量政策性低息贷款，成为乡村银行最主要的资金来源。没有政策性金融的大力支持，乡村银行难为"无米之炊"。参见唐旭等. 中国金融机构改革：理论、路径与构想 [M]. 北京：中国金融出版社，2008.

2 农村政策性金融的制度特征、功能解释与客观必要性

从尤努斯乡村银行对弱势群体持之以恒的非营利性金融服务中，我们也更加坚信政策性金融制度安排的稳定性、持续性和持久性。在我国，不仅仍然存在着"三农"问题，而且还仍然存在着中小企业、低收入者住房、西部大开发、企业"走出去"、节能减排、生态环境保护、就业、助学、灾后重建等国民经济重点领域和薄弱环节，因而中国比发达国家、其他发展中国家和转型国家更加需要发达配套的、实力强大的政策性金融。

舒尔茨曾经说过，世界上大多数人是贫穷的，所以如果我们懂得了穷人的经济学，也就懂得许多真正重要的经济学原理。其实，诺贝尔和平奖得主尤努斯博士，更应该获得诺贝尔经济学奖，因为他在20多年的穷人经济学领域的理论探索和成功实践，完成了一个重要的经济学证明：穷人比富人更值得信任！而在他之前，主流经济学界的主流观点是：富人比穷人更讲信用。在现实世界，商业银行是嫌贫爱富的银行，它热衷于向富人提供贷款，还美其名曰"锦上添花"；而没有兴趣向穷人贷款，因为"雪中送炭"不符合经济规律。总之，你越有钱，越能贷到更多的款；如果你没有钱，你就贷不到款。这就是经济学中的"马太效应"。然而，尤努斯却反其道而行之，嫌富爱贫，坚信穷人是讲信用的。他深有感触地说，与那些贪污巨额银行贷款的上流社会腐败分子不同的是，穷人能诚实地还贷、还钱。

从尤努斯乡村银行的政策性金融业务实践中也可以看出，农村政策性金融机构应该按照其有限金融性功能的要求，采取适度的市场化运作方式经营金融业务。尤努斯的乡村银行尽管充分相信穷人的信用，但在具体的业务操作中，还是强调自主经营，采取市场化的运作手段。为了防范和规避信贷风险，保障贷款的偿还性和安全性，乡村银行还创造性地采取了"小组+中心+银行"的信贷保障机制。即使遭受洪水或者龙卷风等灾难袭击，乡村银行也不会免去村民的贷款，而是帮助他们重组还贷方案；在向村民提供服务时，如帮他们批发蔬菜种子、碘化盐等生活必备品，银行也从来不提供无偿服务。正因为这样，乡村银行不仅没有像其他经营小额贷款业务的银行一样亏损，反而保持经营收入连年增长，几乎没有坏账，年年盈利。

在当代市场化融资的趋势下，政策性银行更多地体现为提供融资的可得性上，而不是大量地提供低息贷款。尤努斯乡村银行的信用活动也佐证了这一点。在孟加拉国农村，资金供应量非常少，尽管利率高，农民特别是穷人也贷不到款。所以，尤努斯的乡村银行更多地体现在融资的可得性上。至于乡村银行的贷款利率，也有个别的项目比较高，这是因为乡村银行主要是经营小额信贷项目，管理费用、成本高。当然，实际上乡村银行的利息种类是多样的，也不是都高。现行的孟加拉国商业银行贷款利率在15%左右，而乡村银行的住房贷款利率只有8%，还有帮助穷人家的子女获得教育机会的助学贷款利率也只有5%，而给乞丐的贷款利率是零。尽管如此，由于商业银行不愿意向穷人提供贷款，大量穷人的资金需求还是远远得不到满足，融资的可得性问题还是得不到有效的解决。

金融发展
理论前沿丛书

3 我国农村政策性金融需求实证分析

3 我国农村政策性金融需求实证分析

农村金融体系构建的逻辑起点是农村金融需求。同样，遵循从金融需求到金融供给的逻辑，也是研究农村政策性金融体系构建与制度创新的基本思路。根据农村政策性金融需求的微观性与宏观性相统一的特点要求，本章把农村政策性金融的需求对象分为农户、农村企业和地方政府（县和乡镇政府）[①] 三大需求主体，并以农户为重点，采取问卷抽样调查与个别访谈的方式，分别进行调查研究与实证分析，总结和分析不同需求主体对农村政策性金融的需求特点及其影响因素。

本次问卷调查（见附录一至附录四）是以农户、农村企业和地方政府对农村政策性金融的认知与需求为主题，组织在校大学生利用寒暑假社会实践的机会进行的返乡调查。调查地点为随机抽取的湖南、湖北、四川、陕西、山西、宁夏、江西、河南8个省（自治区）的部分县及县级市，调查对象为有过融资和保险需求的农户、农村企业和地方政府。本次调查共发放问卷790份，收回722份有效问卷。其中，农户发放320份，收回有效问卷286份，有效收回率为89.4%；农村中小企业发放220份，收回有效问卷200份，有效收回率为90.9%；地方政府发放250份，其中乡（镇）政府150份，县级政府100份，共收回有效问卷226份，有效收回率为90.4%。通过对部分未填写问卷与填写问卷的样本对比分析，未发现存在系统性偏差，问卷结果真实有效，测量既有信度又有效度。

3.1 农户对农村政策性金融的需求及特点

3.1.1 农户对农村政策性金融的需求情况调查

3.1.1.1 调查区样本农户基本情况

1. 样本农户年龄及文化程度。从年龄分布来看，30岁以下的农户最少，占总样本的2%；50岁以上的农户次之，占5%；农户在30~50岁最高，占比

[①] 地方政府这一特殊的次属群体，对农村政策性金融的需求主要源于农村基础设施等公共产品或准公共产品的长期供给不足。由于农村基础设施建设项目往往资金需求规模大、期限长、缺乏抵押担保，商业性金融一般不愿意主动介入提供贷款，使得地方政府在相关融资中处于相对弱势的地位和状态，属于一个特殊的强位弱势群体（组织），因而产生了对农村政策性金融的融资需求，需要政策性金融发挥主动诱导和虹吸扩张性的特殊金融功能。

达93%。年轻农户偏少,主要原因是农户经营规模较小,农村家庭劳动力出现了剩余,年轻人普遍选择了外出务工。从性别比例来看,在被调查的286个农户中,男性为174人,女性为112人,分别占60.8%和39.2%。从户主受教育情况来看,小学53人,占18.6%;具有高中及以上文化程度的仅57人,占19.9%;绝大部分农户具有初中文化水平,这部分农户共有176人,占61.5%。这说明农户的总体文化素质并不低,对农村政策性金融应该有一定的认知能力,能够比较有效地回答本问卷的问题。

2. 样本农户家庭规模及耕地面积。286个样本农户中,农户家庭规模最小为1人,最大为7人,平均每户4人。其中家庭人口在3~4人的户数最多,为109户,占38.1%;家庭人口在5~6人的户数次之,为100户,占35%;家庭人口少于3人的户数和大于7人的户数分别仅为47户和30户,其比例分别为16.4%和10.5%。这说明其劳动力规模是偏小的。在耕地面积方面,农户的耕地面积偏小,10亩以下的小规模农户占64%;10~30亩的中等规模农户占23%;耕种30亩以上的大农户所占的比例则更小,为13%。户均人口规模较小加上每户所能经营的土地面积有限,导致农户仅仅依靠土地所带来的收益不足以满足家庭的支出需求,因此,必然存在资金的缺口。在商业性金融供给不足的条件下,必然存在着对政策性融资的需求。

3. 样本农户经济活动类型及收入水平。样本农户的经济活动以传统农业为主。样本农户中,有165个农户完全依靠土地生存,占57.7%;兼业农户为98个,其比例高达34.3%;而完全脱离农业的农户有23户,占8%,这部分农户主要从事运输、小商品买卖、修理、木材加工等经营活动。不同的经济类型对农村政策性融资也有不同的需求。样本农户的年均收入在5 000元以下的占32%,5 000~10 000元的占40%,10 000~20 000元的为21%,20 000元以上的为7%,其分布总体均呈正态状,而且本次调查所选样本农户绝大多数人认为自己收入为中等水平。这一结果表明:本次调查的样本分布是符合统计学上的正态分布规律,样本是有一定代表性的。

4. 农户生产和生活中面临的主要问题。农民生产和生活中面临的主要问题依次是:缺乏农业技术(40%)、农产品销售价格不稳(31%)、缺乏资金(14%)、农村基础设施薄弱(8%)、农业自然灾害(3%)、市场空间不大(2%)、信息获得困难(1%)、致富技能约束(1%)。通过对这些主要问题的

3 我国农村政策性金融需求实证分析

研究发现,由于农村金融市场的失灵,这些困难都需要政府资金支持或政策性金融的先导性介入和扶持。

3.1.1.2 农户融资行为

1. 农户的融资渠道。此次调查的 286 个农户通过农村信用社获得贷款的有 134 户,占 46.9%;通过民间借款(包括亲友、合作基金会、专门放款人、互助会等)的有 114 户,占 39.9%;向农业银行贷款的有 29 户,占 10.1%;向其他商业银行贷款的有 9 户,占 3.1%;没有一户通过政策性银行获得贷款。可以看出,向农村信用社和民间借款是农民目前最主要的借款渠道。总体来看,正规金融对农户的金融供给比例比较小,农村政策性金融还没有开展面向农户的直接或间接的融资授信业务,农村政策性金融供给相对滞后,如表3-1所示。

表 3-1　样本农户借款渠道

项目	农村信用社	民间借款*	农业银行	其他商业银行	政策性银行
有效样本(户)	134	114	29	9	0

*民间借款,包括亲友、合作基金会、专门放款人、互助会等。

2. 农户的借款规模。从图 3-1 可以看出,农户期望贷款的规模主要集中

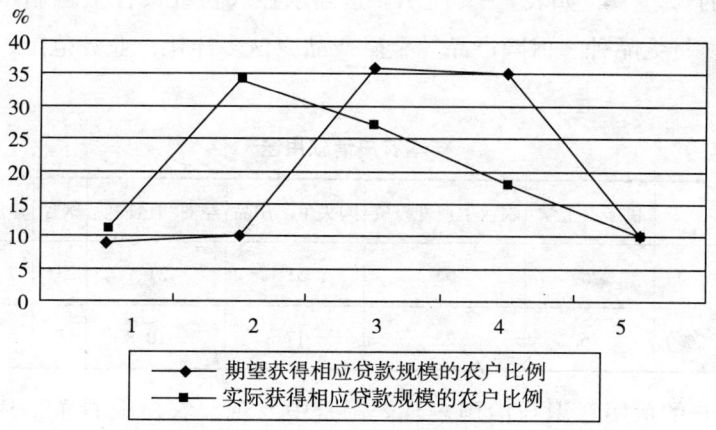

注:1 代表借款需求 3 000 元以下,2 代表借款需求 3 000~5 000 元,3 代表借款需求 5 000~10 000元,4 代表借款需求 10 000~20 000 元,5 代表借款需求 20 000~50 000 元。

图 3-1　样本农户借款规模

在 5 000～20 000 元，有 160 户，占到总样本的 55.9%。而农户实际获得贷款主要是 3 000～10 000 元，有 165 户，占总样本的 57.7%。对于目前的借款规模只有 5% 的农户能完全满足需要，41% 的农户认为大部分能满足需要，46% 的农户认为可以满足一些，只有 8% 的农户认为完全不能满足需要。对于通过农村信用社和银行机构贷款的农户，有 46% 的认为贷到了大部分或全部所需款，46% 的认为只贷到了一小部分的款项，还有 8% 的认为完全没有获得贷款。

从以上说明可以看出，目前农村商业性金融机构虽然按照国家的政策加大了资金投放力度，但是规模太小，资金缺口仍然很大。这是由于存在融资成本、风险与收益的不对称性，导致商业性金融机构限于自身性质而本能地"嫌贫爱富"，这种外部性约束迫切需要开拓农村政策性融资渠道及其规模。

3. 农户的借款用途。农户借贷资金的投向可分为生产性用途和生活性用途。生产性用途包括购买种子、化肥、农药、农膜、种畜、饲料等生产资料，满足传统农业简单再生产的需要，以及由于经商、加工、运输、农村建房等非农产业领域，用于这部分的农户共有 94 户，占到总样本的 32.9%。生活性用途主要用于建房、子女上学、购买生活用品、婚嫁、看病和养老，有 180 户，占总样本的 62.9%，如表 3－2 所示。这要求在农村政策性金融制度安排和结构设计中，贷款品种、保险产品等金融产品应该多样化，业务范围、类别要相对广泛。

表 3－2 样本农户借款用途

项目	供子女上学	农业生产性投资	购买生活用品	经商和运输业	医疗	建房	养老	其他
有效样本（户）	75	63	51	31	23	17	14	12
有效百分比（%）	26.2	22	17.8	10.8	8	5.9	4.9	4.2

4. 农户的信用意识与信用表现。调查中发现，农户很看重信用，回答认为信用很重要的占到 92.8%，比较重要的占到 7%，认为不重要的只占到 0.2%。农户实际的信用表现也是让人满意的，85% 的农户能够按时还本付息，11% 的农户是不能按时归还，利息转为下一期借款，只有 4% 的农户认为延期后也无法归还。农户的信用表现可能与农村金融机构加强了对贷款发放对象的

3 我国农村政策性金融需求实证分析

管理有关。这也比较符合农村政策性金融基本的信用规则即融资的有偿性,政策性贷款也是在一定期限内有条件地让渡资金使用权的资金融通活动。

3.1.1.3 农户融资难及其对农村政策性金融的认知与需求

1. 商业银行或信用社借贷行为。在问及从商业银行贷款难的原因时,调查的286个样本农户认为,第一位原因为贷款手续复杂、审批时间长,其比例为40%;第二位原因为缺乏抵押物或担保人,占36%;第三位原因为金融机构不愿意发放贷款,占16%;第四位原因为贷款前期费用高,占8%。调查还发现尽管农户向农村信用社等农村金融机构贷款困难重重,但是仍有75%的农户表现出了向正规金融机构贷款的愿望,只有25%的农户表示倾向于向私人借款。在贷款的期限上,41%的农户希望在3~4年;39%的农户借款期望在1~2年;15%的农户希望借款在5年以上;只有5%的农户表示无所谓,只要能借到款就行。这说明大部分农户贷款期限需求都在1~4年,而农村信用社等金融机构提供的短期小额贷款显然无法满足中长期借款的需求,而这又恰恰是主要从事中长期贷款的政策性金融机构的特点及优势所在。

在农户向农村信用社或商业银行贷款时的担保方式上,主要是采用个人信用担保和财产抵押,分别占到样本总数的41%和25%,有32%的农户通过亲友担保获得贷款,而通过专门机构担保的只有2%,很多农户表示目前还没有见到过担保机构,尤其是非营利性的政策性信用担保机构。

对于目前农村信用社和商业银行的贷款利率,有31%的农户表示可以接受;有45%的农户认为有些高,应该低一点;有16%的农户认为太高,根本不能接受。只有8%的农户认为无所谓,只要能借到钱就行。对于当前能接受的最高利率,80%以上的农户回答的是5%。这说明了在当前市场化融资的趋势下,政策性银行更多地体现为提供融资的可得性上,而不是大量地提供低息贷款。

2. 农户对农村政策性金融服务的需求。农户对农村金融服务的需求主要集中在以下几个方面:存款服务和贷款服务占到总样本的33%,其他依次为农业保险23%、担保服务16%、非营利性的政策性金融服务15%、金融咨询服务8%、资金汇兑5%、出口信用保险0,如图3-2所示。这说明现实中农户还是需要非营利性目的的政策性金融服务的,对出口信用保险的需求为零,可能是由于农户不了解这种政策性保险服务的性质和业务。

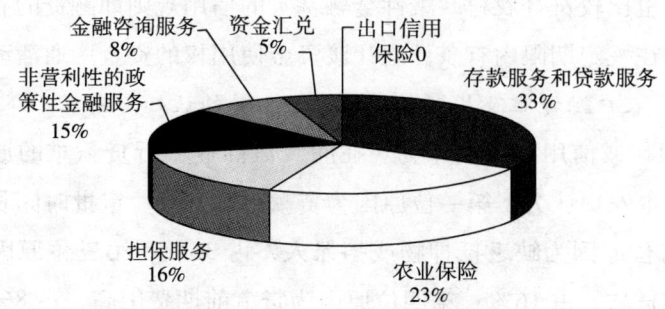

图 3-2　农户对农村金融服务的需求

在农户对本地农业发展银行和其他政策性金融机构提供金融服务的满意程度上，调查中发现大多数农户是不满意的，这可能与农村政策性金融的功能不健全、农业发展银行的业务范围限制有关。

3. 农户对政策性金融机构的认知程度。从表 3-3 中我们可以看出，农户除了对农业发展银行很了解、了解一些，占到 45.5%，对国家开发银行、中国进出口银行、中国出口信用保险公司，大多数农户是不了解或完全没有听说过的。这说明国家在政策性金融制度安排上，缺乏农户的需求意识，政策性金融业务也缺乏市场化运作意识，存在一定程度的官商和坐商作风。对于上述政策性金融机构，还有 21 家农户得到过农业发展银行的保险服务，并且只有 4 家农户完全得到了满足。

表 3-3　　　　　农户对政策性金融机构的认知程度　　　　　单位：户

	很了解	了解一些	不了解	没听说过、一点也不知道
中国农业发展银行	32	98	76	80
中国进出口银行	8	24	156	98
国家开发银行	12	24	104	146
中国出口信用保险公司	3	7	58	218

在问到"您希望中国农业发展银行应该是什么样的政策性银行"时，在三个选项中，希望成为专门为"三农"提供优惠贷款、保险（担保）等一系列政策性金融服务的非营利性农村政策性银行的有 201 户；希望取消农村政策性银行，农业发展银行转型为农村开发性商业银行的农户有 56 户；选择其他

的有 29 户。在问到"您认为政府设立中国农业发展银行等政策性银行有必要吗"时，有 11% 的农户认为很有必要，56% 的农户认为有必要，认为没有必要的占 31%，只有 2% 的农户认为完全没必要，有商业银行就行了。这说明绝大多数农户还是肯定政策性金融这种特殊的制度安排的，并对名副其实的农村政策性银行和政策性融资、保险有相当需求，并不是都希望农业发展银行转型为类似于商业银行的所谓的"综合性开发金融机构"。

在对农业保险和信用保险（担保）的认知上，80% 以上的农户认为很有必要，但农村还没有这种机构；12% 的农户认为现有的农业保险费率太高，无力投保；8% 的农户认为现有担保机构门槛太高，无法担保。

3.1.2 影响农户政策性农业保险需求的因素分析

本节通过对相关文献的回顾，提出了影响农业保险可持续发展的因素假说。然后通过对河南 4 县市的调查数据分析，运用 Logistic 模型实证发现，农民的文化程度、收入、农户遭受的风险种类数、农户对农业风险的态度及农业保费的高低是影响农户购买农业保险的主要因素。

3.1.2.1 理论分析基础及假说构造

众所周知，农业保险需求"不足"是困扰中国农业保险发展的重要问题，也是政策性农业保险的重要理论根据之一（张跃华、史清华、顾海英，2007）。然而，对于中国农业保险在需求方面或者说农户购买农业保险意愿的深入探讨，尤其是实证研究还较为少见。相关研究主要有：张跃华、顾海英、史清华（2005）基于冯·诺依曼—摩根斯顿效用模型和 Arrow – Pratt 风险规避系数，构造了一个分段的伯努利效用函数，认为农户对于风险的规避程度先随财富和收入的增加而增强，达到某一点后，开始随财富和收入的增加而减弱。在实证研究当中，他们抽取河南农户作为样本，通过 Logistic 回归分析，得出影响农户参加保险决策（是否购买农业保险）的主要有读书时间、是否务工、年收入 3 个变量，影响农户参加保险可能性（是否认为农业保险是必要的）的变量主要有灾害损失、是否了解以及是否务工。宁满秀、邢郦、钟甫宁（2005）以玛纳斯河流域棉农为例，运用 Probit 模型对农户购买农业保险的决策影响因素进行了回归分析，得出主要影响因素有棉花产量变异系数、总耕地面积、是否有政府救灾补贴、农户户主务农时间以及棉花收入占总纯收入的比重。陈妍、凌远云、陈泽育、郑亚丽（2007）从冯·诺依曼—摩根斯顿效用函数和斯蒂格利茨的保险需求理论出发，运用 Logit 计量模型对武汉市和兴山县 100 个农户的调查资料进行了实证分析，结果表明，农户的家庭农业收入、耕地面积及受访者的受教育年限和务农年限，对农业保险的购买意愿有显著影响。

对农业保险的需求研究，目前理论界主要通过构建农户消费效用函数（王敏俊，2009；张跃华，2007；施红，2008）分析农户购买农业保险前后的效用变化，探讨三个方面的问题：在预算一定的情况下，如何在购买保险和购买其他消费品之间实现一个平衡；农户购买何种保险组合使其效用最大化；农业分散风险的成本比较，即通过差异种植或借贷与购买农业保险分散风险的成本比较。进而得出了影响农户保险需求的因素：农业生产风险、农户的风险态度、保险保费、农户对农业风险的态度、农户自身素质。

基于以上的研究，本节提出了如下的研究假说：农户自身的素质，包括文化程度和年龄，已有研究表明，农户的受教育程度与农民的信息接受能力呈正相关关系（Schultz，1975；Federetal，1985）。因此，受教育程度高的农户更容易接受农业保险服务。农户年龄越大，信息接受能力越弱，对农业保险功能了解越多，越倾向于购买。年龄在一定程度上表明了被调查者是否具有表达自己意愿的能力，也在一定程度上影响着被调查者对风险特征、农业保险的作用和特点的理解水平。一般来说，被调查者的受教育水平越高，就越能更好地理解和把握保险的作用和特点；农户的家庭年收入越高，就越有能力购买政策性农业保险产品，其抗风险能力也就越强；农业风险认知程度越高的农户，越有可能参加政策性农业保险。张跃华等（2005）的研究表明，只有那些对农户生活有重大影响的风险，在利用自身的力量或传统的力量很难分散时，才会首先引起农户的重视。而对于次要的风险，农户可能会选择自己分散风险的方式，当农户遭受农业风险逐渐增多的时候，我们认为其更愿意购买保险。保费是否偏高，也是农户是否决定购买农业保险的一个重要因素，直接决定了农户是否有能力购买，保费越低，农户越愿意购买。农业保险服务包括定损、理赔、服务态度，服务越好，农户越愿意购买。

以上各变量对满意度的预期作用方向如表 3-4 所示。

表 3-4　　　　　　　　　变量描述及预期作用方向

变量类型	变量名称	变量解释	预期作用方向
被解释变量	购买愿意 P	非常愿意 =1，不愿意 =0	+
个体特征变量	户主年龄 X_1	青年 =0，中青年 =1，中年 =2，老年 =3	+
	文化程度 X_2	小学 =0，初中 =1，高中 =2，大专 =3	+
农户需求特征变量	收入 X_3	高收入 =4，中等收入 =3，中低收入 =2，低收入 =1	+
	风险种类数 X_4	受到的风险种类数（1、2、3……）	+
	对农业风险的认知程度 X_5	很重要 =3，比较重要 =2，无所谓 =1	+
	保费是否偏高 X_6	能接受，有点贵，还是能接受 =1；太高，不能接受，以及其他 =0	+
	对农业保险服务的满意程度 X_7	满意 =1，不满意 =0	+

3.1.2.2　调查方法与数据来源

在乡（镇）样本选择上，要兼顾不同经济水平，兼顾不同的地理环境，兼顾不同农业类型，并用整体调查与抽样调查相结合的方法进行调研村庄的选取，抽样调查主要依据抽样技术中的多阶段抽样、不等概率抽样与整体抽样相结合的方法。本次调查以问卷形式为主，选取了河南省 4 个具有代表性的传统农业县市：民权、永成、睢县、宁陵进行入户调查。共发放问卷 150 份，收回有效问卷 120 份，有效收回率为 80%。通过对部分未填写问卷与填写问卷的农户的对比分析，未发现存在系统性偏差，问卷结果真实有效，测量既有信度又有效度。

3.1.2.3　样本统计分析

本次调查的主要指标如表 3-4 所示。下面对调查结果进行初步统计分析。

1. 农户个体特征。本调查对农户的文化程度和年龄进行了调查。样本中有初中学历的占 60%，小学及文盲的占 25%，高中及以上的占 15%，说明农户整体受教育程度良好。农户年龄分布为：青年占 20%，中青年占 15%，中年占 45%，老年占 20%。这基本符合我们调查的样本县的基本情况，当前农村青年和中青年大多数外出打工，在家务农基本以中老年人为主。

2. 农户对农业保险的购买意愿。本书通过实地访谈了解到，由于当前农业保险参保对象复杂、规模小、分布散、收入低、保费低，同时农业保险公司考虑到风险的系统性，所以对农业保险的购买采取以村庄为单位，强制购买。所以，本书调查的是农户的真实购买意愿。在120份有效问卷中，有80个农户表示愿意购买农业保险，占样本总数的66.7%。通过实际调查发现，农户现在对农业保险的认识和了解要高于以往，农户可以通过多方面的途径了解国家的惠农政策。同时，作为政府的一项实施政策，基层政府组织加强了在农业保险购买方面的宣传和执行力度，但是农户对农业保险最终的执行效果表示出了一定的怀疑。

3. 样本农户低收入的占32%，中低收入的占21%，中等收入的占40%，高收入的占7%，其分布总体均呈正态状。被调查农户的家庭收入在全国平均农业收入总体中处于中等水平，同时这一结果也表明：本次调查的样本分布是符合统计学上的正态分布规律的，样本是有一定代表性的。农户遭受的自然风险种类主要包括旱灾、冰雹、病害、虫害、洪水、家畜疾病、龙卷风、干热风等，通过调查统计发现，遭受农业风险种类数在4种以上的占到52%，遭受1~3种风险的占比40%，其余8%的农户表示遭受其他的风险。这说明大多数农户都面临不同程度的农业风险及其给农业生产带来的损失。农户对农业生产风险的态度表现出了不一致性，42%的农户表示无所谓，30%的农户表示比较重要，28%的农户表示很重要。询问保费是否偏高回答能接受，有点贵，还是能接受的占总样本的46%；回答太高，不能接受，以及其他的占54%。对农业保险服务的满意程度满意的占41%，不满意的占59%。

3.1.2.4 模型设计及实证分析

本节采用 Logistic 模型评价农户对农业保险的满意度。Logistic 模型采用的是逻辑概率分布函数，具体形式如下

$$P_i = F(Z_i) = F(\alpha + \beta X_i) = \frac{1}{1 + e^{-Z_i}} = \frac{1}{1 + e^{-(\alpha + \beta X_i)}} \quad (3-1)$$

对于给定 X，P 作出某一特别选择的概率，根据公式（3-1），得到

$$\ln \frac{P_i}{1 - P_i} = Z_i = \alpha + \beta X_i \quad (3-2)$$

因为，X 中未包含被选取方案所具有的属性变量，而参数向量对不同的合作伙伴选择是不同的。为了研究方便，进行标准化处理，令 $\beta = 0$。于是有

$$\ln\frac{P_i}{1-P_i} = \beta_0 + \beta_1 X_1 + \beta_2 X_2 + \beta_3 X_3 + \beta_4 X_4 + \beta_5 X_5 + \beta_6 X_6 + \beta_7 X_7$$

(3-3)

利用 Eviews5.0 统计软件,对 150 户样本农户的横截面数据进行 Logistic 模型分析,分析过程如下。

由于 X_2、X_3、X_6 的 Z 检验数值对被解释变量 Y 的影响不显著,从模型中剔除这几个变量。对其余变量重新运用二元 Logit 回归估计。

表 3-5　　　　　　　　　回归结果列表

变量	系数	标准差	Z 统计量	概率
X_2	3.498139	1.284909	-2.722481	0.0065**
X_3	8.851447	3.262348	2.713213	0.0067**
X_4	4.656111	2.321117	-2.005978	0.0449*
X_5	5.677266	3.559147	1.595120	0.1107*
X_6	3.529535	1.641144	2.150655	0.0315*

注:①McFadden R-squared = 0.437905。
②*代表在 5% 的水平下显著,**代表在 1% 的水平下显著。

3.1.2.5 对估计结果的解释

综合以上运行结果分析可知:农户的文化程度、农户收入在 1% 的水平下显著,农业遭受风险的种类数、农户对农业风险的认知程度、农业保险保费的高低在 5% 水平下显著,基本证实了本节提出的假说:农户文化程度高,能提高农户对农业保险政策的了解和认知能力,提高对农业保险正面性的认识。农户收入的提高,使其更有能力去购买农业保险。农户遭受农业风险种类越多,其农业生产面临损失的可能性越大,这也会促使农户作出理性的选择。对农业保险保费,农户更多地是进行边际效用对比,如果购买农业保险带来的效用大于购买其他物品的效用,农户将有动力去购买。

除了上述实证分析的影响农户政策性农业保险需求的基本因素外,一般来说,制约我国农业保险发展的因素主要有:一是对农业保险的认识不清。一些部门对农业保险互助共济、经济补偿、防灾防损、资金投入的四大功能了解不够,税费改革和农民减负政策出台后,有些地方将保险与乱摊派、乱收费混淆起来予以取缔。以前从乡政府提留中为农民投保的做法已基本停止,使得部分想参加保险的农民不知道怎样办理投保手续。还有许多农户误以为政策性农业保险就是由政府独揽一切，全部承担保费及风险损失，混淆了保险的有偿性与政府财政的无偿性的区别。二是政策支持力度小。农业保险尚无专门法规，缺乏系统、全面的激励政策，缺乏足够的财政补贴，未能与整个社会福利制度衔接，成本高，效率低。据了解，在日本，政府补贴50%～60%的水稻保费、50%～70%的麦类保费。在我国，农业保险只免交营业税，其他方面和商业保险相同。三是农村保险出险率、赔付率高，道德风险大，逆向选择严重，加大了展业、管理和运营的成本。农业保险的理赔复杂、不规范行为影响了保险公司的承保积极性。四是覆盖面小。大部分农民得不到保障，保险保障水平低，费率高，产品少。地区分割严重，导致巨灾风险难以化解，不利于专业化的风险管理。五是人才缺乏、管理水平低。农业保险保源分散，保费少，展业成本高，盈利性差，难以吸引优秀人才，致使研发投入少，管理水平低。六是农业保险宣传力度不够。大部分农民认为买保险是加重"负担"，存在风险侥幸心理，投保不主动。

3.1.3 农户对农村政策性金融需求的特点

由以上分析可知，一方面，农户面临信贷约束严重，得到的正规借贷很少；另一方面，无论是借贷覆盖率，还是借贷总额，非正规金融都比正规金融更活跃。可见，面对如此旺盛的农村金融需求，根本无法从正规金融机构得到满足，农户只好求助于民间借贷，但实际上，多数农户无法忍受民间借贷高额的利息负担，不得不放弃借款机会。因此，对于中国的广大农村地区而言，应该充分发挥政府的作用，让农村政策性金融直接与农户发生业务关系，满足农户的政策性资金需求和政策性保险、担保需求。

一般来说，中国农户对农业政策性金融的需求主要表现出以下几个特点：

1. 从农户的经济活动及收入等基本情况来看，农户属于需要农村政策性金融支持的典型的强位弱势群体。本次调查所选样本农户以传统农业为主，经济收入为中低等水平，基本上是温饱型和贫困农户，需要政策性金融满足其生活开支、小规模种养生产性贷款需求，也需要政策性金融协助政府建立一套适合弱势金融群体特点的综合性的扶贫体系。而对于其他农户而言，其政策性金融需求则侧重于专业化、规模化的中短期大额贷款需求与政策性担保和保险服务，以及相应的市场建设、基础设施建设等环境建设保障性金融服务。

2. 农户对农村政策性金融一直存在着需求。向农村信用社和民间借款是农民目前最主要的借款渠道。尽管农户向农村信用社等农村金融机构贷款困难重重，但是绝大多数农户表现出了向正规金融机构贷款的愿望。目前，农村商业性金融机构虽然按照国家的政策加大了资金投放力度，但是规模太小，资金缺口仍然很大，也不愿意经营农业保险业务。这是由于农户没有足够的贷款抵押物或担保，贷款与保险赔付的风险大，金融机构不愿也不敢发放贷款和开展农业保险业务。这种融资成本、风险与收益的不对称性，导致商业性金融机构限于自身性质而本能地"嫌贫爱富"。这种外部性约束迫切需要开拓农村政策性融资渠道及其规模，提供政策性农业保险服务。

3. 从农户金融需求的目的或用途上来看，都需要农村政策性金融提供服务。农户将借款集中于非生产性领域而不是生产领域，而且生活性用途的范围比较广泛。要满足这类生活性金融需求，通过商业性金融渠道是不能实现的，又受民间金融高利率的约束，因此，应主要通过政策性金融来解决，并要求设计出多样化的贷款、保险等农村政策性金融产品。对于生产性的借贷需求，因其在金额、期限等方面与商业性信贷要求仍有着较大差距，而且需要政策性担保及保险等服务，这恰恰是政策性金融机构的特点及优势所在，所以最好的方式还是农村政策性金融的制度安排。

4. 农户对农村政策性金融的认知不足，也不满意现有的政策性金融服务。尽管现实中农户还是需要非营利性的政策性金融服务，但对于我国已经成立运营十多年的农业发展银行等政策性银行和出口信用保险公司等政策性非银行金融机构，许多农户还不了解或完全没有听说过，也不了解这种政策性保险服务的性质和具体业务。同时，农户的文化程度低也导致了对农业保险的政策性了解不够，对政策性保险的功能和执行情况还持怀疑态度。由此可见，国家对政策性金融的宣传介绍与农村政策性金融制度供给都相对滞后。如何让农户了解保费补贴政策以及如何使更多的农户有资格获得保费补贴，也是进一步发挥保费补贴激励作用的关键。在农户对本地农业发展银行和其他政策性金融机构提供金融服务的满意程度上，调查中发现大多数农户是不满意的，这可能与农村政策性金融的功能不健全、农业发展银行的业务范围限制有关。目前，农村政策性金融还没有开展面向农户的直接或间接的融资授信业务。

5. 农户对农村政策性融资的需求也较多地体现在贷款的可得性上。对于目前农村信用社和商业银行的贷款利率,有 60% 的农户认为有些高,不能接受,希望金融机构提供一些优惠性贷款。但由于目前我国农村资金严重不足,也有 40% 的农户表示可以接受现有贷款利率,认为无所谓,只要能借到钱就行。这也说明了在当前市场化融资的趋势下,政策性银行更多地体现为提供融资的可得性上,而不是大量地提供低息贷款。

6. 农户对农村政策性金融可持续发展的期望很大。大多数农户在了解了政策性金融业务的特点以后,还是肯定政策性金融这种特殊的制度安排,80%以上的农户认为政策性农业保险和信用保险(担保)很有必要,以降低农业风险和解决农户大额贷款担保难的问题。农户希望进一步完善农村政策性金融功能,建立健全农业保险制度和由地方政府建立专业性的农村信用担保组织,把农业发展银行办成名副其实的农村政策性银行,并不是都希望农业发展银行转型为商业性、盈利性的所谓"综合性开发金融机构"。

3.2 农村企业对农村政策性金融的需求及特点

3.2.1 农村企业对农村政策性金融的需求情况调查

3.2.1.1 调查区样本企业基本情况

1. 样本企业成立年限及业务范围、行业分布。在 200 个样本企业中,2006 年以前成立的企业有 60 家,占比为 30%;成立于 2006—2008 年的有 140 家,占比为 70%。这说明样本企业大部分处于成长阶段。对于企业产品的销售范围,42% 的企业销往本市,33% 的企业销往本省其他地区,15% 的企业销往国内其他省份,10% 的企业的产品是用于出口。调查的样本企业的行业分布比较均匀,建筑企业 30 家,化学及纸制品 30 家,金属制品企业 30 家,纺织制品 20 家,食品加工 20 家,农业类 30 家,矿产、石油产品、设备制造、贸易服务、非金属制品、电气水供应共有 40 家。

2. 企业的注册类型、注册资本、从业人员数。从企业的注册类型来看,主要为集体企业和私营企业,各占总样本的 33.3% 和 37.8%,其他类型的企业(个体经济、股份合作企业、联营企业、有限责任公司、股份有限公司、外商投资企业、港澳台商投资企业)占比为 28.9%。企业的资产规模

（包括注册资本）10万元以下的有26家，占比为13%；10万~50万元的有94家，占比47%；50万~100万元的有40家，占比20%；100万元以上企业有40家，占比20%。这说明农村企业规模不大，以中小企业为主。企业从业人员总数分布主要集中在10~50人，占样本企业的45%，50~100人的企业占比为30%，10人以下的小企业占比为5%，100~500人的企业占比为20%。

3. 企业发展面临的主要制约因素。在调查的样本企业中，有41%的企业认为当前面临的最主要的制约因素为资金的缺乏，21%的认为是技术力量不足，其他依次为政府的行政干预、技工人员约束、市场空间不大、信息获得困难、税收负担过重。

3.2.1.2 贷款的来源、规模和用途

1. 贷款来源。此次调查的200个企业通过农村信用社获得贷款的有94家，占47%；通过民间借款（包括亲友、合作基金会、专门放款人、互助会等）的有85家，占42.5%；向农业银行贷款的只有12家，占6%；向其他商业银行贷款的有9家，占4.5%；通过政策性银行获得贷款的为0。可以看出，农村信用社和民间借款是农村中小企业最主要的借款渠道。

表3-6　　　　　　　　　样本企业借款渠道　　　　　　　单位：家

农村信用社	民间借款（包括亲友、合作基金会、专门放款人、互助会等）	农业银行	其他商业银行	政策性银行
94	85	12	9	0

2. 借款规模。从调查中可以看出，企业期望贷款规模主要集中在11万~50万元，有160家，占到总样本的80%。而企业实际获得贷款主要是10万元以下，有165家，占总样本的82.5%。对于目前的借款规模只有5%的企业能完全满足需要，31%的企业认为大部分能满足需要，56%的企业认为可以满足一些，只有8%的企业认为完全不能满足需要。对于通过农村信用社和银行机构贷款的企业，有36%的认为贷到了大部分或全部所需款，56%的认为只贷到了一小部分的款项，还有8%的认为完全没有获得贷款。从以上可以说明，目前农村商业金融机构虽然按照国家的政策加大了资金投放力度，但是规模太小，资金缺口仍然很大。

3. 企业的借款用途。企业借贷资金的投向可分为初期发展资金投入和成熟期的再生产。初期发展资金投入主要包括购买设备、建造厂房、购买原材料和半成品、企业成立初期发展的需要，这部分需求的企业为120家，占比为60%。成熟期的再生产主要包括短期流动资金周转、归还原贷款或支付利息、技术改造和产品升级，这部分需求的企业有80家，占总样本的40%，如表3-7所示。

表3-7　　　　　　　　　样本企业借款用途　　　　　　　　单位：家、%

用途	短期流动资金周转	购买设备	购买原材料和半成品	企业成立初期发展的需要	建造厂房	归还原贷款或支付利息	技术改造和产品升级
企业	65	43	41	21	15	8	7
占比	32.5	21.5	20.5	10.5	7.5	4	3.5

3.2.1.3　银行或农村信用社借贷行为

1. 融资困难及借款期限。在问及从银行贷款的难度时，被调查的200家样本企业认为，第一位原因为贷款手续复杂、审批时间长，其比例为40%；第二位原因为缺乏抵押物或担保人，占36%；第三位原因为金融机构不愿意发放贷款，占16%；第四位原因为贷款前期费用高，占8%。调查还发现，尽管企业向农村信用社等农村金融机构贷款困难重重，但是仍有75%的企业表现出了向正规金融机构贷款的愿望，只有25%的企业表示倾向于向私人借款。在贷款的期限上，41%的企业希望在3~4年，39%的企业借款期望在1~2年，15%的企业希望借款在5年以上，只有5%的企业表示无所谓，只要能借到款就行。这说明大部分企业贷款期限需求都在1~4年，而农村信用社等金融机构提供的短期小额贷款显然无法满足长期借款需求。

2. 担保方式。企业在向农村信用社或银行贷款时，主要采用厂房和设备抵押和企业信用，分别占到样本总数的51%和15%，有20%的企业通过其他企业担保获得贷款，而通过专门机构担保的只有14%，很多企业表示目前在县域还没有这种机构。

3. 利率。对目前农村信用社和银行的贷款利率，有61%的企业表示可以接受，有25%的企业认为有些高，应该低一点，8%的企业认为太高，根本不能接受。只有6%的企业认为无所谓，只要能借到钱就行。对于当前能接受的最高利率，80%以上的企业回答的是5%。

3 我国农村政策性金融需求实证分析

3.2.1.4 企业对农村金融服务的需求

企业对农村金融服务的需求主要集中在以下几个方面：存款服务和贷款服务占到总样本的36%，其他依次为资金汇兑28%、金融咨询服务22%、非营利性的政策性金融服务9%、出口信用保险需求为5%。如图3-3所示。

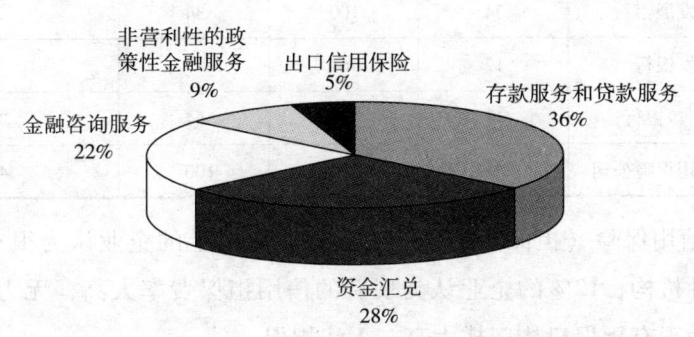

图3-3 企业对农村金融服务的需求

3.2.1.5 企业信用意识与信用表现

调查中发现，企业很看重信用，回答认为信用很重要的占到92.8%，比较重要的占到7%，认为不重要的只占到0.2%。企业实际的信用表现也是让人满意的，85%的企业能够按时还本付息，11%的企业不能按时归还，利息转为下一期借款。只有4%的企业认为延期后也无法归还。企业的信用表现可能与农村金融机构加强了对贷款发放对象的管理有关。

3.2.1.6 企业对政策性金融机构的认知程度及服务满意度

1. 企业对政策性金融机构的认知程度。从表3-8中我们可以看出，企业除了对农业发展银行相对其他政策性银行了解一些，占到67%，对国家开发银行、中国进出口银行、中国出口信用保险公司大多数是不了解或完全没有听说过的。对于上述政策性金融机构，有21家企业表示得到过农业发展银行的服务，并且只有4家企业完全得到了满足。在问到"您希望中国农业发展银行应该是什么样的政策性银行"时，希望专门为"三农"提供优惠贷款、保险（担保）等一系列政策性金融服务的非营利性农村政策性银行有76家，希望取消农村政策性银行、农业发展银行转型为农村开发性商业银行的企业有114家，选择其他的有10家。在被问到"您认为政府设立中国农业发展银行等政策性银行有必要吗"时，有61%的企业认为很有必要，29%的企业认为有必要，认为没有必要的占8%，只有2%的企业认为完全没必要，有商业银行就行了。

表3-8　　　　　企业对政策性金融机构的认知程度　　　　　单位：家

	很了解	了解一些	不了解	没听说过、一点也不知道
中国农业发展银行	34	100	34	32
国家开发银行	12	64	79	45
中国进出口银行	17	36	64	83
中国出口信用保险公司	28	32	100	40

2. 对信用保险（担保）的认知程度。80%以上的企业认为很有必要，但还没有这种机构；12%的企业认为现有的信用担保费率太高，无力投保；8%的企业认为现有担保机构门槛太高，无法担保。

3. 在调查企业对本地农业发展银行和其他政策性金融机构提供金融服务的满意程度上，大多数企业是不满意的，这可能与农业发展银行的业务范围限制和服务水平有关。

3.2.2　农村企业对农村政策性金融需求的特点

1. 农村企业是以中小企业为主的强位弱势群体，也是政策性金融服务的主要对象。如果参照国家经贸委等制定的《中小企业标准暂行规定》（国经贸中小企〔2003〕143号），我国的农村企业绝大多数为中小企业，主要分布在县及县域以下的农村地区。相关调查也证明了这一点，农村企业规模不大，主要为小型的集体企业和私营企业，企业从业人员集中在10~50人，占调查样本企业的45%。农村中小企业在农业产业化发展中的地位举足轻重，但由于种种原因造成了企业融资难、担保难等问题，需要农村政策性金融强力扶植与支持。

2. 农村企业的融资缺口很大，在商业性金融缺位或融资不足的情况下，需要农村政策性金融主动弥补。在调查的样本企业中，大多数的企业认为，当前面临的最主要的制约因素为资金的缺乏，资金需求无法得到基本的满足，特别是农村中小企业融资困难，从而影响了农业企业的进一步发展。目前，农村商业金融机构虽然按照国家的政策加大了资金投放力度，但是规模太小，资金缺口仍然很大。尽管农村企业很看重信用，但企业存续的变数大、风险大、信息不透明、抵押物普遍缺乏、资金需求频率高等融资特点和当前外生金融制度的局限条件，决定了农村中小企业和发育初期的产业化龙头企业不会也不可能完全依靠商业性金融渠道获取金融支持。显然，在农村中小企业的融资需求得不到商业性金融满足的情况下，发挥政策性金融的积极诱导性功能尤为重要和关键。调查中也发现，企业有着对非营利性的政策性金融服务的现实需求，对目前金融机构的贷款利率多数也是表示可以接受。这再次说明了当前政策性银行更多地体现为提供融资的可得性上，而不是大量地提供低息贷款。

3. 处于发展初期的农村中小企业是农村政策性金融的需求主体。调查中发现，样本企业大部分处于成长阶段，企业借贷资金投向的56%是其生产经营发展初级阶段的资金投入。目前，农村信用社和民间借款是农村中小企业最主要的借款渠道，但由于贷款手续复杂、审批时间长，缺乏抵押物或担保人，贷款前期费用高，企业向农村信用社贷款困难重重。尽管如此，仍有75%的企业表现出了向正规金融机构贷款的愿望。此外，大部分企业贷款期限需求较长，而农村信用社提供的短期小额贷款显然无法满足其长期借款的需求。因此，那些处在发育期而需要启动市场、扩大规模的农村中小企业，以及在发展初期或在成长期需要进一步推进专业化、规模化生产的龙头企业及其相应的市场环境建设（包括担保体系的建立），都存在着对农村政策性金融诱导性融资的需求。

4. 农村企业对农村政策性金融的服务不满意。在调查企业对本地农业发展银行和其他政策性金融机构提供金融服务的满意程度上，大多数企业是不满意的，这可能与农业发展银行的业务范围限制和服务水平有关。如农业发展银行办理一笔贷款，通常需要贷款资格认定、贷前调查、贷时审查、贷款审批、发放等多个环节，时间少则1个月，如果加上担保、抵押、登记、评估、保险公证等，一笔贷款从审批到发放一般需要3个月左右的时间，甚至更长，无法满足农村中小企业短、平、快的服务要求。

5. 农村政策性金融需求得不到有效满足，导致农村企业对政策性金融的认知出现偏差。问卷调查员在对农村企业现场宣传介绍了政策性金融制度的特点及业务后，有61%的企业认为政府设立中国农业发展银行等政策性银行很有必要，29%的企业认为有必要。然而，调查中还发现，由于现实中除了对农业发展银行相对其他政策性银行了解一些外，大多数农村企业对国家开发银行、中国进出口银行、中国出口信用保险公司等政策性金融机构不了解或完全没有听说过，目前在县域还没有看到贷款担保等急需的政策性金融机构，甚至还没有发生过一例通过政策性银行获得的贷款。因此，在问到"您希望中国农业发展银行应该是什么样的政策性银行"时，希望取消农村政策性银行、农业发展银行转型为农村开发性商业银行的农村企业达到114家，占到被调查企业总数的57%。这既是对政策性金融制度的误解和认知偏差，也说明了有关部门对农村政策性金融业务知识普及宣介的相对滞后。

3.3 地方政府对农村政策性金融的需求及特点

3.3.1 地方政府对农村政策性金融的需求情况调查

3.3.1.1 资金缺乏是地方政府在新农村建设中面临的第一位制约因素

地方政府在新农村建设中面临的主要制约因素依次是政府缺乏资金、农村缺乏专业人才、农村基础设施薄弱、农民技能培训力度不够、缺乏农业技术、农业自然灾害、扶贫开发、信息获得困难等。

3.3.1.2 地方政府贷款的来源、规模和用途

1. 贷款来源。此次调查的226个政府通过农村信用社获得贷款的占46.9%，向农业银行贷款的占10.1%，向其他商业银行贷款的占3.1%，通过政策性银行获得贷款的为0。可以看出，向农村信用社借款是政府最主要的借款渠道。

2. 借款规模。从调查中可以看到，政府期望的贷款规模主要集中在500万~1 000万元，占到总样本的69%。而政府实际获得的贷款主要是50万~500万元，占总样本的63.3%。对于目前的借款规模，只有5%的政府认为能完全满足需要，41%的政府认为大部分能满足需要，46%的政府认为可以满足一些，8%的政府认为完全不能满足需要。对于通过商业性金融机构、财政投资或拨款的政府，有26%的认为贷到了大部分或全部所需款，46%的认为只满足了一小部分的款项，还有28%的认为完全没有获得贷款。

3. 地方政府的借款用途。政府借贷资金的投向如表3-9所示。

表3-9　　　　　　　　　样本政府借款用途　　　　　　　单位：%

乡村道路交通	新农村建设	农田水利工程	农电改造	农业生态环境改善	改善政府办公条件	通信电视	归还贷款或利息
20	19	18	13	11	9	5	5

3.3.1.3　银行或信用社借贷行为

1. 融资困难及借款期限。在问及从银行贷款的难度时，调查的样本政府认为，第一位原因为贷款手续复杂、审批时间长，占70%；第二位原因为缺乏抵押物或担保人，占10%；第三位原因为政府过去有拖欠贷款行为，占16%；第四位原因为贷款前期费用高，占3%；第五位原因为金融机构不愿意贷款，占1%。在贷款的期限上，41%的政府希望在5~10年，39%的政府借款期望在1~5年，15%的政府希望借款在10年以上，只有5%的政府表示无所谓，只要能借到款就行。这说明大部分政府贷款期限需求在中长期，而农村信用社等金融机构提供的短期贷款显然无法满足其长期借款需求。

2. 担保方式。政府在向农村信用社或银行贷款时，主要采用政府信用担保和地方财政担保，分别占到样本总数的31%和30%，有27%的政府通过行政指令获得贷款，而通过专门机构担保的只有12%，很多政府表示目前还没有这种机构。

3. 利率。对目前农村信用社和银行的贷款利率，有47%的政府表示可以接受；有46%的政府认为有些高，应该低一点；5%的政府认为太高，根本不能接受。只有2%的政府认为无所谓，只要能借到钱就行。对于当前能接受的最高利率，80%以上的政府回答的是5%。

3.3.1.4　地方政府对农村金融服务的需求

地方政府对农村金融服务的需求主要集中在以下几个方面：存款服务和贷款服务占到总样本的31%，其他依次为农业保险27%、金融咨询服务19%、非营利性的政策性金融服务17%、担保服务3%、资金汇兑2%、出口信用保险1%。如图3-4所示。

3.3.1.5　地方政府的信用意识与信用表现

调查中发现，地方政府很看重信用，回答认为信用很重要的占到92.8%，比较重要的占到7%，认为不重要的只占到0.2%。政府实际的信用表现也是

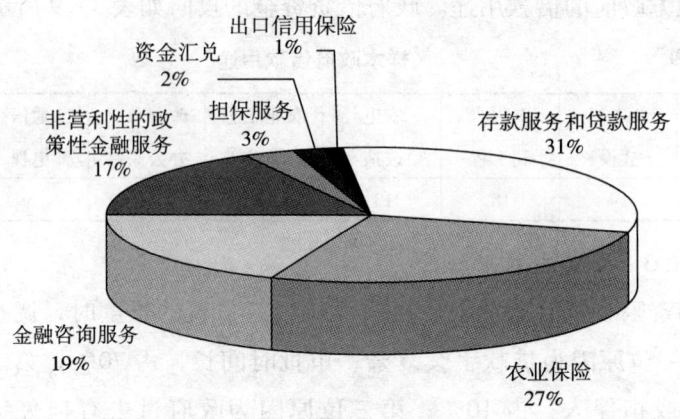

图3-4 政府对农村金融服务的需求

让人满意的，85%的政府能够按时还本付息，11%的政府是不能按时归还，利息转为下一期借款。只有4%的政府认为延期后也无法归还。政府的信用表现可能与农村金融机构加强了对贷款发放对象的管理有关。

3.3.1.6 地方政府对农村政策性金融机构的认知程度及服务满意度

从调查中发现，地方政府对农业发展银行、国家开发银行很了解或了解一些的，占到57.5%，对中国进出口银行、中国出口信用保险公司大多数是不了解或完全没有听说过的。对于上述政策性金融机构，有21个政府得到农业发展银行的贷款服务，并且只有21%政府完全得到了满足。在问到"您希望中国农业发展银行应该是什么样的政策性银行"时，希望专门为"三农"提供优惠贷款、保险（担保）等一系列政策性金融服务的非营利性农村政策性银行有186个；希望取消农村政策性银行，农业发展银行转型为农村开发性商业银行的有29个；选择其他的有11个。在问到"您认为政府设立中国农业发展银行等政策性银行有必要吗"时，有31%的政府认为很有必要，56%的政府认为有必要，认为没有必要占8%，只有5%的政府认为完全没必要，有商业银行就行了。

在对农业保险和信用保险（担保）的认知上，90%以上的地方政府认为很有必要，但还没有这种机构；5%的政府认为现有的农业保险费率太高，无力投保；还有5%的政府认为现有担保机构门槛太高，无法担保。对本地农业发展银行和其他政策性金融机构提供金融服务的满意程度，大多数政府是比较满意的。

3.3.2 地方政府对农村政策性金融需求的特点

1. 地方政府金融需求的特殊性,需要农村政策性金融的主动介入。地方政府金融需求的目的,是为我国农业的可持续发展创造条件,主要是包括为保障农户收入稳定及增长、促进农村基础设施建设、农业生态环境改善、维护农村社会稳定、新农村建设、保障粮食安全、推进农业战略性结构调整、促进农业科技推广和农村企业产品升级换代、推进农村工业化和乡村城市化而产生的金融需求,尤其是农业基础设施建设的资金需求大。但是,这些项目往往资金需求规模大、生产周期长、缺乏抵押担保,是典型的公共产品或准公共产品,商业性金融往往不愿意介入,因而需要政策性金融在其中发挥主动诱导和虹吸扩张性的特殊金融功能。

2. 资金缺乏是政府在新农村建设中面临的首要制约因素。调查中发现,政府的贷款规模比较大,55.9%的样本政府期望的贷款规模主要集中在500万~1 000万元,然而大部分政府实际获得的贷款规模远远少于需求的资金规模,占总样本57.7%的政府实际获得的贷款额主要是50万~500万元。所以,对于目前的借款规模,只有5%的政府认为能完全满足需要,41%的政府认为大部分能满足需要,46%的政府认为可以满足一些,8%的政府认为完全不能满足需要。调查中还了解到,地方政府基本上没有或很少通过政策性银行获得贷款,而对于通过商业性金融机构、财政投资或拨款的政府,有26%的认为贷到了大部分或全部所需款,46%的认为只满足了一小部分的款项,还有28%的认为完全没有获得贷款。

3. 地方政府对农村政策性金融制度安排既充分肯定,期望也很高。在问到"您希望中国农业发展银行应该是什么样的政策性银行"时,有82%的地方政府回答希望办成专门为"三农"提供优惠贷款、保险(担保)等一系列政策性金融服务的非营利性农村政策性银行。87%的地方政府认为国家设立中国农业发展银行等政策性银行有必要或很有必要。对本地农业发展银行和其他政策性金融机构为企业提供的金融服务,大多数政府还是比较满意的。还有90%以上的地方政府认为农业保险和信用保险(担保)制度也很有必要。当然,调查中也看到,只有57.5%的地方政府对农业发展银行、国家开发银行很了解或了解一些,而大多数地方政府对中国进出口银行、中国出口信用保险公司是不了解或完全没有听说过的;也有的地方政府认为现有农业保险费率太高,或现有担保机构门槛太高,等等。因此,进行农村政策性金融制度建设和制度创新,以更好地服务"三农"任重道远。

金融发展理论前沿丛书

4 我国农村政策性金融制度供给及功能弱化问题

4 我国农村政策性金融制度供给及功能弱化问题

在上一章对我国农村政策性金融需求进行实证分析的基础上，本章从制度供给的视角，对我国农村政策性金融的制度变迁及功能弱化或制度非均衡问题进行深入探析，主要包括：我国农村政策性金融的历史演进或制度变迁；农村政策性金融功能性缺陷的表现及功效实证分析；运用行为金融学理论与方法，分析农村政策性金融功能弱化的根本原因和相关的市场化运作问题，以及农村政策性金融功能弱化所引致的一系列直接或间接的不良后果等。

4.1 我国农村政策性金融制度变迁

制度变迁是一个帕累托改进的过程，也是从制度非均衡到制度均衡的一个过程，因此，制度均衡的轨迹也是制度变迁的轨迹。本节概括性地分析了我国农村政策性金融的制度变迁过程及其在各发展阶段所呈现的特征，以便更好地选择一种新的效率更高的农村政策性金融制度供给模式。

4.1.1 新中国成立之前的农村政策性金融

新中国成立之前的政策性金融主要体现在农村政策性金融领域。我国农村政策性金融最早出现于先秦时期的政府机构泉府及其兼办的政策性"赊贷"业务，初步发展于两汉和北宋几个朝代，集中发展于新民主主义革命时期和社会主义革命与建设时期。我国早期或古代的农村政策性金融，尽管不甚规范、标准，但也基本符合政策性金融的扶持强位弱势群体、稳定农村社会的政策性和政治性的特征要求；中华人民共和国成立之前的农村政策性金融，是在革命战争条件下一种特殊形式的农村政策性金融，在贷款对象的贫雇农主体上和低利优惠上，体现了当时历史条件下农村政策性金融的典型个性特征。

我国古代历代政府为了扶贫济困、维持农村社会稳定和再生产的进行，一般都实行赈济性的借贷。这种赈贷既有货币借贷又有实物借贷，利率较低，而且主要是农业信贷。我国早期（古代）的政策性金融活动主要集中在先秦、两汉和北宋等几个朝代。从实践的结果看，由于扶持的对象是农民，因而应当承认这种信用对于解决农民生产、生活中困难，促进农业生产发展起着重要的作用。

先秦是我国货币信用产生的时期，政府机构泉府也办理政府信用业务，其内部组织比较健全，实行有偿借贷并有法律保护。《周礼》中有泉府的记载，说它是官府向人民提供赊贷业务的官方信用机构。其赊贷的对象主要是贫民、小手工业者和小商贩。泉府的组织规模很大，有上士4人，中士8人，下士16人，府4人，史8人，贾8人，徒80人，共计128人，可见业务量之大。泉府对信贷资金的管理和债务的偿还也作了较详细的规定。据《秦律》记载，"府中公金钱私贷用之，与盗同法"；"百姓有债，勿敢擅强质"；"有债于公及赀、赎者，居它县，辄移居县责之"。我国春秋战国时期借贷盛行，为了避免高利贷的豪夺，通过借贷使人民生计得以维持，促进农业生产的发展，使国家的利益得到保障。在我国早期的放债取息理论中，还主张开展君民之间的政策性信用，用政府借贷取代私人借贷。《管子·国蓄》篇中说："春赋以敛缯帛，夏贷以收秋实，是故民无废事，而国无失利也。""无食者予之陈，无种者贷之新，故无什倍之贾，无倍称之民。"到了汉代，国家对贫民的救济性贷款已成为一种经常性的制度。信贷内容有钱币，也有种子和粮食。汉武帝元狩六年（公元前117年），曾派遣博士、大夫等人分巡国内，对鳏寡废疾或不能谋生者，予以贷款救济。昭帝始元二年（公元前85年），"遣使者赈贷贫民毋种食者"。宣帝地节三年诏："流民归还者，假公田，贷种食。"元帝永光元年诏："天下务农亩，无田者皆假之，贷种食如贫民。"在农民无力偿还政府的债务时，政府有时还实行暂停还债或免除债务的措施，如昭帝始元二年因灾害多而宣布"所赈贷种食勿收责"。政府还鼓励各地富户参加对贫民的赈贷。武帝元狩三年"举吏民能假贷贫民者以名闻"。宣帝本始四年（公元前70年）要"丞相以下至都官令丞上书入谷，输长安仓，助贷贫民"。东汉政府也向民间借钱，以筹措政策性信用资金。顺帝永和六年（公元141年）曾诏"假民有赀者户钱一千"。桓帝永寿元年（公元155年）因冀州灾荒，向有积谷的王侯贷十分之三，到新租收入时偿还。

三国、两晋、南北朝时期继承和发展了汉代的扶农思想和措施，把"重农积谷"作为一项国策，建立平籴粮仓，粜贷于民，赈济饥民。唐朝颁布了有限制付息和积计付息达到一定比例或无主坏账予以豁免的规定。为保护农民生产积极性，防止谷贱伤农、谷贵伤民而采取"平籴平粜"措施。宋代在信用事业上发展缓慢，只是在政府贷款方面比以前制度化了，王安石的新法中，市易法、青苗法和农田水利法中都有关于政策性信用的规定。市易法规定：人

4 我国农村政策性金融制度供给及功能弱化问题

民可以自己或借他人的财产（田宅金帛）为抵押向市易务（地方政府部门）赊贷财货，在半年内还款的利息1分，一年内还款的利息2分。过期不还，每月罚款2%。这种变法既有利于解决中小商人的现金不足，促进了商品流通并得到了推广，也表明在封建社会制度下，贫民向官府借贷要受到政府条法的约束，正如宋代苏辙在区别公贷（官府的借贷）与私贷时所说，私贷"非如公家，动有违碍"。农田水利法是政府奖励各地兴修水利、开垦荒田。如财力不足，官府可贷以青苗钱，利息比一般的青苗钱低，为1分或2分。也可以由民间借贷，利息依常例，官府负责管理。这种国家对农业的贷款，在当时的历史条件下算是一种优惠贷款了。青苗法也叫常平法，其内容是"春贷秋还"，即苗青时贷款，谷熟时回官，如遇灾荒可延至下年收成时偿还，利息2分（期限半年，等于年息4分）。其利率还是比当时的"倍贷"等高利贷低得多，但在实际执行中由于官僚机构的弊端及摊派、逼债等原因，实际年息较高，加重了债务人的实际负担，所以实行青苗法的效果并不是很好。明朝提出"广积粮"，早中期赈贷措施见效甚大。清朝康乾年间，官办农村金融事业得到较快发展。在灾乱时期，清廷便减免额赋、发放钱粟、漕运截留、以工代赈、仓储借贷、捐资助农。

在土地革命、抗日战争和解放战争时期，根据地兴起了农工银行，以低息和无息贷款的形式，支持农民发展生产，支援战争，农村政策性金融起到了积极的推动作用。在第一次国内革命战争期间，中国共产党为指导和保证农民运动各项斗争（减息、打击高利贷剥削等）的开展，于1925年提出建立国家和地方的农民借贷机关，如农民银行等，次年在中国共产党第三次中央扩大执行委员会《关于农民问题决议案》中，又强调"限制高利贷盘削，每月利息最高不超过二分五厘"，第一次提出了农村借贷利率的最高界限。1927年3月，毛泽东等以中央农民运动委员会常务委员的名义发表了《对农民宣言》，要求各省在革命势力所及之地，努力设立农民银行等借贷条件极低的优惠贷款机关，以解决农民资本缺乏问题。1925—1927年，各省农代会进一步具体化地贯彻上述党的金融政策，如对农民银行问题，湖南农代会有关决议提出不仅"以最低利息贷款给农民"，而且"不得以他种名义动用此种为农民谋利益的农民银行款项"。1931年11月，第一次全国苏维埃代表大会召开，成立了中华苏维埃共和国临时中央政府，同时决定建立中华苏维埃共和国国家银行，并在根据地陆续建立了一些分支机构。根据地银行的主要任务是，贯彻执行党和政府的经济金融政策，为革命战争服务，为劳动人民服务，为发展生产和巩固根据地服务。据此，根据地 57 个银行及其他信用机构均实行低利率政策，抵制高利贷的剥削。临时中央政府《借贷暂行条例》也明确规定了苏区借贷利率，即短期利率最高每月不超过一分二厘，长期利率每年不超过一分，而且一切利息都不能利上加利。

1937 年抗日战争开始后，根据形势发展的需要，在中国共产党领导下，敌后根据地先后改组和成立了一些边区银行和信用合作社。抗日根据地的银行是边区政府领导并出资设立的政府银行。随着抗日战争形势的变化和各抗日根据地中心任务的不同，作为政府银行，其任务和业务在不同时期也相应有所变化。边区银行本身不计损益，以扶持经济发展的成果多寡看其成绩，在贷款中，不仅把支援农业放在首位，而且在贷款的对象和用途上重视政治政策性，坚持生产观点与阶级观点相结合，如 1945 年冀南三分区 30 712 户农民得到的贷款中，贫农占 80%，赤贫占 8.1%，中农占 11.8%，富农等占 0.06%。抗日战争时期根据地的利率政策和土地革命时期一样，一贯采取低利政策，不以盈利为目的而以扶持生产为目的，这不仅仅是党的一项经济政策，也具有党的阶级路线的政治性和政策性内容。抗日战争胜利后，在新区银行建立的同时，老区银行的政策性业务也有所变化和发展。1948 年 11 月中国人民银行的成立，标志着以中国人民银行为主体和领导的新民主主义金融体系的正式形式。各地银行在放款中既体现政治形势要求，也逐步遵循信用原则，纠正只讲政治而忽视金融有偿性的借贷偏差。随着土改中对救济恩赐式的"凡穷就贷"等"左"的思潮的纠正，1948 年春，对农贷工作中的"贫雇农路线"也作了纠正，并重申了"贷款三原则"，即贷款必须用于生产，必须有借有还，要严格区别于财政性的救济性赈款。

4.1.2 新中国成立之后到机构专营的农村政策性金融

1949 年新中国成立到 1978 年开始改革开放，我国各个时期的农村金融业务始终围绕着不同历史时期的政治路线和经济政策，贷款的具体投向、投量和利率也受其左右，并伴随着政治运动而波动不定，其农村金融业务属于典型的政策性金融业务。银行既有直接受令于国家，也有迫于政治形势而不得不从事

4 我国农村政策性金融制度供给及功能弱化问题

的农村政策性金融业务。中国人民银行和国家专业银行都直接承办或兼营农村政策性金融业务,所以,从一定意义上说,当代中国的金融事业几乎就是政策性金融发展历史的轨迹。在此期间,严格地讲,并无很标准的商业性银行业务,既使有也带有很强的政策性;而政策性银行业务也并不标准与规范,不少情况下,可谓超政策性银行业务(许多项目投资属无偿拨款不需偿还)。因而在"大一统"金融体制下,实际上无所谓政策性金融业务和商业性金融业务之分,可以说,几乎都是指令性计划安排的非规范性的政策性金融业务。所谓传统的农村政策性金融,是指建立在传统经济体制下按照统一的指令性计划进行的农村金融活动。

在过渡时期,中国人民银行遵循《共同纲领》规定的国家经济建设的根本方针和党的过渡时期总路线,以优惠贷款扶植和支持农业生产。如中国人民银行于基本统一利率标准的1952年,就制定了对老根据地和军烈属、少数民族地区及灾区以优惠利率照顾的农业贷款项目。1952年12月8日,在中央人民政府政务院财政经济委员会批复的《中国人民银行调整农贷等利率的意见》中,农贷周转性优惠放款利率调整为一分五厘,对老区、少数民族区、烈属、军属的一切农贷的利率一律为七厘五。还根据政策需要,对农村基层合作社的放款利率按农村周转性放款利率一分五厘优惠10%。在多种农业贷款中,贷给贫雇农的占70%~80%,其他成分的占20%~30%。从1953年下半年起,根据中央财政经济委员会决定,中国人民银行还开办了利息优惠并免征所得税的"农民优待售粮定期定额储蓄"和"粮棉优待储蓄"等政策性存款,深受储户欢迎。随着"一化三改"的完成,与高度集中统一的计划经济管理体制相适应,我国建立了人民银行"一统天下"的"大一统"金融体制。针对农业生产的特点,为了贯彻以农业为基础的方针,减轻农民负担,1961年4月2日,经国务院财贸办批准,将国家对农业(包括公社、国营农场、社员个人)贷款的利率,恢复到人民公社成立前的月息四厘八。1966年5月开始的文化大革命运动,是一场长达十年之久的全局性的内乱。金融工作也遭到猛烈冲击和严重破坏,农村金融业务受政治运动左右而呈现出明显的政策性色彩,因而"文革"时期的农村政策性金融是只讲政治性而不讲信用原则的畸形的"超政策性金融"。一般农贷的利率很低,有些甚至是无息的;贷款对象都是社生产队集体,主要是支持农业生产;在贷款方法上,根据国家下达给社生产队的生产计划，按计划发放给社生产队，然后从社生产队收回来。

从1978年党的十一届三中全会召开到1993年末党的十四届三中全会，其间，四大国家专业银行在"把银行办成真正的银行"方针指导下的企业化改革进程中，还兼营着大量的政策性金融业务；中国人民银行、中国农业银行也按照国务院的规定，用信贷资金承担一些政策性农业专项贷款任务；其他还有一些政策性的农业财政信用等。1979年2月，国务院决定恢复中国农业银行，由中国人民银行代管。恢复后的农业银行成为集财政拨款管理、农村商业性信贷和政策性信贷、合作金融组织管理于一身的"官办"垄断性质的农村金融机构。在经营上，农业银行办理农业财政拨款收取手续费；发放和管理中央及地方政府的专项微息或无息长期贷款，贷款资金由中央及地方拨交，农业银行不负责垫款；农业银行的政策性亏损由财政补贴。农业银行在体现和落实政府的农村发展政策意图、支持农村商品经济发展和农业现代化发展的过程中发挥了重要作用，但是也逐渐出现了与新形势不相适应的问题，如两业不分问题，即农业银行同时承办政策性业务和经营性（商业性）业务。由于两种业务在资金来源、贷款管理、评价标准等诸多方面存在不同，所以如果长期由一家银行同时经营，容易造成资金运行机制的混乱，如往往出现挤占挪用政策性资金、以政策性亏损补贴抵补其经营性亏损等问题。农村信用社的"官办"性质也比较严重，沿袭了农业银行的金融政策和业务管理办法，其民间性、合作性没有得到充分体现。1982年2月，国务院指出应"积极创造条件，抓紧做好准备，逐步试办农村财产保险、畜牧保险等业务"。同年，中国人民保险公司恢复办理农业保险业务，开办多项种植业和养殖业保险。由于当初的农业保险盈亏规定由保险公司内部险种互补，即农业保险的亏损由其他险种的盈利弥补，实际上隐含了政府对农业保险的隐性补贴，经营亏损比较严重。此外，根据中国人民银行的政策措施，在1984年后，工商银行、中国银行、建设银行等国家专业银行也开始将其分支机构延伸至农村，也承担了一些农村政策性信贷业务。

为了适应社会主义市场经济体制的发展要求，在深化金融体制改革的背景下，1994年，我国组建了中国农业发展银行等三家政策性银行，农村政策性金融业务逐步从中央银行和国家专业银行中分离、分立出来，并逐步得以明确界分和机构专营，这标志着中国农村政策性金融制度发生了质的飞跃和变化。农村政策性金融专门机构的建立，结束了中国农村政策性金融业务长期兼营或混营的历史。

4.1.3 机构专营后的我国农村政策性金融

1994年4月,国务院批准并成立了中国农业发展银行,成为直属国务院领导的我国唯一的一家农业政策性银行,主要职责是按照国家的法律、法规和方针、政策,以国家信用为基础,筹集资金,承担国家规定的农业政策性金融业务,代理财政支农资金的拨付,为农业和农村经济发展服务。1994年6月,中国农业发展银行正式挂牌成立,经过积极的筹建准备,于11月正式运营,次年4月完成省级分行的组建,实行独立核算,自主、保本经营,企业化管理。中国农业发展银行的成立,使政策性农村金融与商业性农村金融的剥离成为可能。但由于省及省以下分支机构还未设立,因此,根据国务院的指示和中国人民银行的决定,中国农业银行的分支机构全面代理中国农业发展银行的各项业务。但是,代理制难以达到国家组建农业政策性银行的预期效果,产生了一系列问题:一是没有实现农业政策性金融业务和商业性金融业务的彻底分离,制约着农业银行向商业银行转轨;二是现行的代理制给政策性金融管理带来了严重的体制弊端,主要表现在管理断层、约束乏力、权益受损、存在问题难以纠正等几个方面。因此,按照国务院《关于农村金融体制改革的决定》,截至1997年3月末,农业发展银行增设了省级以下分支机构,形成了比较健全的机构体系,基本实现了业务自营和专营。为适应新一轮粮食流通体制改革,1998年3月,国务院决定将农业发展银行承办的农村扶贫、农业综合开发、粮棉企业附营业务等专项贷款业务划转到有关国有商业银行,农业发展银行专门履行粮棉油收购资金封闭管理职能。随着粮棉购销体制市场化改革的进一步深入,农业发展银行业务范围逐渐萎缩,职能越来越单一,经营面临着极大的困难。2002年,经国务院批准,中国农业发展银行对业务经营种类进行了适当调整:一是开办粮食购销企业与加工企业联营业务试点,二是开办粮食合同收购贷款业务,三是将种子企业收购种用大豆列入农业发展银行的贷款范围,四是将新疆生产建设兵团出口棉花所需收购资金贷款纳入贷款范围,五是从2002年8月起,开办国家储备肉活体储备贷款业务。2004年7月,国务院对农业发展银行的职能调整作出部署,要求农业发展银行在深化改革和坚持做好粮棉油储备贷款的供应和封闭运行管理的基础上,根据粮食流通体制改革的新情况，审慎调整业务范围。2004年9月，农业发展银行开办粮棉油产业化龙头企业贷款业务。2006年7月，农业发展银行在继续办好粮棉油产业化龙头企业贷款业务的基础上，进一步将该项业务的贷款对象范围扩大到农、林、牧、副、渔范围内从事生产、流通和加工转化的产业化龙头企业，并开办农业科技贷款业务。2006年12月，农业发展银行开办农村基础设施贷款和农业综合开发贷款。2007年4月经中国银监会批复同意，农业发展银行获准全面开办农业小企业贷款业务。贷款业务支持对象限定为农、林、牧、副、渔业从事种植、养殖、加工和流通的小企业。

目前，农业发展银行已经改变了过去单一支持粮棉油购销储备业务局面，形成了以粮棉油收购信贷为主体，以农业产业化信贷为一翼，以农业和农村中长期信贷为另一翼的"一体两翼"的多方位、宽领域的支农格局。客户群体基本涵盖了所有从事农业生产、经营与加工的企事业组织，为国家实施宏观调控、确保国家粮食安全、保护广大农民利益、促进农业和农村经济发展发挥了不可替代的作用。从业务结构上看，农业发展银行贷款业务包括粮棉油收购贷款业务、农业产业化贷款业务，农业和农村中长期贷款业务三类。其中，粮棉油收购贷款是农业发展银行支持企业从事粮棉油储备、收购、调销而发放的贷款，占中国农业发展银行贷款业务的较大份额，是农业发展银行的主体信贷业务。从行业分布上看，农业发展银行业务包括粮油类贷款业务、棉花类贷款业务、其他类贷款业务三类。目前，农业发展银行信贷支持范围由传统的粮棉油领域延伸到粮棉油之外的农、林、牧、渔等"大农业"领域，增强了支持服务"三农"的力度。农业发展银行对其主要贷款业务进行了分类，如图4-1所示。农业发展银行自成立以来，每年都发放2 000亿元的农产品收购贷款，远远高于农业银行和农村信用社对农村的贷款。这笔钱直接或间接地转化为农民收入，对农村经济的发展和农村社会的稳定起到了很大作用。经过10多年的发展，到2007年末，全行总资产达10 676.4亿元，各项贷款余额10 224.4亿元，与1994年相比，分别增长162%和187%；实现经营利润148.8亿元，是1995年的86倍。2009年，面对国际金融危机的影响和复杂严峻的国内外经济金融形势，中国农业发展银行深入贯彻落实国家"保增长、保民生、保稳定"和强农惠农的政策措施，大力强化信贷支农，工作取得新成效，年末各项贷款余额达14 512.6亿元，是建行以来增加最多的一年。

4 我国农村政策性金融制度供给及功能弱化问题

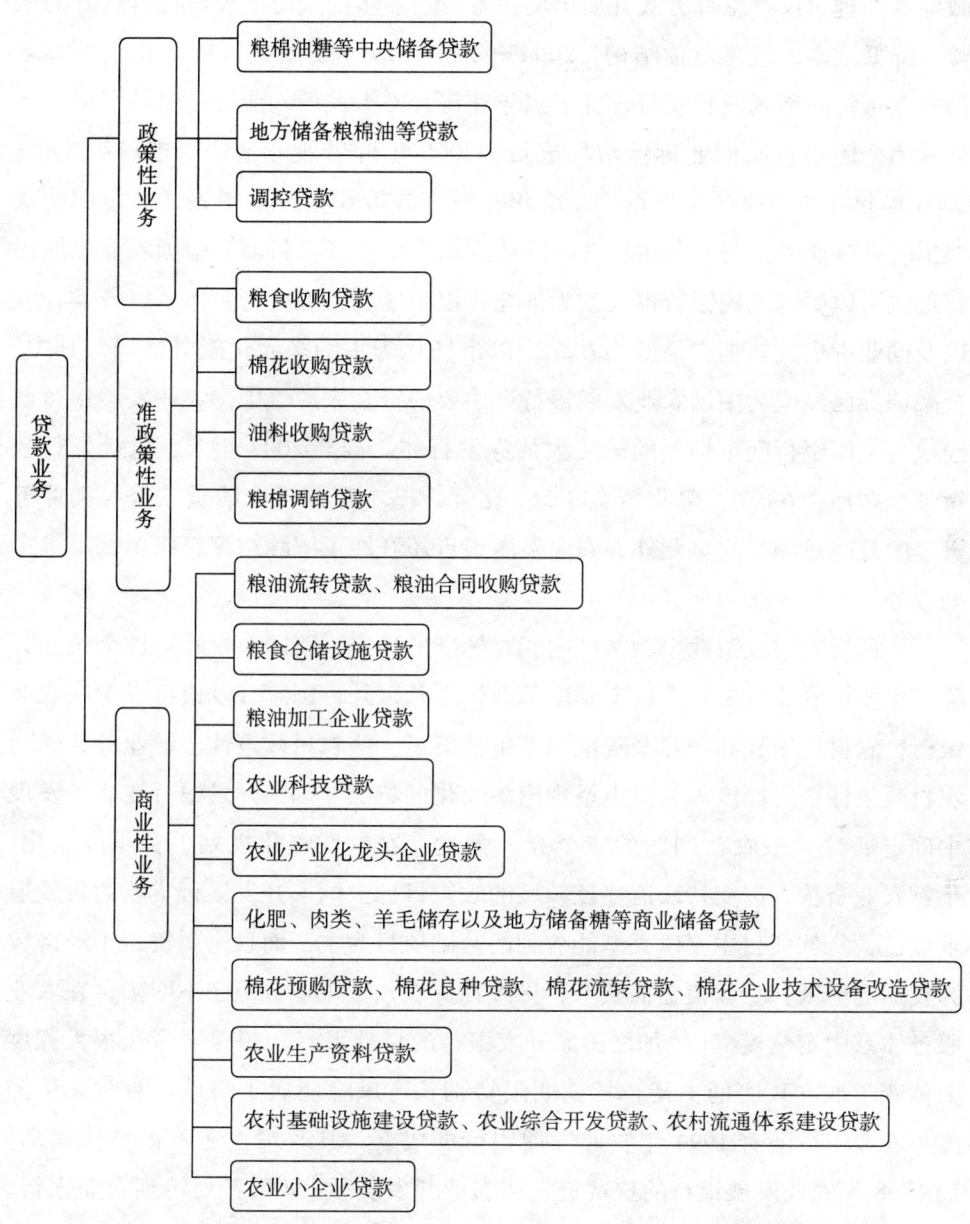

资料来源：中国农业发展银行网站。

图 4-1 中国农业发展银行的主要贷款业务

同时，在人民银行的推动下，农业发展银行资金来源也适当拓宽，从 2004 年起开始市场化发债筹资，并通过开办同业拆借、组织企业存款、与邮政储蓄办理协议存款等方式开展市场化筹资，逐步摆脱对中央银行再贷款的依赖，降低成本，改善负债结构。2004年，中国农业发展银行首期政策性金融债券在银行间市场成功发行，并于当年获得开办人民币同业拆借业务资格，正式成为全国银行间同业拆借市场成员，2006年拆借业务量位于市场第二位；2006年起开办同业存款业务；2007年在三家政策性银行中率先开办了回购式票据转贴现业务，与有关银行开展同业存款存出业务。目前，中国农业发展银行形成了以中国人民银行再贷款为依托，以市场发债融资为主体，以各类存款以及同业拆借、票据交易等为补充，以市场化为主的多元化融资格局，其中，金融债券已经成为中国农业发展银行最主要的资金来源。中国农业发展银行已经成为全国银行间市场上的第三大债券发行体。截至2007年末，累计发行政策性金融债券68期，筹集资金7 565亿元，基本保证了收购贷款等各类业务资金的及时足额供应。此外，农业发展银行还开展了国际结算、代理保险等中间业务。

根据对农村政策性金融制度内涵及标准的界定，我国农村政策性金融业务除了主要由农业发展银行这个制度承载体专营以外，国家开发银行、中国农业银行、农村信用社和国际金融机构等也从事了一些农村政策性金融业务，因而农村政策性金融制度承载体也呈现出多元化的特征。国家开发银行在业务发展中确定了对"三农"问题的三个介入角度：农村城镇化规划、农业产业化、小额农业贷款，以支持政府在该领域的政策目标。国家开发银行贷款的投放追求效益，贷款项目主要以大型能盈利的基础项目为主，而且主要覆盖于经济较为发达的地区，贷款覆盖面狭窄，导致在支农领域中业务范围不明确，在农业服务体系中定位模糊。[①] 加之国家开发银行的贷款平台和担保平台在很大程度上依赖于地方政府的支持，贷款期限特别长，风险还属于隐性，暂时无法测度。农业银行随着1994年农业发展银行的成立，其政策性业务被整体剥离，而1998年农业发展银行的扶贫贷款和农业开发贷款[②]又重新划转到农业银行。刘锡良、董青马等（2006）通过调查证实了政策性和商业性这两种金融物品

---

① 刘锡良.中国转型期农村金融体系研究[M].北京：中国金融出版社，2006.
② 这两项贷款其实属于政策性金融业务，包括扶贫贷款、基础开发贷款、康复扶贫贷款三种。扶贫贷款和基础开发贷款由政府扶贫开发部门立项，康复扶贫贷款由残联立项。扶贫贷款和基础开发贷款的发放对象为纳入扶贫规划的农村建卡贫困户。

不能由一种金融组织经营。因为农业银行兼营政策性业务，可以很容易地将经营性风险转嫁成政策性风险，不良贷款的责任很难落实。农产品收购资金的被挤占挪用、农村扶贫贴息贷款"扶富不扶贫"便是这种现象的最好证明。农村信用社从事的许多业务也具有一定的政策性特征，或者可以称为准政策性贷款。国家也给予了农村信用社保值贴补和利息补贴、税收减免、资金支持和灵活的利率政策等方面的优惠政策措施。世界银行（WB）、亚洲开发银行（ADB）、国际农业发展基金会（IFAD）等国际金融组织也在中国开展了具有扶贫开发功能的贷款业务，主要是以贫困农户为对象，以公共设施建设为重点。1982—2005 年，世界银行向中国共发放农业性贷款 1 039 447 万美元，占世界银行中国总贷款比例的 26.6%。此外，随着农村经济的快速发展，农业保险的重要性日益显现。2002 年新修订的《中华人民共和国农业法》确定国家要逐步建立和完善政策性农业保险制度。2004 年以来连续 6 年的中央一号文件和党的十七届三中全会《中共中央关于推进农村改革发展若干重大问题的决定》，都将政策性农业保险列为金融支持农业发展的重要内容。2010 年的中央一号文件则首次明确提出"加快发展政策性农业保险"。2007 年 4 月，10 亿元中央财政资金被正式注入内蒙古、吉林、江苏、湖南、新疆、四川等首批政策性农业保险试点的省（区），保险对象为五大种植品种；5 月，国内主要经营农业保险的保险公司共同与中国再保险集团公司签订了政策性农业再保险框架协议，大大激活了农业保险市场。2007 年，我国农业保险保费收入跃增到 53.3 亿元。

4.2 我国农村政策性金融功能弱化的实证分析

4.2.1 我国农村政策性金融功能性缺陷的主要表现

目前，我国农村政策性金融制度的主要承载体和实现形式是中国农业发展银行，政策性农业保险仍然处于试点之中。中国农业发展银行的组建，标志着农村政策性金融作为一种正式的制度安排，进入了机构专营农村政策性业务的新的历史发展时期。然而，由于一些主客观原因，农村政策性金融制度目前仍然存在着一些功能性缺陷，如对农村政策性金融制度的必要性与功能作用认识不足；包括政策性银行、保险、担保、公益信托、投资基金、资产管理等在内的相互补充的农村政策性金融制度体系尚不健全；农业发展银行的资金来源渠道单一，业务范围狭窄，支农力度和效应、效率都不容乐观；试点之中的政策性农业保险制度仍然举步维艰，等等。

一般来说，我国农村政策性金融制度功能弱化问题主要表现在以下几个方面：

1. 职能定位不规范。这集中表现在政府对农业发展银行职能定位的随意性和不明确方面。如果说在农业发展银行成立之初，政府对其主要任务和业务范围的界定相对比较合理的话，那么后来在1998年，把本该由农业发展银行承担的许多农村政策性金融业务（如农业开发、农村扶贫等）随意划转到有关商业银行，而农业发展银行仅仅承担单一的粮棉油收购、调销、储备贷款业务，变成"粮食收购银行"或"出纳员"，这种仅仅体现为农产品价格支持功能的改革决策显然不科学、不完备。2001年随着重要农产品市场化改革的推进，把业务仅仅局限在流通领域的农业发展银行，其资金运用范围更为狭窄，业务量也不断萎缩。如今，又一味模仿仍然处于争议之中的开发性金融①，不断扩大商业性盈利性业务，过于讲究利润指标，在一定程度上影响了对农村强位弱势对象支持、扶植的政策性导向功能充分有效地发挥。实际上，目前的农业发展银行并没有成为真正意义上的政策性银行，或者说，离真正成功的政策性金融机构还很远。

2. 缺位与越位并存。事实上，在我国广大农村，在相当长的历史时期，都存在着广泛的农村政策性金融业务领域和大量的农村政策性金融业务规模。然而，现实情况是：一方面，目前唯一的农村政策性金融机构——农业发展银行，日益倾向于盈利性的商业性业务，越位与商业性金融机构争市场、抢客户而偏离其制度宗旨和有限金融性功能的要求；另一方面，许多本该由农村政策性金融机构承担的业务，却一直得不到广泛开展和主动介入。尤其是农村扶贫

---

① 就金融科学研究的严谨性、准确性和理论逻辑性而言，开发性金融分为开发性商业金融和开发性政策性金融两类。国家信用是一切政策性金融的共同特征，并不是开发性政策性金融的独有特征，也不可能是开发性商业性金融的特征。近年来，在国内由个别政策性银行提出且热炒的所谓"开发性金融"一词，则是与上述一般规范意义上的开发性金融概念不一样，其出发点和落脚点是为自身由开发性政策性银行转型为追逐利润最大化的商业银行或开发性商业银行服务的。当然，目前中国的国情也同时仍然需要有开发性政策性金融的制度安排。

4 我国农村政策性金融制度供给及功能弱化问题

开发业务,近年来在一些省农业发展银行几乎无人问津,缺位问题突出。农业政策性银行未能充分发挥其应有的支农服务骨干和支柱作用。

3. 运行机制不畅。一方面,现有农业发展银行不仅资金运用范围较为狭窄、业务量不断萎缩,而且资金来源渠道较为单一,基本上为中央银行的再贷款,资金构成以短期流动负债为主,流动性风险大。尽管目前增加了债券融资,但规模和比重不大,筹资成本也较高,因而难以承担支农的重任。另一方面,政府财政对农村政策性金融的支持力度不足或支持政策执行不畅,持续稳定的利益补偿补贴机制尚未建立,农业发展银行的信贷风险也开始转化为财政风险。

4. 制度体系不完善。我国目前的农村政策性金融主要局限于农业政策性信贷,即使如此,也仅仅局限于粮食收购贷款。而政策性农业保险、农村公益信托、投资、贴息贴现、农产品出口信用保险、担保等尚未开展或有效运作,政府各个部门管理分配的各种政策性支农资金分散使用,且资金配置效率不容乐观。因此,无论从机构上来看,还是从业务上来看,中国农村政策性金融制度体系都是残缺不全的,不能很好地发挥农村政策性金融对农村市场的补充完善性功能。

以河南省政策性农业保险发展为例。政策性农业保险是农村政策性金融制度体系的重要组成部分,也是当前该制度体系的一个主要薄弱环节。2004年以来连续6年的中央一号文件和党的十七届三中全会《中共中央关于推进农村改革发展若干重大问题的决定》,都将政策性农业保险列为金融支持农业发展的重要内容。2010年的中央一号文件首次明确提出"加快发展政策性农业保险",同时强调加快建立农业巨灾风险分散机制和银保互动机制。《河南省农业和农村经济发展"十一五"规划》等省委、省政府文件,也要求积极开展政策性农业保险试点工作,积极服务河南省新农村建设。尤其是2008年入冬至2009年初春,河南省遭受特大旱灾而农业巨灾保险缺位,政策性农业保险格外受关注,亟待加快构建和发展。河南省是我国农业第一大省,同时也是农业灾害多发省份。农业风险已成为影响河南省农民增收和农业产业化发展的重要障碍。河南省农业风险的补偿手段还主要是政府主导型的财政救助处理模式,资金有限。目前,河南省的农业保险制度仍然存在着巨大的供需缺口。一方面,农业保险产品具有高风险、高成本与低收益的不对称性特征,高赔付和高保费使得农业保险不受保险双方当事人即商业性保险公司和农民的青睐。河南省农业保险的赔付率一度达到87%，大大高于保险业公认的临界点。虽然河南省保险市场上的保险主体已有近40家，但是，农民参加商业保险的比例不足0.5%，农村保险业务总量占全部保险业务总量的比例不足10%[①]。如果以农民参加保险的人数比例和农村保险业务占全部保险业务的比重推算，目前河南省农村的保险深度和保险密度几乎为零。所以，国内外的实践已证明，单纯依靠商业性农业保险根本行不通。另一方面，针对农业保险存在的市场失灵问题，河南从2007年开始政策性农业保险试点，2009年又被国家确定为国家政策性农业保险试点省份，农业保险取得重大突破，农业政策性保险在稳步推进。尽管如此，河南省的政策性农业保险制度仍处于起步阶段，仍然是供给严重不足，功能机制不健全。主要表现为政策性农业保险制度建设中政府引导与市场运作的关系尚未理顺，巨灾风险转移分散机制缺失，立法不健全，农业保险专营机构空缺，农业保险渗透率低、保险品种少和承保面窄等。河南目前只有人寿保险财险和中华联合财险两家商业保险公司接受政府委托，兼业经营政策性农业保险业务。在河南省启动政策性农业保险试点工作的当年，农业保险已付赔款仅为4 014万元，占已付赔款总额的比例不足4%[②]。

5. 立法严重滞后和缺失。根据制度经济学理论，规则作为制度的一个核心内容，在于其具有强制性或约束性的根本特征，并主要通过法律法规、组织安排和政策而得到表现；在制度创新过程中，法律制度具有重要作用，既制约着制度安排的演化范围，也会促进制度创新。所以，鉴于农村政策性金融制度的特殊性和创新性，进行专门的立法尤为重要，这也是世界各国的普遍做法或国际惯例。然而，在我国，不仅政策性金融领域的立法一片空白，而且重中之重的农村政策性金融法也一直没有列入国家立法当局的议事日程。相关立法的严重滞后和缺失，既丧失了判断是与非、罪与非罪、可为与不可为的法律依据和标准，也为某种刻意的博弈、定向的隐喻、操作、理解、贯彻和炒作预留了空间，并创造了可能。而相关立法工作受阻、迟迟不能出台的另一个主要原因，则是个别政策性银行有利润动机和向商业银行转化的倾向，因而不愿意在

---

① 王桂堂. 中部崛起与河南农村金融体制重构问题研究. 河南省教育厅人文社科项目研究报告，2005 - ZX - 207.
② 相关政策出台 河南农业保险提速. 中国"三农"网（www.zgsnw.net），2008 - 03 - 19.

法规上体现政策性金融的宗旨,不愿在业务范围上受太多限制(吴晓灵,2003)。

4.2.2 我国农村政策性金融功能效应实证分析

4.2.2.1 农村政策性金融对农业产出的影响模型

借助于柯布—道格拉斯(Cobb – Douglas)生产函数,可以建立一个农村政策性金融影响农业产出增长的理论模型,进而实证分析我国农村政策性金融对农业发展的功能作用及支农力度的大小。在农业生产力中,共有土地、劳动、资本和技术水平四个方面的因素决定农业生产的产出水平。在农业生产中,土地供给处于基本稳定状态,因此本模型假设土地面积不变,可以将其引入不变常量 A 中。此外,农业生产劳动的相对简单性和农业劳动力过剩的事实也最终导致了农业生产中有效劳动的供给处于稳定状态,可以假定劳动的数量并不改变,因而也可以将其引入不变常量 A 中。模型中技术水平包括农业生产中采用的生产方法的科学性、生产工具的先进性和农业生产中基础设施状况等农业生产中的技术影响因素,技术水平 T 对农业产出具有重要的影响,在产出中占有 ∂ 的份额。在农业生产条件落后、生产力水平低下的条件下,农业政策性信贷投入 M 能够明显地改善农业生产的基础设施、提高农业生产工具的效率和增加农业生产的科技水平,农业生产资本缺乏的事实也使资本的投入对农业生产具有重要影响,占有 β 的份额。

因此,可以假定农业产出函数为如下形式

$$Y = AT^{\partial}(C_0 + M)^{\beta} \qquad (4-1)$$

式中,技术进步系数用每千公顷耕地面积的机械总动力比率指标 ϕ 代替,即

$$T = T_0 e^{\phi} \qquad (4-2)$$

同时,由于农民的投入资本受到政策性信贷的影响,农业贷款的投入相比较而言成为政策性信贷的一个线性函数

$$C_0 = \omega M \qquad (0 < \omega < 1) \qquad (4-3)$$

这样,农村政策性信贷影响农业产出增长的函数变成

$$Y = A' e^{\partial \phi} M^{\beta} \qquad (4-4)$$

式中,$A' = AT_0^{\partial}(1+\omega)^{\beta}$。

将式(4-4)线性化并取对数得

$$\ln(Y) = \ln(A') + \partial\phi + \beta\ln(M) \qquad (4-5)$$

4.2.2.2 数据选取

我国农业政策性银行成立于1994年，因此，本书选取了1994—2007年我国农业政策性银行成立以来的农业产出数据、农业发展银行贷款余额以及主要农作物播种面积和农业机械总动力等相关数据进行分析，如表4-1所示。

表4-1 我国1994—2007年农业产出与农业政策性信贷、农业生产技术水平

年份	农业总产值（亿元）Y	农业发展银行贷款余额（亿元）M	主要农作物播种面积（千公顷）	农业机械总动力（万千瓦时）	ϕ
1994	9 169.20	3 564.25	148 241	33 802.5	0.228
1995	11 884.60	4 688.23	149 879	36 118.1	0.241
1996	13 539.75	6 251.64	152 381	38 546.9	0.253
1997	13 852.50	8 637.34	153 969	42 015.6	0.273
1998	14 241.88	7 094.56	155 706	45 207.7	0.290
1999	14 106.22	7 274.80	156 373	48 996.1	0.313
2000	13 873.60	7 400.88	156 300	52 573.6	0.336
2001	14 462.80	7 432.38	155 708	55 172.1	0.354
2002	14 931.54	7 366.28	154 636	57 929.9	0.375
2003	14 870.10	6 901.90	152 415	60 386.5	0.396
2004	18 138.36	7 189.83	153 553	64 027.9	0.417
2005	19 613.37	7 870.70	155 488	68 397.8	0.440
2006	21 549.1	8 843.96	157 021	72 635.6	0.463
2007	27 680.7	10 224.40	158 031	76 900.0	0.487

资料来源：《中国统计年鉴（2007）》，《中国农业发展银行年报（1995—2007）》。

4.2.2.3 分析过程

首先根据主要农作物播种面积和农业机械总动力指标来计算我国农业技术水平的替代指标ϕ值，如表4-1所示。然后运用Eviews 5.0统计分析软件，利用表4-1中我国农业产出、农业发展银行贷款和农业科技水平替代指标ϕ值的相关数据对方程（4-5）进行回归分析。

表 4 – 2　　　　　　　　　回归结果统计表

变量	系数	标准差	t 统计量	概率
ln（M）	0.380777	0.145268	2.621194	0.0238*
ϕ	2.020179	0.448589	4.503410	0.0009**
ln（A）	5.563216	1.178877	4.719081	0.0006**
R^2	0.893044	调整后的 R^2　0.873597	F 统计量	0.000005

注：*代表5%的显著水平，**代表1%的显著水平。

依据回归结果，可以得到估计方程

$$\ln(Y) = 5.563216 + 2.020179 \times \phi + 0.380777 \times \ln(M)$$

参照方程（4 – 5），可以得出技术水平和农业政策性信贷对农业产出的贡献度，即

$$\partial = 2.020179, \beta = 0.380777$$

还原到原方程（4 – 4）即可得到

$$Y = 260.6598 \quad e^{2.020179\phi} \quad M^{0.380777}$$

4.2.2.4　简单结论及评价

以上实证分析结果表明，我国农业技术水平的提高和农业政策性信贷的增加都对农业产出具有较为显著的影响。我国技术进步对农业产出的贡献系数比较大，为 2.020179，而政策性信贷资金的贡献系数比较小，为 0.380777，农业政策性信贷的支农作用虽然明显，但是政策性信贷的支农功能有待提高。

农业发展银行几年来不断拓展业务范围，正在开展多种形式的支农贷款，总体上，我国农业政策性信贷的支农职能在发挥一定的作用，但是支农作用发挥有限。农业发展银行在支农的过程中形成了较多的不良贷款，尤其在支持国家粮油流通体制改革中，积累了大量的坏账，影响了农村政策性金融资金流动和支农作用的持续发挥。我们还可以看到，虽然我国农村政策性金融在农业发展中发挥着重要的作用，但是农村政策性金融制度的首倡诱导与虹吸扩张性功能机制并没有得到有效的实现，资金诱导作用不明显，即没有通过提高农业生产力来吸引商业性资金的投入。这同时也说明我国农村政策性金融在支持农业发展的功能发挥上还有很大的差距。

4.3 我国农村政策性金融功能弱化的原因与后果

4.3.1 我国农村政策性金融功能弱化的行为金融学分析

关于我国农村政策性金融功能弱化的原因，除了众所周知且达成共识的相关立法、监督及评价指标体系、外部保障等缺失和发展滞后的一般原因外①，从行为金融学上来看，还主要存在着一些认知偏差和行为偏差，这也是导致我国农村政策性金融功能弱化的深层次诱因。

4.3.1.1 对西方市场化的易记性、易得性认知偏差与自我控制

近年来专门研究中国问题的许多专家学者（郑永年，2007；王义桅，2007）无不担忧：中国在国际政治舞台上有些方面的行为越来越倾向于美国化，中国的政策话语已经带有很浓重的美国色彩，中国内部改革的很多方面深受美国的影响。例如，盛行于美国学术界的新自由主义经济学说对中国的影响远远大于对美国本身的影响。在包括医疗卫生、教育等方面的产业化、市场化，要比美国更为急进和激进。梁启超在《中国史叙论》（1901年）一书中曾用"中国的中国"、"亚洲的中国"、"世界的中国"定位中国的三重身份。十分有意义的是，中国的发展正经历着从"世界的中国"向"中国的中国"的回归。2004年以来，在我国金融界，存在着主张政策性金融走西方市场化道路的倾向。其所以会出现这种倾向，从行为金融学视角分析，主要是这些人由于容易获取西方市场化国家的市场金融的信息资料，对容易记起来的这些事情更加关注，感觉其似乎发生的可能性更大，或只是简单地根据他们掌握事件已有信息的难易程度来确定事件发生的可能性，而不是去寻找其他相关的信息，如政策性金融科学理论。这种易记性偏差（Memorablility Bias）和易得性

---

① 当然，我国的经济金融立法及金融法制建设总体上还相对滞后，往往是亡羊补牢，缺乏未雨绸缪的先见之明。如发生的煤矿事故、问题奶粉、醉驾问题以及政策性银行的无序运作等，都是在问题出现以后才有所醒悟或开始重视相关立法工作的。政策性金融立法的严重滞后和缺失，既丧失了判断是与非、罪与非罪、可为与不可为的法律依据和标准，也为某种刻意的博弈、定向的隐喻、操作、理解、贯彻和炒作预留了空间，并创造了可能。其实，我国政策性银行发展中出现的一些问题，包括机构运营初期一度发生的政策性亏损和不良资产等问题，其成因也较多，但绝不是政策性金融制度安排的过错，也不能仅仅归咎于政策性银行的主观原因或内因，更不能成为政策性银行市场化的理由和借口，关键的原因则是专门立法及相应的外部保障机制的一直缺失。

偏差（Availability Bias）会影响人的判断即心境（Mood），容易导致自我控制（Self-Control）问题，使其无法依据理性决策。值得一提的是，即使是市场经济和金融活动最发达和高度市场化的美国，也并非时时事事都完全的市场化，美国迄今仍然存在着政策性金融，并将其农业政策性金融机构在法律上定位为"永久性法人机构"，这恐怕也是从长期实践和长远预测、深思熟虑的结果。

4.3.1.2 开发性金融理论与实践的代表性偏差、反应过度与锚定和调整法则

近年来，国内个别政策性银行凭借"不言自明的优势"和"特殊而微妙的背景"①，依据所谓的开发性金融理论，违规参与市场竞争②，以达到不受任何限制地经营不同性质、不同类型的金融业务的目的，最终实现向利润最大化的商业银行转型的目标。开发性金融支持者不仅直接促使个别政策性银行转型为商业银行，而且还力图把农业发展银行等其他政策性银行都一律转型为综合性开发金融机构或都市场化为商业银行，以在我国建立完全市场化的金融制度。按照这种模糊理论及通过不公平竞争所取得的短期性盈利业绩，蛊惑、迎合了那些推崇市场化及效率至上的人心，也误导、诱导了金融监管者及决策层。开发性金融支持者只按照小数定律③，仅用这种小样本的"成功"实践去代替科学政策性金融的大样本，仅凭其利润业绩的"代表性特征"去判别政策性金融改革与发展的方向和目标。这种利用代表性启发（Representativeness Heuristic）的方法形成信念和推理时会存在两个严重的误差：一是过于注重事件的某个特征而忽视了其出现的无条件概率，二是忽略了样本大小对推理的影响（Tversky and Kahneman，1974）。在判断和评估政策性金融效应、制定政策性银行改革发展的方针政策中，又往往先设定一个最容易获得的开发性金融理论与实践的信息作为估计的初始值或基准值（锚点），目标价值以锚点为基础

---

① 高晖，陈春. 国开行：尴尬前行 [J]. 银行家，2007（12）.

② 早在中国三大政策性银行组建伊始的相关法规中，中央就明确规定了政策性银行的基本业务定位，并要求不能越位与商业银行竞争。为此，一些商业银行曾向中央有关部门提交报告，指责个别政策性银行利用国家信用等政策优势和资金的低成本优势，主动与商业银行进行恶性竞争。此后，对于个别政策性银行从事不公平竞争的批评几乎就没有间断过。如"双轨套利"、"软贷款"以及政府的"组织增信"、"打包贷款"、"财政兜底"及"权力越位"等。当然，凭借种种特有的并非公平的优势，个别政策性银行也就自然能够成为竞争中的最大赢家（吴雨珊. 三大政策性银行被动转型"开发性金融"新主张招强硬反弹？[J]. 21世纪经济报道，2005-02-21）.

③ 1971年，坎内曼和特维尔斯揭示了小数定律现象，即人们认为一个小样本将具有与大样本近似相同的概率分布。这种经验推断方法也会导致系统错误和偏离理性。

进行上下调整。由于人们采取这种锚定与调整法则（Anchoring and Adjustment）会过多地受到无意义的初始值的约束与左右，所引起的反应不足和决策偏差即锚定效应在复杂事件的风险评估及决策过程中尤其显著。而对开发性金融理论与实践信息的权衡过重、行为过激即反应过度（Over - Reaction）的非理性偏差，又进一步加剧了这种锚定效应，进而将导致赌徒谬论效应或反向调整的平均法则，即产生下一步或未来的政策性银行改革发展，应该会或一定会按照开发性金融模式进行调整这种误入歧途的思维定式。

4.3.1.3 时间偏好、确认偏差与框架依赖

行为金融研究发现，人们对近期的增加时差要比远期的增加时差的贴现值更大一些，而且倾向于马上执行那些立即带来报酬而投入滞后的事情。这种所谓的"时间偏好"（Time Preferences），同样也可以解释为什么有些人只看重和偏好个别政策性银行的近期或短期的财务效益，而忽视金融业整体协调发展及国家与民族的长远利益。因为短期利益往往是直接的和具体的，因而是诱人的和强烈的；而长期利益则只有从全局和长久的角度考虑才是重要的和值得关注的。人们一旦形成这种鼠目寸光的时间偏好、先验信念及锚定，他们就会有意识地去寻找支持或有利于证实自身信念的各种证据，有时甚至会人为地扭曲新证据。例如，否认国外政策性银行改革中继续坚持其政策性金融宗旨属性的事实，倾向于解释后续现象时继续其开发性金融的信念，因而导致确认偏差（Confirmation Bias）。由于人们的判断和决策很多时候依赖于问题的表面形式，由对开发性金融理论与实践的框定或框架依赖（Framing Dependence）而导致认知与判断偏差即框架偏差（Framing Bias），因此，人们在寻找真实、潜在的偏好时犯错误，在进行政策性金融改革发展的科学决策时误入歧途。Kahneman 和 Tversky（1979）研究发现，人们的框定依赖所造成的框定偏差使得人们在判断之后未必就能作出正确的决策，因为这些判断本身就是有缺陷的。

4.3.1.4 信息瀑布、羊群行为与后悔厌恶

近年来，国内一些学术刊物、新闻媒体不正常地对开发性金融理论与实践近乎铺天盖地地热炒宣扬和夸大其词地预言，形成一股强大的信息瀑布（Information Cascades），不仅左右了决策层，而且影响到包括农业发展银行在内的其他政策性金融机构和社会大众，导致社会对政策性金融认知的系统性偏差。行为金融理论认为，人们由于注意力的限制，只能关注那些热点或流行的

或比较权威的信息并形成相似的信念,在决策时也会忽略自己已有或可得的信息而去追随他人的选择和判断。如果说信息瀑布从认知角度刻画了群体认知的偏差,那么羊群行为(Herd Behavior)或无效率的羊群效应则从情感的角度刻画了群体的彼此模仿、相互传染以至于最后失去理智的非理性行为。尤其是其他政策性银行囿于或迫于对权威的服从,为了在未来避免决策失误带来的后悔痛苦,以及至少可以保持平均业绩而不至于损害自己的声誉,也往往采取"随大流"(模仿个别政策性银行的做法而侧重于利润指标)等推卸责任的方式,因为后悔带来的痛苦比因错误或工作失误引起的损失带来的痛苦还要大,这种心理特征被称为后悔厌恶(Regret Aversion)。我国农业发展银行近年来热衷于扩大经营商业性金融业务、过于追逐利润指标的行为,也是开发性金融羊群效应的结果。

4.3.1.5 认知失调、过度自信、噪声交易与交易过度

尽管个别政策性银行在开发性金融理论的支持下,在市场化的"尴尬前行"中已经潜藏着巨大的远期信贷风险①,但是,那些开发性金融的支持者仍然对不确定性事件发生的概率的估计表现出非理性的过度自信(Over – Confidence),所设定的估计值的置信区间也过于狭窄,而且由于自我强化的归因偏差,不愿意接受科学的政策性金融理论或提出歪曲的理念以继续降低其认知失调(Cognitive Dissonance),形成一个违反经济学原则的沉没成本效应。行为金融学者认为,这种过度自信会导致行为者主动承担更大的风险,也会导致大量盲目交易及过高交易成本即交易过度(Over – Trade)行为偏差的产生,从而偏离行为理性的轨道。Odean(1998)认为,行为者(投资者)越是过度自信,所获得的收益与预期相比越低。根据金融噪声交易理论,在开发性金融支持者主动制造的政策性银行"市场化"这种虚假或失真的信号、信息即"噪声"影响下,产生了非理性地把这种噪声当做有效信息进行交易的"噪声交易者"(Noise Trader),即模仿个别政策性银行的其他政策性金融机构以及积

---

① 开发性金融理论强调和注重政府组织增信,通过与地方政府签订开发性金融协议,把融资优势和政府组织协调优势相结合,其中以"打捆贷款"模式为典型形式。然而,政策性银行依据其国家信用支撑,如果积极主动地参与市场竞争、过度无限地扩张业务,尤其是偏重于商业营利性业务,很容易产生信贷风险或潜在的金融风险。当前席卷全国的规范地方政府融资平台的治理风暴就说明了这一点。日前,人民银行行长周小川警告,相关问题处理不当可能会导致地方政府的融资平台无法偿还债务,给银行带来不良资产并造成其他问题。

极参与相关研究的学者等。其交易行为则具有很大的盲目性，也必然增加市场交易的强度、难度和无序性，同时加剧了那些积极跟进开发性金融理论与实践的正反馈交易者对这种噪声信息的反应过度和交易过度。

综上所述，针对我国农村政策性金融功能弱化与改革发展中出现的种种困惑、困境，从行为金融学角度来看，可以归纳出以下几点结论①：

H_1：社会（这里被视为相关学者、官员和农村金融需求主体的集合）对于政策性金融和农村政策性金融制度的认知偏差，和我国农村政策性金融发展困境具有正相关关系；

H_2：社会对于政策性金融和农村政策性金融制度的行为偏差，和我国农村政策性金融发展困境具有正相关关系；

H_3：农村政策性金融功能弱化和我国农村政策性金融发展困境具有正相关关系；

H_4：社会的认知偏差和我国农村政策性金融功能的弱化具有正相关关系；

H_5：社会的行为偏差和我国农村政策性金融功能的弱化也具有正相关关系。

根据结构方程模型（SEM）原理，可以将上述的认知偏差和行为偏差设为外源潜变量，将功能弱化和发展困境设为内生潜变量，建立如图4-2所示的理论模型。

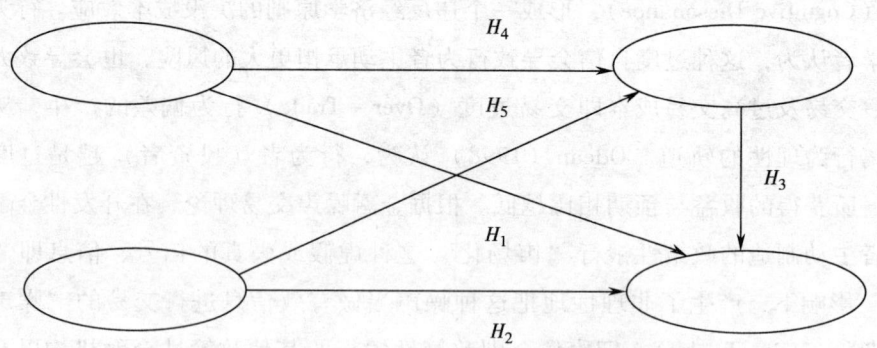

图4-2 农村政策性金融发展困境的SEM模型

---

① 相关假设检验的实证分析过程，另在笔者主持的"农村政策性金融制度创新的社会学研究"课题中有专门讨论。

4.3.2 关于农村政策性金融市场化运作问题的剖析

目前,在我国政策性银行改革发展的进程中,有关市场化或商业化、市场化运作或商业化运作的问题也是理论界和实务界争议不断的一个焦点。理论上的认识模糊与实际中的热炒滥用,也是导致农业发展银行日益扩大其商业性营利性业务、农村政策性金融功能不断弱化的又一个重要原因。为了完善和强化农村政策性金融功能,实现我国农村政策性金融的可持续发展,必须对相关的市场化运作问题进行理论剖析。

1. 政策性金融市场化运作的基本含义及其适度有限性特征

尽管学术界和实务界对市场化与商业化、市场化运作与商业化运作这些概念的使用频率很高,但不同的学者所赋予的含义也不完全一致,对这些概念的准确解释也没有收录到任何主要的或权威的专业辞典、词典之中。市场化在西方语境中相当于扩大经济的自由度。国内学者对"市场化"的界定,可概括为体制转轨说、政府放松管制说、市场主体说、结构功能说等(马奎、杨梅,2001)。

笔者认为,市场化与商业化、市场化运作与商业化运作,两两相对,内涵与外延基本上一致,可以分别归属相同或相似的概念。所以,本书使用的"市场化运作"概念也等同于"商业化运作","市场化"也等同于"商业化"。但是,市场化与市场化运作、商业化与商业化运作则分别是不同的概念。如果说市场是一个静态的范畴,则市场化是一个动态的范畴。也就是说,市场化是社会各个领域及各种市场主体以利润最大化为导向、充分利用市场机制这只"看不见的手"进行资源配置的一种逐步演化的渐进过程或一定时点上动态调整的相对结果和状态。所谓政策性金融"市场化",实质上就是排除政府的政策性干预,让政策性金融机构以利润最大化取向去组织和利用金融资源,以达到最终向商业性金融机构转型的目的。而市场化运作则是遵循市场经济规则及其要求,从事生产和经营活动的手段、方法、方式。政策性金融进行市场化运作,是为了合理地利用政策性金融资源,更好地发挥政策性金融的功能作用,以取得更大的社会效益和经济效益,并不等于自身质的市场化或商业化转型,不等于演化为商业银行。

科学的政策性金融理论自从20世纪80年代末形成以来,就一直主张和坚持政策性金融制度、政策性金融机构应该区别于政府财政而按照金融规则运作，即采用市场化运作的方式经营政策性业务。农村政策性金融实行"市场化运作"，其前提是基于农村政策性金融特有的有限金融性功能的要求，按照信用有偿性、公平性等市场规则，合理运营农业政策性业务。在此前提下，农村政策性金融机构要尽可能多地采取市场融资的方式筹集资金，要按照风险管理办法保障农业政策性信贷资金的安全性。当今资金筹措渠道与业务方式的多样化与更大程度的市场化运作，不仅是政策性金融，也是现代一切金融的共同趋势或特征。

这里强调的农村政策性金融市场化运作所依据的"有限金融性功能"，包含两个方面的含义：一方面，农村政策性金融也是一种金融制度安排，具有信用性、有偿性和一定盈利性的基本要求，以提高稀缺而有限的农村政策性金融资源的利用效率，否则，既有悖于其金融的一般属性，进而无异于农业财政融资职能，也难以保证这种制度的生存与可持续发展；另一方面，农村政策性金融的金融属性又完全不同于商业性金融的金融属性，而是一种对金融业务行为有所限制与约束的金融属性，即适度有限性。如不能只追逐利润最大化，不能主动竞争抢客户而有损于商业性金融的利益，不能利用政策性金融的显性或隐性优势，去扰乱公平竞争的市场经济秩序，因而，农村政策性金融的盈利是一种非主动竞争性的自然盈利，否则，就无异于商业性金融，也没有其存在的必要性。比如说，某一农业政策性投资项目有一定的盈利空间和潜力，商业性金融机构或者事先没有发掘到这一项目或者发现了但囿于风险大、投资大、期限长等原因而不愿或无力涉足其中，这时农村政策性金融机构就有盈利的可能性，而且这种盈利也可能不仅仅是保本微利，也可以在特殊情况下获取较大的额外利润或超额利润。当然，如果商业性金融机构紧随其后参与融资，农村政策性金融机构就要在适当时机主动地退出这一领域，而不能主动地与之竞争性盈利。因此，非主动竞争性盈利也是世界各国相关法律法规中对政策性金融市场化运作过程中的基本原则性要求。在国外政策性银行的专门立法中，我们还没有发现允许或鼓励政策性银行积极参与市场竞争的条款。在当今世界各国政策性银行改革发展浪潮中，仍有许多国家的政策性银行一如既往地恪守非竞争性原则，并非完全彻底地市场化或市场化运作。所以，政策性金融的有限金融性功能，要求农村政策性金融的市场化运作也是适度有限的,而不能像商业性金融那样无限竞争性地盈利。

2. 政策性金融的本义内含着市场化运作的基本要求

市场化运作是政策性金融的本来之义。早在20世纪80年代末,白钦先教授就概括了政策性金融的基本含义。"所谓政策性金融,是在一国政府的支持与鼓励以及专门的法律保障下,以国家信用为基础,运用种种特殊的融资手段,严格按照国家法规限定的业务范围、经营对象,以优惠性存贷款利率或条件,直接或间接为贯彻、配合国家特定经济和社会发展政策而进行的一种特殊性资金融通行为或活动"。① 政策性金融具有融资性、有偿性等特征,政策性金融机构也要遵循特殊的融资原则。因此,无论是从政策性金融的制度内涵还是从政策性金融的制度载体来看,都要求按照信用有偿性和特殊的金融规则运营,也都体现了政策性金融市场化运作的基本要求,这也是政策性金融区别于政府财政的明显特征。市场化运作并非同政策性金融水火不相容,而是两者具有内在统一性。其实,在当今国外,即使那些重视市场化运作并进行改革重组或再构造后的知名政策性银行,如日本政策投资银行和国际协力银行、韩国产业银行、德国复兴信贷银行等,也仍然一如既往地声称并坚持其政策性金融的本质属性。2005年11月29日,日本经济财政咨询会议确定了《政策性金融改革的基本方针》,要求新的政策性金融机构树立鲜明的政策性金融的旗帜,充分发挥先导性作用。

3. 农村政策性金融的市场化运作原则必须服从于和服务于自身的最高原则

我们认同市场化运作或商业化运作是农村政策性金融的重要经营原则,但不是农村政策性金融的最高原则。农村政策性金融的市场化运作也不等于自身质的市场化或商业化、不等于农业发展银行也必须转型为商业银行,农村政策性金融的市场化运作原则必须服从于和服务于自身的最高原则。作为农村政策性金融本义的市场化运作原则,只是农村政策性金融微观经营、运营、操作管理的一个基本准则和要求,但市场化运作原则必须依赖于、服从于、服务于国家法律或者法规对农村政策性金融自身基本性质、宗旨、职能定位与定性这一最高原则,必须最终体现民族的振兴、国家的发展、社会的进步和人民的福利

---

① 白钦先.白钦先经济金融文集[M].北京:中国金融出版社,1999.

这一国家的真正的目标与目的。农村政策性金融的这一最高原则和目标不容模糊、不能替代、不可"闲置"和"空置"。政策性银行改革的市场化运作原则不能被滥用或将市场化泛化，不能断章取义、各取所需地将"市场化"与"运作"割裂，将市场化运作同机构自身的根本性质、宗旨与职能割裂，乃至于"本末倒置"，将其提升为最高原则。正如有位经济学家分析足球活动的经济意义那样，商业化运作不是玩球的目的，却是把球玩好的基础。无论钱对足球多重要，仍然要把足球当球玩，而不是当钱玩。商业化运作的目的是为了更好地玩球，玩好球才是最终目标，不能以玩球为手段，不惜一切代价地敛财。过分重财，球就玩走样了。足球界的"黑哨"、"贿赂"等现象就是把足球当钱玩的结果。这不仅毁了足球，最终也达不到成功商业化运作的目的。足球的商业化运作、运营也要遵守市场规则。

主张政策性金融、政策性银行的市场化并把市场化运作作为其唯一或最高原则的主要理论依据，一是市场经济的要求，二是政策性金融市场化是国际尤其是西方发达国家的发展趋势，笔者对此不敢苟同。在市场经济制度下，市场是资源配置的基本方式，在我国从计划经济向市场经济转型的过程中，包括经济、金融、教育、科研、医疗卫生、文化、体育等服务业的管理体制必须相应改革，建立起与社会主义市场经济体制相适应的管理体制。但众所周知，市场并不是万能的，市场作用的范围也不是无所不包的；当代世界各国包括西方发达国家，也没有一个没有政府介入的、完全市场化的经济体。社会经济领域中的一些准公共产品或公共产品，完全靠市场提供和调节，则会导致有效供给不足。金融体制应适应市场经济进行相应改革，但不等于金融应市场化，不等于一个金融体只存在市场金融或商业性金融，而排除政策性金融、合作金融、扶贫性金融等金融中介的客观存在。有的学者甚至至今还在说，市场化本身会校正贫富差距，市场化的开发性金融是政策性金融的"高级阶段"。这无论从学理上说还是经济史角度看，都是极不恰当的，甚至可以说是极不负责任的。将一切都推给市场，作为政府管理部门，就是将一切责任都推卸掉。这与执政为民的理念格格不入，也是极不负责任的现象。医改之所以问题很多，教改之所以怨声载道，农村金融之所以问题成堆，弱势金融之所以无人问津，就是我们将公共物品或准公共物品的提供市场化的恶果。目前在国内，市场化或市场化运作正在被错解、误解、滥用、绑架，正在被泛化。医改、教改、房改、股改的过度市场化,这一事实和危害已经为绝大多数人和决策当局所认识,并正在着手调整解决。对合作性经济和金融的过度市场化,改造、操作、炒作则仍在进行。

关于市场化问题,我们不得不联想到这次世界金融危机在中国也引起了对市场化取向改革内涵进行的反思。这次全球金融危机的爆发,使世界各个国家的经济学家以及政要们重新认识和审视市场经济体制、新自由主义经济理论。连美国前总统小布什都不得不说,金融危机使他对市场经济有了重新认识,而对市场化改革内涵的重新认识,是全球金融危机深刻教训换来的。这次世界金融危机也告诉中国,在坚定不移地推行社会主义市场经济体制改革、坚持市场化改革取向的同时,必须重新对市场化改革的内涵进行定义、反思和探讨。国务院总理温家宝 2009 年在英国剑桥大学发表演讲中指出,真正的市场化改革,绝不会把市场机制与国家宏观调控对立起来。既要发挥市场这只看不见的手的作用,又要发挥政府和社会监管这只看得见的手的作用。两手都要硬,两手同时发挥作用,才能实现按照市场规律配置资源,也才能使资源配置合理、协调、公平、可持续。

所谓政策性金融市场化是国际趋势,这是一种误解,媒体的报道是一种误导。此种意见列举的事实,集中在韩国、日本、新加坡等少数国家的个别政策性银行。但韩国产业银行、日本几家合并重组的政策性银行也没有一个声称偏离政策性金融宗旨属性的。被誉为办得最成功"健康的政策性银行"的德国复兴信贷银行集团(KFW),该行北京代表处副代表依克伟还曾现身说法,主张中国的国家开发银行应该将自己的业务触角约束在低度竞争领域。迄今为止,笔者还未曾见到哪个国家政策性金融完全市场化的决策或法规,绝大多数发达国家和发展中国家,都强调的是法定非竞争性的市场化运作。事实上,在国外政策性金融机构的重组与战略调整过程中,是呈现出一种多元化发展的特征和趋势。像新加坡这样无明显区域性差异的特殊经济体的国家开发银行演变成一家商业银行,只是某种特殊情况下的特例,但不是通例,也不是潮流或趋势,更不能依此推导出政策性金融长不了,会日益萎缩,逐渐商业性金融化的结论。显然,脱离具体的特殊环境与背景,单纯从逻辑上进行推导与预测,十有八九会是错误的,甚而是荒谬的。事实上,对于政策性金融应如何改革,国外学者也众说纷纭,各国的制度安排也不尽相同。值得一提的是,即使是市经济和金融活动最发达和高度市场化的美国，也并非时时事事都完全的市场化，美国迄今仍然存在着政策性金融，并将其农业政策性金融机构在法律上定位为"永久性法人机构"，这恐怕也是长期实践和长远预测、深思熟虑的结果。因此，我们应从中国的实际出发，根据中国社会经济和金融发展改革进程、面临的问题和挑战，选择正确的适合于中国的政策性金融制度安排。对待国外政策性金融理论和实践，我们可以有所借鉴但不能片面地照搬，更不应将西方某些学者的观点或某个国家尚未成熟的做法奉为神灵和教条，当做中国政策性金融改革方向及其成效的评判标准。对待洋人及其市场化理论，我们既不能俯视，也不能仰视，而应该平视。

4.3.3 我国农村政策性金融功能弱化的不良后果

中国农村政策性金融的功能弱化，会严重削弱农村政策性金融制度的战略地位和积极作用，既不利于社会主义和谐社会的构建和国家与民族未来长期的协调发展，也不利于国家一系列"三农"政策的有效落实和社会主义新农村建设及跨越式发展，在很大程度上势必影响到国家和社会发展目标的实现。事实上，我国农村政策性金融功能的不断弱化和缺失，已经造成或正在或将要造成诸多不良后果。

第一，农村政策性金融功能弱化，不利于金融业的整体性、宏观性、全局性以及金融中介多元协调与科学发展。现代金融体系是由多种多样的金融中介机构所构成。按科学发展观审视我国金融事业的发展，我国金融业改革与发展也需要有多元化的金融制度建设与安排[①]。党的十七届三中全会《中共中央关于推进农村改革发展若干重大问题的决定》强调，要加快建立商业性金融、合作性金融、政策性金融相结合、功能健全的现代农村金融制度。如果我国的农村金融中介体系仅仅是商业性金融机构"一统天下"，那么，农村金融领域的市场失灵问题也势必越发突出，进而会影响到金融业的系统性及整体性可持续发展，影响我国金融改革宏伟目标及进程的有效实施。

第二，农村政策性金融功能弱化，不利于把握我国农村政策性金融改革发展的正确方向。国外农村金融发展的经验和我国的历史经验教训，都证明

---

① 曾康霖. 按科学发展观发展金融事业需要多元化的金融制度安排 [J]. 金融时报，2004-10-19.

了单纯依赖商业性贷款、商业性农业保险,"三农"问题将难以有效解决。这也是学术界的普遍共识。如果农业发展银行也转型为商业银行或综合性开发金融机构,或把主要业务放在不断扩展营利性的商业性业务上,弱化其政策性功能,则会偏离政策性金融制度宗旨和制度安排的初衷及要求,不利于选择有效的农村政策性银行改革方式与途径,最终可能会偏离农村政策性金融改革的目标或导致改革的低效率。陈元(2009)在分析了美国房利美等政策性金融机构经营导向完全市场化后,由于过度竞争,业务扩张迅速,最终导致其遭遇灭顶之灾、政府被迫"兜底",埋下了次贷危机的"种子"之后,也指出"政策性金融能有效促进经济社会发展和政府目标的实现,这为多国实践所证明"。[①]

第三,农村政策性金融功能弱化,而不断强化和扩张政策性银行的竞争性盈利业务,容易引致金融风险。因为政策性银行享有国家信用的强大支持和其他种种显性或隐性的优惠政策待遇,在弱化政策性功能的同时,却主动参与市场竞争和无限扩张其商业盈利性业务,很容易产生信贷风险或潜在的金融风险。几年前,就有许多学者对国内个别政策性银行隐性金融风险下的市场业绩提出质疑[②]。时至今日,地方政府过度负债引致的潜在风险日益凸显[③],一场规范地方政府融资平台的治理风暴也不得不如期而至。国务院总理温家宝曾主持召开国务院常务会议部署整治地方政府融资平台,加强对融资平台公司的融资管理和银行业金融机构等的放贷管理。随后公布的《国务院关于加强地方政府融资平台公司管理有关问题的通知》,要求坚决制止地方政府违规担保承诺行为。在中央银行发布的《2009年中国区域金融运行报告》中,强调要加强地方融资平台公司贷款风险管理,以防范金融系统性风险。业内专家提出,在当前治理地方政府融资平台、规范银行行为中,政策性银行与商业性银行分别在其中的角色和作用值得评估研究,应该从两方面着手,其中之一便是强化

[①] 陈元. 由金融危机引发的对金融资源配置方式的思考[J]. 财贸经济, 2009(11). 从近年来一系列的各类开发性金融课题(项目)研究成果来看,实际上所研究、论述或引用的,也几乎都是或根基于政策性金融或开发性政策性金融的相关理论思想与政策。

[②] 白钦先,王伟. 各国开发性政策性金融体制比较[M]. 北京:中国金融出版社, 2005.

[③] 据全国信贷登记系统监测,一些地方性融资平台的负债率达到94%,有的地方甚至高达400%,而国际上平均为80%~120%。2008年全年9.59万元的新增贷款有40%流入地方政府的融资平台。地方政府的举债规模,从2008年初的1.7亿元膨胀到2009年末的6万亿元左右,地方政府债务危机的风险陡增。

政策性银行的作用①。在我国地方政府的目标多元化和行为短期化的影响下，政府信用的可能性缺失所导致的银行信用风险值得我们关注和思考；而且，在市场经济条件下，政府既当裁判员又当运动员，过多地参与市场活动，有悖于市场的公平竞争规则；同时，开发性金融以政府增信和财政担保兜底为核心的打捆贷款模式，也缺少明确而充足的法律依据、支持和保障。② 国务院常务会议就强调要坚决制止地方政府违规担保承诺行为，因为担保无效是地方融资平台的主要风险之一。按照有关法律法规，对地方融资平台贷款，地方政府和地方人大所开具的"担保函"无效。

第四，农村政策性金融功能弱化，将会进一步延缓相关立法进程，继续影响农村政策性银行的有序运作。政策性金融专门立法的一直缺失缺位，也是导致我国政策性银行内部无序运行及违法违纪案件频频发生、一些金融高管相继锒铛入狱的根本原因之一。难道出台一部区区几千字而且十分必要的法律法规就这么难吗？我国由于立法滞后、法规不完善而导致的惨痛教训在许多行业比比皆是，往往是亡羊补牢，等事故和问题出来了才如梦初醒，赶紧出台相应的法规。尽管犹未迟也，但是我们付出的代价也实在是太高太大了。我们的制度规则及立法为什么不能首先吸取和借鉴古今中外的历史经验教训而未雨绸缪呢？例如，美国是世界上农业政策性法律相对健全且立法比较早的国家。除《农业法》的一些相关规定外，美国还专门制定了农业投入和农业信贷方面的法律，如《农业信贷法》、《农场贷款法》、《农作物贷款法》、《农场抵押贷款法》、《取消农场抵押赎回权法》等。而且，国会通过《联邦农业信贷法》成立了联邦土地银行；通过《农业信贷法》成立了联邦中期信贷银行等。美国的《农业信贷法案》自从1916年以来已经经历了大约10次调整。其他发达国家如日本更是建立健全了政策性金融法律法规体系，农林渔业金融公库也是依据专门法律而组建和运作的。在发展中国家，如印度、泰国等，也有相当数量的国家有专门的农业政策性金融法律。这不仅促进了本国农业和农村的发展，也规范和保障了农村政策性金融机构的有序运营。

---

① 王琦. 国务院部署整治"平台贷"：叫停违规担保［J］. 第一财经日报，2010-05-28.
② 王伟. 中国政策性金融与商业性金融协调发展研究［M］. 北京：中国金融出版社，2006.

第五,围绕农村政策性金融功能弱化问题,也败坏了舆论导向的真实性、准确性与学术研究的神圣性、纯洁性、超然性、科学性和"双百"方针。理论研究需要"百花齐放,百家争鸣"的学术氛围,理论研究应该联系实际,但不能紧跟实际,更不能唯利是图,只要给钱、给资助、给立项、给好处、给当地带来利益,就可以一味地去充当理论工具。这种不正常的学术现象,也很难保证理论研究的科学性、公正性和合理性。针对目前国内学术界的学术精神有所消解的问题,复旦大学校长杨玉良院士曾忧心忡忡地坦言:学者不应该被市场经济异化为经济的机器,甚至堕落为经济动物或者科学的骗子;当学者被异化,危害的不仅仅是学术和学术共同体的内部,而且会毒害整个社会;大学不应该是一种简单的服务站,而应该在坚守学术研究的基础上,为社会提供高水平服务,为社会、国家甚至整个人类提供解决问题之道[①]。著名学者、红学家周思源教授对于现在有很多专家学者在故里之争问题上受利益驱使而推波助澜的这一不良风气也表示担忧,他说:"把文化当做利益的奴隶,任意支使,不仅是不健康的文化观,也是不健康的经济观。绝对不要让文化屈从于金钱和利益,把文化变成金钱的婢女,乃至妓女。""学者必须要有道德、价值上的底线,要有骨气。骨气是中国文人传统的精神内核之一,你不能因为人家请你,甚至是给了钱就违心地说话,必须有自己的情操,有所坚持。突破这个底线,破坏的不仅仅是自己的道德情操,对文化本身更是一种伤害。"[②] 同样,在金融科学研究中,理论工作者也应该有道德和价值底线,具备抵御金钱和势利诱惑、学术与权势交易的坚不可摧的学术精神,以保证学术研究的纯洁性和客观性。毕竟,金融理论研究还是要尊重科学而不能只为特定阶层和个体服务(曾康霖,2010)。

第六,随着农村政策性金融功能的日益弱化,也将进一步强化西方市场化的新自由主义和中国思维的美国化倾向。事实上,长期以来,我国去西方国家学习、进修、访问的经济金融类专家学者,也大都是去学国外如何追求利润最大化、如何赚钱的商业性金融知识和经验,而很少去学习、关注谋求社会合理性资源配置目标、非营利性的弱势金融、农村金融、政策性金融知识和经验。

[①] 吴红林.学者异化毒害社会[J].广州日报,2010-05-26.
[②] 周怀宗.红学家周思源评说名人故里之争——不能让文化变成金钱的妓女[J].大河报,2010-05-20.

这也是导致国内政策性金融理论研究相对滞后的一个主要原因。而且，近年来由于过于推崇、仰视西方的市场化，已经或正在造成我国经济、金融、文化、政治、教育等各行各业的国家安全问题。

金融发展
理论前沿丛书

5
我国农村合作金融、商业性金融与社保金融的社会功能

5 我国农村合作金融、商业性金融与社保金融的社会功能

本章对农村政策性金融制度的其他主要承载体及其社会功能和实现机制进行初步探讨。农村合作金融的社会互助功能、商业性金融的社会责任功能和农村社会保障金融功能等，也是农村政策性金融研究的重要内容。农村合作金融的非营利的互助共济特性及其社会互助功能，使得农村合作金融与政策性金融具有合作共赢的特点并形成一种特殊耦合机制的天然基础和条件。从世界各国的相关比较研究中也发现并证明了这一点，而且这种联系是合作金融所独有的。商业性金融承担的社会责任，其实也是其兼营的一种政策性金融业务。研究农村商业性金融的社会责任功能及其实现机制，也是完善我国农村政策性金融制度体系的一项重要内容；并有助于树立商业性金融良好的企业形象，为实现其利润最大化目标奠定良好的社会基础。农村社会保障金融既是中国农村金融体制改革和整个社会保障金融体系的重要组成部分，也是政策性金融研究的一个主要内容。本章还在分析农村社保金融特有功能的基础上，探讨了我国农村社保金融发展中的问题及其对策，以指导与改善农村社保金融体系的资源配置效率。

5.1 我国农村合作金融的社会互助功能

合作金融与商业性金融和股份制金融不同，但同政策性金融在某些方面具有相同或相似的特征。从一般意义上讲，合作金融是指劳动群众为改善自己生产、生活条件，自愿入股联合，实行民主管理，获得服务和利益的一种集体所有和个人所有相结合的资金融通形式（范静，2006）。合作金融既是经济上的弱者，也适合于商品经济相对落后地区的弱者，而且不以盈利为唯一目的。评价合作金融组织经营业绩的优劣，也要以它对社员的服务质量如何作判断。因而合作金融与政策性金融具有相互配合或融合的天然基础和条件。我国的农村合作金融组织是以农村信用合作社为典型代表的。但是从严格意义上讲，中国农村信用合作社并不是合作金融，因为不论农村信用社的经营体制还是管理体制，都不能说是符合合作社这种经济组织的基本原则的[①]。

[①] 国际公认的合作社原则有：自愿与开放原则，民主管理和一人一票原则，非营利和社员参与分配原则，自主和不负债原则，教育、培训和信息原则，社际合作原则，社会性原则。

5.1.1 农村合作金融的基本功能

5.1.1.1 农村社会互助功能

这是农村合作金融最主要、最基本的功能。农村合作金融是互助金融，不以盈利为目的，体现的是一种自愿、自主、互利的互助共济性的合作关系，经济活动的成果是社员获得优惠的服务和经济利益。农村信用合作社是为社员服务的机构，它是利用团体互助的方法，替社员解决个人力量不易解决的融资问题。农村信用社利用资金的时间差来调剂社员的贷款需求，使互助互利得以实现。

5.1.1.2 农村社会经济资源配置功能

这种功能主要体现在以下三个方面：一是农村合作金融通过对信贷扶持项目的选择，引导企业的生产方向，从而达到引导企业的经营活动的目的，把其引导到符合国家产业发展政策的轨道上。二是较小规模的经济对抗风险的能力也较弱，为了在竞争激烈的市场中生存与发展，比较有效的做法就是以寻求合作的方式来抵御风险，进入市场以谋求发展，农村合作金融可以以资金作为纽带，将这些小规模经济进行有力的联合。三是农村合作金融可以在不同层次、不同空间范围内实现社会经济资源的合理配置。农村合作金融组织可以通过联合的方式，根据不同区域内的资源成本、边际收益等，对社会经济资源的使用作出合理调剂，使其达到最佳配置，发挥最佳效益。同样，农村合作金融组织在更高层次的联合中，则可以实现更大范围内社会经济资源的合理配置，全国性农村合作金融组织的联合，则可以实现全国范围内的资源优化配置。

5.1.1.3 实现政府宏观政策目标功能

作为农村金融三个有机组成部分的政策性金融、商业性金融和合作金融，它们在农村市场经济发展中共同配合，发挥着各自不同的作用。农村合作金融这一形式的机构不仅可以确保农村资金用于农村，而且还有利于推动供销合作、生产合作等合作事业多样化得发展，从而达到促进农村经济全面发展、实现国家政策目标的目的。另外，合作金融通过扶持农村的生产经营活动，还将极大地提高农村的就业水平和农民收入水平，帮助国家更好地解决"三农"问题。

5.1.1.4 扶持农村强位弱势群体功能

商品经济的发展必然造成人们经济地位的不平等，在农村经济中处于弱势地位的中下层劳动群众难以从商业性金融机构那里获得信用。即使获得信用，也常附加苛刻条件。合作主义者按照合作原则，组织自己的金融机构——农村信用合作社和农村合作银行，借以使自己的资金聚零成整、续短为长；或通过合作金融组织取得信用，解决农村广大弱势群体和社员对于资金的需要，也使得农村普惠制金融得以有效实现。

5.1.1.5 对微观市场发展的引导性功能

农村合作金融与广大分散的农民和农村企业都保持着十分密切的经济往来关系，所以对其经营行为的影响也比其他金融组织更为直接。农村合作金融可以成为他们有力的引导者，引导其经营行为符合国家宏观的农业和农村经济发展的有关政策。通过对信贷项目的选择，农村合作金融可以把握并选择那些符合国家农业宏观发展方向的项目予以支持，而对那些不符合政策发展方向的项目不予支持，从而达到引导微观市场的目的。

在我国，农村信用合作社是农村合作金融的典型代表，是为农民提供正规金融服务的关键机构，是促进农业发展、农村工商业发展的重要推动力。农村信用合作社不仅可以为农民提供储蓄和贷款服务，有效地媒介资金的供求双方，提高基金利用效率，促进经济发展，而且可以为农民提供中间业务，促进农村社会事业的发展；不仅可以通过灵活优惠的利率差政策，引导民间借贷活动，稳定农村金融秩序，还可以通过接受国家有关金融监管机构和政府的监督管理，贯彻执行货币政策和金融制度，促进经济发展和币值稳定。农村信用社在农村经济发展中不仅发挥着优化资源配置的作用，还对于农民脱贫致富、发展农业、农村工商业和促进城镇化发挥着重要的作用。

5.1.2 农村合作金融与政策性金融的关系国际比较

通过比较研究，我们发现，无论是发达国家还是发展中国家的农业政策性金融机构，无不与本国的农业合作经济组织（特别是农村合作金融机构）有着千丝万缕的联系，而且这种联系是独有的，是诸如开发性政策性金融组织或者是进出口政策性金融组织等不具有的。农村合作金融与政策性金融的密切协作关系是由农业服务对象的分散性和业务运行成本决定的。农业合作社这一特殊农业生产组织的存在，在某种程度上可以有效替代政府完成某些农业政策的执行，事实上，农业合作社是在农民与政府之间一种很好的桥梁和纽带。国家通过对农业合作社的支持就可以达到支持农业的目的,而这一过程可以有效地减少农村政策性金融的运行成本。这也是为什么许多国家的农村政策性金融机构无法离开农业合作社的根本原因。有些国家的农村政策性金融本身就是合作组织,这并非巧合,而是反映了某些规律性的东西。

5.1.2.1 合作性金融成为农村政策性金融的最早载体

合作金融组织的最初形式是信用合作社,信用合作社的建立也标志着合作金融的诞生。信用合作社充分体现自愿、自助、平等、互利、民主、公平、团结等合作经济思想。信用社的根本宗旨与经营目标是一致的:不以追求利润为目标,而以为社员提供服务和帮助为目标,主要是为农民服务,为促进农村经济发展服务。法国虽然最早出现信用合作思想,但是真正的实践者还是首先出现于德国。1849 年,以个人名字命名的雷发巽信用社开始建立。1876 年,发生了合作金融史上具有里程碑意义的一件事,这就是德国各地的信用合作联合社联合起来组成了信用社的中央机构,称为德国农业中央储蓄金库,后来改成德国雷发巽银行。这一实践标志着信用合作的边界是广阔的,在这个意义上,一切分散经营都可以通过某种形式的联合组织起来,通过集体的力量以共同对付可能对单个组织成员所构成的威胁,这种群众性的互助合作组织体现着合作意义的真正内涵。

同时,由于合作金融的巨大发展以及合作金融较适合于农村分散经营的特征,所以,政府也看中了通过合作金融系统实施某些政策的可能性,从而使合作金融成为一种联系政府与农民的政策通道。政府的某些带有政策意图的金融行为也就通过合作金融系统来实施,因而合作金融成为政策性金融的最早载体。这一创举一直持续了一个多世纪。目前世界上大多数国家的农村政策性金融仍与合作金融有着某些特殊的联系,有些国家政策性金融与合作金融是交织在一起的,实际上合作金融仍然作为农村政策性金融的重要载体。在政策性金融的具体形式中,只有农村政策性金融选择了这种形式,而其他形式的政策性金融都不与合作性金融具有这种关系。农村政策性金融的这一特殊性与农业生产的分散性特征是有关的,因为政策性金融一般具有确定的边界和资源数量,它不可能也没有必要处处建立政策性金融机构,那样做运行成本太高,白白地浪费了国家政策性金融资源,无论对国家还是对农民都没有好处。相反,国家仅仅建立一些宏观性的机构,而具体的农村政策性金融业务完全可以由合作性

5 我国农村合作金融、商业性金融与社保金融的社会功能

金融机构代理,或者政府直接对农业合作性金融机构提供支持,也就变相地、非直接地支持了农业。

5.1.2.2 有些国家的农业政策性金融机构本身就是合作经济组织

有些国家的农业政策性金融机构本身就是合作经济组织。而这其中,又包括具有单一金融服务职能的机构和具有复合功能的机构。前者如西欧国家的一些合作性质的农业政策性金融机构,后者比较典型的就属韩国的农业政策性金融机构。西欧国家的许多农业政策性金融机构起源于合作金融组织,只不过后来经过发展演变,政府赋予了其农业政策性金融的职能。比较典型的就属法国的农业信贷银行。韩国的农业政策性金融机构包括全国农业合作社联盟(NACF)和全国渔业合作社联盟(CFFC)。其中,后者是渔业合作社的联合组织,1962年4月1日成立,目的在于改善渔民的生活条件,提高海产品加工的带动生产率。中央联合会和各渔业合作社通过其信贷部为渔民、地方政府机构、非营利性机构提供银行服务,为渔民和有关企业融通资金,并充当政府机构的代理人。全国农业合作社联盟是地区性农业协同组合的中央组织。在过去的几十年中,该联盟通过执行其不同的业务活动,一直支持农民、农村社区和农业。全国农业合作社联盟的建立和业务活动均得到政府的大力支持。它与日本、法国等其他国家农业合作社的一个重要不同之处在于它的全国系统不是自下而上主机联合形成的,而是自上而下有政府的推动与支持层层建立起来的。全国农业合作社联盟实际上是充当了政府政策性金融机构的角色。据统计,政府对农业发放的低息政策性贷款,90%以上是通过中央及各级农协转贷给农民的。

5.1.2.3 有些国家的农业政策性金融机构是建立在农业合作经济基础之上的

这些建立在农业合作经济基础之上的农业政策性金融机构,其主要特征是:农业合作经济组织参与农业政策性金融机构的股份;农业政策性金融不提供或很少提供零售性业务,而是通过对农业合作经济组织的支持实现其职能;农业政策性金融机构与农业合作经济组织之间具有相对独立性。这种情况以日本的农林中央金库最为典型。日本农业政策性金融体制的核心是日本农林中央金库,该金库是日本农业、林业和渔业的合作社系统的中央银行。它从合作社成员那里可以得到持续的资金供应,并通过对各种农村金融产品进行投资而执

行高效率的资产管理策略。2001年修订后的《农林中央金库法》，强调了关于日本农林中央金库和某些合作社进行重组和强化信贷业务两个方面的内容。另外，美国的农场信贷系统也是建立在合作金融基础之上的，对合作金融组织的贷款是其业务的重要组成部分，但是，美国对获得农场信贷系统借款的资格作了详细的规定。菲律宾土地银行对合作社的贷款是一种批发性信贷便利，这种贷款可以作为个人用途的生产性贷款，也可以用做合作社的一些盈利目的。通过对合作社提供银行贷款也可以达到对农业支持的目的。

5.1.2.4 有些国家的农业政策性金融机构是通过对合作经济组织的支持完成其职能的，并设置了专门的支持计划

为了减少农业政策性金融机构的运行成本，有些国家的农业政策性金融机构在提供政策性业务时，是通过对农业合作经济组织的支持实现的。这包括两种情况：一种是全部业务都通过农业合作经济组织来实现，二是部分业务通过合作经济组织来实现。韩国的农业政策性金融机构基本上是通过合作经济组织来实现的，印度国家农业和农村发展银行则是通过邦合作银行以及合作社完成其部分业务的。

合作经济组织在某些国家的农业生产中发挥着重要的作用，如何实现对农业合作经济的支持也是政府农业政策的重要组成部分。政府建立农业政策性金融机构以后，可以通过两个渠道对农业合作经济组织提供支持：一是对各种各样的非金融合作经济组织提供支持，如各种生产合作社及供销合作社等；二是对农村合作金融组织的支持，如合作银行、信用合作社等。在印度，农业政策性金融机构就是通过这两种渠道对农民提供支持的。印度国家农业和农村发展银行对短期合作组织（州合作社银行、区域中心合作银行、农业信贷初级社）提供的信贷业务包括：短期（谷物和其他贷款）贷款，中期（转换）贷款，基于投资目的的定期贷款，基于农业生产和交易目的的融资，通过州合作社银行为邦手摇织机发展公司的营运资金融资。

5.1.3 完善我国农村合作金融社会互助功能的对策

由于历史、体制、政策以及自身经营等方面的原因，目前我国农业合作金融还存在着诸多问题，迫切需要通过深化改革来加以解决。国外的农业合作金融与农村政策性金融都具有密切的联系，我们要正确认识农业合作金融和政策

5 我国农村合作金融、商业性金融与社保金融的社会功能

性金融的特殊运动规律，对二者之间的差别与联系进行透彻的分析，并可以借鉴国外政策性金融与农村合作金融有机结合的成功案例，找到适合本国国情和实现农村合作金融社会互助功能的体制形式，走中国特色的社会主义农村合作金融道路，力求在给农民和企业提供最便捷的服务的同时，能够最大限度地促进我国农业的发展。

5.1.3.1 借鉴国外相关经验，构筑具有中国特色的农村合作金融与政策性金融"政合合一"的组织体系

可以建立以农村政策性银行为依托、以基层农村信用社为业务支撑点、集农业政策性信贷与农业政策性保险（担保）于一体、相对独立分权的农村政策性金融运行模式[①]。在这种模式的具体操作上，还要有以下的配套性改革：（1）改革现有农村信用社管理体制。目前中国农村信用社的改革采取的是商业化方向，即机构在满足一定条件的情况下，可以逐步地由合作制到股份合作制并最终过渡到农村商业银行体制。这种商业化的改革方向明显不符合我国农村经济主体金融需求的现状。为此，要改变目前自上而下的农村信用社管理体制，代之以自下而上的管理体制。真正的合作金融体系是从下而上建立的，其中，基层合作金融组织掌握经营决策权，上层机构一般为基层提供便利服务和开展基层合作金融组织共有的但又不能开展的某些业务。真正按合作金融原则，规范农村信用合作社，由农户入股参加农村信用合作社，农村信用合作社入股参加县（区、市）信用联社。（2）在现行农业发展银行三级管理体制基础上，由县支行直接参股县信用联社。农业发展银行各分支机构和农村信用社有着各自相对独立的经营管理自主权，农业发展银行现行核算体制不变，但对基层信用社在业务上也负有监督指导职责，应限定资金的使用范围，但不干涉基层金融组织的贷款项目选择。（3）业务点各有侧重。农业发展银行侧重于较大规模的信贷支持，如大型农业基础设施、村镇建设等融资，负责农业政策性保险业务的开展等；农村信用社侧重于小额贷款业务，如农户贷款、微小企业、小型农业基础设施等融资需求，代理农业发展银行的其他业务。（4）农业发展银行应拥有对信用社必要的监管权。如准入监管、政策性业务经营绩效考核等必要的监管，这对于提高农村政策性金融效率及政策性金融资源的优化

---

① 这种"政合合一"的发展模式在本书 7.5 部分有专门论述，此不赘言。

配置至关重要。

5.1.3.2 农村合作金融机构的发展需要政府的政策性扶持和保护

无论是发达国家还是发展中国家或地区，其农村合作金融体系的发展和完善都得益于政府的大力支持。有许多国家采取了建立信用社存款保险、免征赋税、免交存款准备金、可以参照市场上浮动存贷款利率等支持政策。许多国家对合作金融的扶持与国家政策紧密结合，甚至可以认为是为政策服务的。借鉴国际经验，首先，应该继续完善促进农村金融发展的优惠政策。例如，放宽对农村金融机构经营范围的限制；财政方面给予利息补贴的风险损失补偿金；税收制度上实行低税、免税的优惠待遇；通过中央银行向基层合作金融机构提供低息、无息贷款，作为它们的信贷资金等。其次，对于一些经济落后地区的农村信用社不妨直接在资金上予以支持。但必须引起注意的是，政府应尽力避免把合作金融组织作为实现其经济或政治目的的手段，而是应该极力维护国家与合作金融组织之间的伙伴关系。农村信用社合作特性的丧失是一个教训，这是在我国的合作金融改革中必须注意的问题。

5.1.3.3 始终坚持合作制的组织结构和为社员服务的宗旨

一百多年来，尽管世界各国经济体制和金融体制发生了很大变化，但各国农村合作金融组织始终坚持合作制的组织结构和为社员服务的宗旨，都有比较健全的民主管理制度。社员直接参与管理，在享有诸多权利的同时，也承担相应的义务，合作金融股东也就是合作金融的主要客户。即使在那些发达国家的已商业化规模经营的合作金融，也利用产权制度规范确保对合作金融股东，尤其是对弱小股东的服务。同时，只有坚持民主管理，也才能切实维护合作金融社员的个人产权不受侵犯，实现合作金融的"主要为社员服务"的目标。

5.1.3.4 农村合作金融的发展必须走上法制化、规范化的轨道

各国政府积极推动对农村合作金融机构的立法，不但为农村合作金融的健康发展提供良好的法制环境，而且从法律上明确农村合作金融机构的地位。合作金融较发达的国家都制定了有关合作金融的法律，如德国的《合作银行法》，日本的《农林中央金库法》、《农业协同组合法》，印度的《合作社法案》等。通过法律、制度和机制的设定，确保"合作制"特色，确保对弱势群体的关注和社员民主权利的形式，否则便不是合作金融，而是商业银行或其他金融中介。目前，我国尚没有专门的合作社法，无法可依的境况给农村合作

金融和农村信用社自身的规范及政府对其适度监督管理都带来了困难。因此，我国应尽快制定和颁布《信用合作法》和《农村合作银行法》，以立法的形式对农业合作金融的作用性质、组织形式与管理方式及经营范围等加以界定与规范。这将有利于规范各类农村信用合作社的业务行为，明确其法人地位和市场主体地位并指导其发展。

5.2 我国农村商业性金融的社会责任功能

农村商业性金融是与农村政策性金融相互对称、平行、并列和互补的，以盈利为目的的基本金融中介。目前，我国农村商业性金融机构主要包括中国农业银行、邮政储蓄银行、农村商业银行、村镇银行与非银行商业性金融机构，以及各种形式的农村非正规金融机构。研究农村商业性金融的社会责任功能，有助于有效构建农村商业性金融机构的社会责任价值观和科学实施社会责任战略，这也是完善我国农村政策性金融制度体系的一项重要内容。

5.2.1 农村商业性金融承担的社会责任功能及作用

关于企业社会责任（Corporate Social Responsibility，CSR）的含义，目前在国内外学术界尚未达成共识。欧盟委员会（The Commission for the European Communities）在2001年的一份绿皮书中把社会责任定义为：企业在商业运作中以及在自愿的基础上与相关利益者接触时，须融合社会及环境各方面的考虑因素。它认为企业社会责任的概念可以从内部和外部两个视角来观察。内部视角是观察企业在人力资源（尊重员工多样性、避免用工歧视、公平福利待遇与培训机会等）、劳工安全与健康管理、变革适应性以及环境保护管理等方面的表现，外部视角是观察企业对投资者、当地社区、企业经营伙伴供应商、客户利益、人权和全球环境问题的关注。在当今全球化时代，企业社会责任的概念呈现扩大化的趋势，其定义涵盖了较强的人权视角，这一视角沿着全球供应链延伸，将国内和国外人权问题一并涵盖。世界银行（The World Bank）在2004年把企业社会责任定义为：企业与关键利益相关者的关系、价值观、遵纪守法以及尊重人、社区和环境有关的政策和实践的集合。它是企业为改善利益相关者的生活质量而贡献于可持续发展的一种承诺。一般来说，目前国际上普遍认同的 CSR 理念是：企业在创造利润、对股东利益负责的同时，还要承担对员工、消费者、供应商、社区和环境等的社会责任，包括遵守法规和商业道德、保障生产安全和职业健康、保护劳动者合法权益、支持慈善公益和保护弱势群体等。

农村商业性金融的社会责任，应该是指农村商业性金融机构在追求盈利性、安全性和流动性的同时，要承担起服务"三农"和支持农村强位弱势群体的社会功能。首先，农村商业性金融履行社会责任的前提条件是不损害农村商业性金融机构的盈利性，即履行社会责任不意味着只能是加大农村商业性金融机构的经营成本。其次，农村商业性金融机构履行社会责任不是指农村商业性金融转型为政策性金融。农村商业性金融的社会责任功能可以从以下几个方面来理解：

第一，农村商业性金融对农民承担的社会责任功能。农民问题是"三农"问题的核心，农村商业性金融承担的社会责任首先应该是对农民这一基本弱势群体提供金融服务的责任。主要包括：一是增进农民的信用观念。市场经济是信用经济，信用产品是维系市场经济正常运行的特效商品。增进农民的信用观念是农村商业性金融体系的一个重要社会责任。农村商业性金融机构可以通过贷款的发放，如低息贷款给信用好的农民，对信用不好的农民进行惩罚，并在农村进行信用宣传，有条件的可以进行信用教育。二是帮助农民提高收入。解决农民问题的关键是农民增收，因此，农村商业性金融机构有责任帮助农民提高收入。农村商业性金融机构可以通过增加农户小额信用贷款帮助农民创业致富，支持农村基础设施的建设，在引进资金的同时，把科技带进农村。三是促进农村剩余劳动力的进一步转移。一个国家经济发展的过程，总是伴随着农村剩余劳动力由农业部门向非农业部门转移。解决农村剩余劳动力转移的问题，不仅关系到经济的发展，而且关系到社会的稳定和政权的巩固。农村商业性金融机构就有责任促进农村剩余劳动力的进一步转移，如可以加大对教育机构和困难学生的投资或贷款支持；为农民工返乡创业提供贷款支持，引导农民工的自主创业精神等。

第二，农村商业性金融对农业承担的社会责任功能。一是支持农业基础设施建设。大力改善农业基础设施建设的落后现状，切实加强农业基础设施建设，提高农业综合生产能力，对于推进农村经济发展具有十分重要的意义。农

5 我国农村合作金融、商业性金融与社保金融的社会功能

村商业性金融机构应积极支持农田水利、乡村道路、饮水、电力、通信、广播、电视、互联网、文化、医疗、教育、卫生等基础设施和公共物品的供给,改善农业生产条件,增强产业"造血"的功能,提高农业生产力。二是支持农业产业化经营,推进农村经济发展。农业产业化是解决"三农"问题的重要出路,是建设新农村的重要内容,也是现代农业的重要模式。目前在农业产业化发展中反映较突出的问题就是融资难。因此,农村商业性金融机构要重点支持辐射面广、带动力强、发展前景好的农业产业化龙头企业的发展,大力促进绿色农业,无公害农产品、有机食品基地建设。三是促进农业产业结构调整。农业产业结构调整从根本上说是一个农村资金的合理配置与流向问题。从经济学的角度看,每一个产业的生存和发展都需要资金,离开了持续性的资金供给,任何产业都不能满足抵偿债务的要求;有了持续性的充足的资金供给,一个产业才能开展正常的经营活动,从而得到发展。因此,资金在产业之间的配置和流向,实际上决定了这些产业的生死存亡和此消彼长,也决定了农业产业的结构及其调整,农村商业性金融机构就具有为其配置资金的社会责任。

第三,农村商业性金融对农村发展承担的社会责任功能。社会主义新农村建设离不开资金投入,而在资金投入上除了依靠财政资金外,金融资金应该成为支持新农村建设的主要资金来源。社会主义新农村建设对金融服务的需求是全方位的,在农产品流通、农村住房改造、资金汇兑结算、金融理财产品服务等方面,都离不开畅通的、覆盖全国甚至全世界的金融服务网络。

强化农村商业性金融的社会责任功能,对农村商业性金融机构自身的可持续发展也具有积极的作用和意义。随着经济社会的不断发展,企业作为社会的一员,必须积极回报社会,主动承担一定的社会责任,这已成为社会的广泛共识。传统的企业目的理论认为,企业的唯一目的就是实现自身利润最大化,即最大限度地维护股东和投资者的利益,提升其投资的价值,但是大量出现的社会问题,促使人们开始进行深刻的反省。企业社会责任理论,即从社会和伦理的角度对传统企业目的理论进行反省和批判的结果,其目的在于追求企业及其利益相关者共同利益的协调发展。一是有利于商业性金融机构经营目标的实现。农村商业性金融加大社会责任的投入,有助于打造品牌,提高品牌的知名度。二是承担社会责任符合公众的期望,有利于提升农村商业性金融机构的社会形象和市场声誉。农村商业性金融机构在开展经营活动的过程中,时刻关心

其对利益相关者经济状况和所处的内外部社会体制的影响，及时与利益相关者进行相互沟通，充分披露其在履行社会责任方面的信息，无疑有助于其在市场中树立良好的社会形象，实现其长远发展。三是承担一定的社会责任，也是促进农村商业性金融机构自身发展和完善的重要手段。企业履行社会责任，从短期来看，可能会使企业费用支出增加，但从长远来看，这种费用支出增加所带来的社会效果，如社会公众对他们的好感、农村商业性金融机构同社会良好关系的建立等，将大大有助于农村商业性金融机构的生存和发展。

5.2.2 完善我国农村商业性金融社会责任功能的途径

第一，构建农村商业性金融与政策性金融协作共赢的合作机制。一方面，作为农村政策性金融制度承载主体的中国农业发展银行，应该充分发挥其特有的政策性导向与扶持功能、首倡诱导与虹吸扩张性功能，主动承担农业弱质经济体的前期成本，引导商业银行的积极性，使商业银行在介入之后能够依据市场行为而有利可图。从而对政策扶持项目的投资形成乘数效应，以较少的政府财政资源推动更多的资金投入农业领域，达到既定的农业政策目标。另一方面，农村商业性金融也要通过积极承担社会责任，主动承担一些政策性金融业务，以树立良好的企业形象，进而为实现其利润最大化目标奠定良好的社会基础，最终实现经济效益和社会效益的双丰收。通过农村商业性金融与政策性金融的积极配合、互为补充和协调发展，带动农村金融体制和整个金融事业的完善与健康发展。

第二，需要政府对农村金融市场的适当干预。农业生产的特殊性导致农村金融的交易成本和资金的使用成本都比较高，正规的商业性金融机构一般不愿意涉足农村金融市场，引起市场引导的失效。因此，在农村金融体制构建过程中，政府的适当干预是必要的和有效的。结合各国农村金融体制的发展来看，在农村金融体制构建早期，政府的支持与干预的确起到了十分显著的促进作用，但政府干预并不是农村金融发展的最终目标。政府对农村金融应该进行适度适当的间接干预。一方面，要为农村金融发展创造环境，如宏观经济、产业政策、法规环境等，充分发挥农村政策性金融对商业性金融的主导引导作用；另一方面，通过制定相关优惠政策和措施，鼓励农村商业性金融机构投身于农村金融市场，目前至少不能再抽取农村资金，让农村资金尽可能地在农村体系

5 我国农村合作金融、商业性金融与社保金融的社会功能

内循环。

第三，立足于科学发展观，对现有农村商业性金融机构进行功能定位。商业性金融服务是典型的私人金融产品，其消费具有严格的排他性和竞争性，只有条件好、抗风险能力强、经营前景优良、信用等级高的农村经济主体才能得到这种金融服务。因此，需要重新寻找商业银行与农村金融市场的切入点。由于历史因素和产权国有的原因，我国农村商业性金融机构长期以来一直承担着许多政策性金融业务，具有履行社会责任的基础和条件。随着国有商业银行改制上市的需要，有可能逐步减少非营利性的政策性金融业务，但为了企业长远发展，对农村商业性金融机构也应该重新进行定位，即应该成为注重经济效益和自觉承担社会责任相统一的、可持续发展的金融企业。

第四，改革信贷方式，创新金融服务，加大信贷支农力度，满足"三农"对金融服务的需求。一是要发挥网点众多的优势，开拓存款市场，加大筹资力度，增加农贷资金供应。二是积极稳妥地支持农业基础设施建设，增强抗御自然灾害的能力；支持推广科技成果、农机具更新换代，促进农业新技术的推广和应用，提高农户种养殖业的技术含量与抗风险能力。三是要进一步扩大农户贷款面。继续推广农户小额信用贷款和农户联保贷款，建立动态调整的机制，按照农民生产的需要，灵活确定农户小额信用贷款的对象、额度和期限；积极拓宽农户小额信用贷款的服务范围，增强贷款的适用性；推行农户信用等级管理，增强农民信用观念，提高信贷资产质量。四是创新金融产品、担保方式和授信方式，切实缓解农村企业和农户融资难问题。可以根据农业企业的金融需求，实施资产、负债、中间业务一体化营销；对提供贷款担保存在困难的龙头企业，可以由借款人提供符合担保规定的企业有效资产、个人财产以及保证担保组合，采取抵押、质押、保证的组合担保方式，尽量满足企业的贷款需求，解决农业龙头企业担保难的问题；对龙头企业进行信用评定，与信用农户一样，实行"一次核定，周转使用"的信用贷款证制度，通过创新授信方式以解决龙头企业抵押不足的问题。

第五，商业性农业保险也要积极承担保险的社会管理功能，建立有效的农业风险分担机制。农业保险作为一种风险转移机制、社会互助机制和社会管理机制，具有一种社会管理功能，对促进农业的持续健康发展和社会主义新农村建设具有十分重要的意义。因此，建立健全农业保险机制，一方面，要通过积

极扩大农业政策性保险的试点范围,建立主要由商业保险公司经营农业原保险、中国农业发展银行经营农业再保险的多元化的农业保险运行机制;另一方面,可以通过制定税收优惠政策和提供经营管理费用补贴和再保险补贴,以激励各类商业性保险经营主体经营政策性农业保险业务。同时要加强保险产品的创新,开发出适应农业、农村和农民需要的农业保险产品和服务。最终建立起一种政策性农业保险和商业性农业保险相结合的农业保险新格局。

5.3 农村社会保障金融的特殊功能及对策

农村社会保障金融(以下简称社保金融)既是中国农村金融体制改革的重要组成部分,也应作为整个社会社保金融不可分割的一部分而共享所有一切政治、社会和经济资源,从而形成完整的全民社会保障体系。中国社保资金供给是农村社保金融的基础环节,而社保基金的投资和保险金的计发是关键环节。本节在分析农村社保金融特有功能的基础上,在建设新农村的时代背景下,探讨农村社保金融在提高社保制度覆盖率、提升社保资源配置效率时应至少统筹考虑哪些层面的问题、遵循何种逻辑展开新的构建,以指导与改善农村社保金融体系的资源配置效率。

5.3.1 农村社会保障金融的含义与功能

农村社保金融是农村金融体制的重要组成部分,是指为一国或经济体中农民群体(至少可以分解为纯留地的职业农民、城市流动人口以及被征地农民、乡镇企业农民职工等)提供社会保障保险等金融服务的金融机构或金融业务活动的总称。农村社保金融如同农业(农村)、中小企业金融、住房金融、开发性金融和进出口金融一样,是出于某种方便或需要,从金融服务的对象或服务领域的角度而作出的某种划分,并非金融基础理论和基本实践中的一种基础性的规范性的标准划分。在农村社会保障中,总体上以农民养老保障和农民医疗保障构成主体和重点。这里,将以分析农民养老保障金融为主要讨论对象,以此管窥整个农村社保金融的全貌。值得指出的是,农村社会保障金融同时也是一国或地区社会保障金融的重要组成部分,从更广阔的范围来看,是与一国全民社会保障金融相互整合、相互交叉和相互重叠的,只是可能由于在不同国

5 我国农村合作金融、商业性金融与社保金融的社会功能

家历史情况的差异,从而导致农村社保金融在一定的阶段内表现出相对的独立性或隔离性,但这并不意味着农村社保金融体系的构建与整合,将始终游离于或独立于已经存在的城镇居民社保金融体系之外。事实上,从历史发展进程来看,从维护社会公平、公正的角度出发,农村社保金融应天然地作为整个社会社保金融不可分割的一部分而共享所有一切政治、社会和经济资源,从而形成完整的全民社会保障体系。

农村社保金融与城镇社保金融一样,都是在社保制度不断完善与推进过程中,金融服务针对现实社保金融需求的供给。相对狭义的社保金融服务表现为社保基金归集、发放和投资增值。广义的社保金融服务则包括相配套的金融机构设立,如专业的养老基金、资产管理公司、保险公司等机构投资者,资本市场的发展、金融产品的创新、投资监督管理机构的出现,全民社保信息系统的建立,以及相关政策法规的丰富与完善。尽管在服务社保领域的历史演进过程中,特别是在初始阶段,针对社保的金融服务形态不一定表现为专业的金融机构、特定的金融产品,但其核心职能都是围绕着社保资金而展开的。社保资金的本质应该包含在金融的定义之中,即"金融是一种资源,是一种社会资源,是一种战略性资源","是一种货币化的社会资财,是社会财富的索取权"[①](白钦先,2004)。因此,即便在早期,社保服务同样包含了金融和金融服务的属性。农村社保金融与城镇社保金融的本质属性相同,但由于其服务对象以农民群体为主,因而也就具有一定的特殊性。农村社保金融主要有以下功能:

1. 基础功能:服务功能,中介功能。主要是金融机构为参保农民提供保险基金收缴、发放、结算、保管等服务功能,以及在资金需求或赤字者和资金供给或盈余者之间进行调剂的中介功能。在中介功能实现过程中,既包括个人也包括如国家财政部门的机构等参与者。

2. 核心功能:资源配置。资源配置功能可以视为金融中介功能的复杂化和主动化。中介功能只是便利价值运动,而资源配置功能则直接是引导价值运动实现资源有效配置。如养老金在资本市场的投资,以及养老金组织作为机构投资者的资本运作等产生保值和增值的活动。

3. 扩展功能:经济调节,风险规避。扩展功能是在核心功能横向上的扩

---

① 白钦先. 金融可持续发展研究导论 [M]. 北京:中国金融出版社,2000.

展，就长期的发展历史而言，是与核心功能在时空上存在较大的重叠。通过设立专业的农村金融养老保险政策性机构引导农村养老保险发展，实现特定的如引导和鼓励扩大消费倾向、推进城市化进程等战略目标和目的。依据大数法则的基本原则，通过提升社保基金统筹层次，提高管理层级的机构设置，集合风险和化解风险的能力，制约和化解分散管理的风险点，提升总体风险管理水平。

4. 衍生功能：风险管理，公司治理，宏观调节。依据现代风险控制理论中全面性、独立性和制衡性这三条重要原则，通过专业化分工，完善农村社保金融体系的风险管理，防范基金运营中的道德风险、利益冲突与利益输送。实践中，养老基金在公司治理中的作用还体现在：第一，监管规则要求养老基金投资者参与公司独立董事的选举，并有责任提高公司财务的透明度。第二，养老基金投资者在参与公司治理时，还负有一定的信息披露责任。第三，有利于建立新的公司治理平衡结构。第四，保护小股东权益。养老基金的投资者（参保人）有着类似的目标，并且投资策略相近。因此，对于散户的股东权利来说，养老基金代表着一种"集体的、有影响力的声音"。经验表明，包括农村参保基金在内的不断壮大的社保基金，将直接关系到社会储蓄总量和储蓄模式，其对直接金融、间接金融的比例关系，股本投资和债券融资的关系，都将产生深远的影响。

5.3.2 我国农村社会保障金融发展的对策

导致农村社保金融抑制的更深层次的原因在于特定的社会经济发展战略。如果不调整战略思路，仅仅改变作为内生变量的社保金融政策，对于追求可持续发展的质性社保金融而言则难以达到预期目的。

5.3.2.1 中国的现状与要务

我们从参保人群、基金交缴、组织体系和外部总体环境三个层次分别来看，中国目前拥有世界上数量最多的老年人口，其中75%在农村。据中国劳动和社会保障部农村社会保险司统计，截至2005年末，中国参加农保的农民达到5 442万人，占农民总数的5.8%，基金积累达到310亿元。在1997年农保"高潮"期，全国参保农民曾高达8 000多万人。目前已退保的农民为2 000万人左右。对于农保基金的"清理整顿"并没有达到预期目的。由于农保普遍以县级为单位管理,目前全国310亿元农保基金分散在1 900个县市。由于通货膨胀的影响,养老金的价值有可能贬值,因为农村养老保障的基本方式是把钱存入银行,仅仅依靠利息是不能实现保值增值的。而管理体制至今不顺,省级劳动和社会保障部门对县市农保工作缺乏有效监管,农保基金近乎失控。

国际经验已经表明,较早建立起农村社会养老保障制度的德国、法国等13个欧盟国家,在类似目前我国的经济发展阶段时,这13个国家就已经成功地建立了农村社会养老保险制度并构建了配套的服务体系。农村金融生态是农村社保金融体系赖以生存和发展的基础。由于我国发展的特定历史局限性和现实发展水平,产生了农村金融资源短缺、金融服务水平不高、金融对经济的支撑乏力、农村金融生态恶化等问题,它们已成为改善我国农村社保金融发展的阻力,也是深化农村社保金融改革、促进农村经济发展的当务之急。

5.3.2.2 关注民生超越利益的纷争

以往关于农村社保改革和构建农村社保金融体系的争论,随着我国国民经济持续快速的发展,时间已经使一些问题有了答案。辩证地看,我国农村建立制度化的社会养老保险体系的条件已经基本具备。首先,我国经济处于快速发展阶段,进行国民收入再分配的能力和手段都已经基本具备。农村经济日益发展,农民收入逐步提高,城乡差别正在缩小,农民权益保护意识不断强化,农民参保意识也在不断增强。其次,中央已经把解决"三农"问题作为各项工作的重中之重。农村的税费改革,农民补贴方式改革都已经启动。作为全面建设小康社会重要制度保障的农村养老保险制度,也必将成为破解"三农"问题的重要政策选择。这是最重要的经济社会条件。就农村社保金融体系的总体而言,社保资金供给是农村社保金融的基础环节,而社保基金的投资和保险金的计发是关键环节。现存的农村养老保险模式虽各有所长,但仍需要在政府清晰、明确的积极引导下,建立起层次更高、覆盖面更广、运营更为可持续的农村社保金融体系。

由于经济高速发展,人口也比较年轻,又不存在高福利国家那样的负担,中国目前的社会保障问题相对来说更容易解决。首先,可以考虑把存量资源盘活并与增量资源相统筹,补充农村社保基金,确立起基金积累的模式,不能重复欧洲的"大锅饭"制度,但也不应该搞成自由分散的基金运作;其次,将进城的农民工以及没有进城的"强位弱势"的广大农民,逐步纳入农村和城镇社保金融体系。同时,有计划地完善相关的组织结构、法律法规和其他外部社会、经济和金融环境的构建。

5.3.2.3　中国要解决的问题

1. 确立农村社会养老保险的法律地位。通过立法的形式建立与健全社会保险与社会保障制度,是世界各国开展全民社会保险工作的通行做法。《中华人民共和国社会保险法》已于 2010 年 10 月 28 日由第十一届全国人民代表大会常务委员会第十七次会议通过,还要不断完善其他农村社保金融参与管理和服务部门的配套制度建设。

2. 解决基金来源问题。通过把一定数量的国有资产和国有土地收益划拨给社会保障基金,使基金积累模式立即运转起来,可以为每个人算账到每一年每一月,不需要所谓划分"老人"、"中人"、"新人"的过渡办法。同时,促使农村人口城市化加快步伐,避免土地用途转变收益被各级政府挪作他用,甚至也可以避免补偿给农民的资金被农民自己挥霍一空。

3. 组建社会保障政策性银行,明晰社保基金管理的责任主体。社会保障政策性银行（简称社保银行）是依照政策性银行规则运营的法人实体,由社会保障部门和财政部门等发起成立,由专门的机构实施监管。根据风险大数原则、风险选择原则和分散原则,可考虑以统筹地区为单位组建社保银行,为每个统筹地区配备"社保基金出纳",变商业银行"代管"为社保银行"直管",从而形成制度上的制衡机制,真正做到社保基金安全"责任到人"。组建类似社保银行的金融机构专门管理社保基金,是国际社会的通行做法。社保基金是一笔巨额的专项基金,仅靠行政监管、审计监督和舆论监督等是远远不够的,必须通过金融手段来确保金融产品——社保基金的安全和增值。这里的金融手段就是要设立专门管理"社保基金"的金融机构。比如,美国的社会保险基金由税务部门征收,"社保和医疗统筹基金信托董事会"负责对基金进行管理；日本的社会保险基金由社会保险业务部门负责收支,"国民年金和厚生年金会计"负责社会保险基金管理等。总之,如果设立社保银行专司社保基金安全的责任,便从制度上形成了基于"钱账分离"的制衡机制,进而为社保基金的安全完整和保值增值奠定制度基础。

4. 其他配套措施。第一,引入新养老金后,创新与新养老金规模相适应

5　我国农村合作金融、商业性金融与社保金融的社会功能

的金融工具。一方面使保险基金扩大投资渠道，另一方面也使广大农村及城镇家庭通过金融产品的选择较好地处理好家庭内部由于养老问题而存在的隐性金融契约关系，将家庭供养的经济功能逐渐由金融市场来承担，从而使生产力在一定意义上得到更多的解放。第二，提高监管效率，加强对农保金融体系运营的监管，确保投资安全性与收益性之间的有效平衡。同时，加强对资本市场的监管，加强信息披露，强调市场诚信，打击财务欺诈，维护广大农民参保者及广大投资者的合法利益。第三，培育专业的养老基金、资产管理公司、保险公司等机构投资者。通过市场化的方式对机构投资者实施约束，增强市场的公平竞争与运营效率，建立诚信的市场环境。第四，提高农村社保金融体系的科技水平，以降低运行成本和规避内部风险，建立全国统一数据库，改善收缴与支付体系。第五，开展公共宣传教育。增强公众对改革的认同感和对改革的信心。第六，为所有参保农民建立个人社会账号SICS（Social Individual Codes），保证新养老金制度的覆盖面，保证账户信息的连贯真实，避免欺诈行为。同时，也为城市化进程中劳动力的流动创造便利条件。

金融发展
理论前沿丛书

6
国外优化农村政策性金融制度功能的经验和做法

6 国外优化农村政策性金融制度功能的经验和做法

本章按照农村政策性金融功能的十大构成要素，分别比较研究了世界各国完善和优化农村政策性金融制度功能的基本经验和做法。通过比较研究发现，国外都普遍通过建立健全农村政策性金融功能体系，充分发挥其支持、扶植和保护农业生产及促进农村经济社会稳定发展的不可或缺、不可替代的特殊功能作用。

6.1 基于农村政策性金融功能构成要素的国际比较

6.1.1 农业政策性导向功能的实现机制比较

作为国家的一种强制性制度安排，世界各国的农村政策性金融都是紧密配合和服务于政府在不同时期的"三农"政策的。加拿大是农业高度发达的国家，这与农村政策性金融的积极支持密不可分。在加拿大，无论是联邦还是省一级，都建立有农业政策性金融机构。其中，作为核心机构的加拿大农业信贷公司（FCC），忠实履行国家的农业和农村发展政策，其经营理念就是："农业——我们服务的一切"，其使命是通过为农民家庭和农业企业提供经营和金融解决之道，以促进加拿大农村发展。美国政府对农业采取了全面、坚定而持久的支持和保护政策，包括建立以美国农场信贷系统（FCS）为核心的强大的农业政策性金融支持体系，使农业成为美国在世界上最具竞争力的产业之一。根据480号公法修正案，美国可向农产品进口国提供美元优惠贷款，贷款期限长达20～40年。这种政策性贷款紧密配合国家的农业发展政策，一般带有很强的政治色彩。法国政府规定，凡符合农业政策要求和国家规划发展的项目，均可得到优惠贷款，利率为4%～6%，与市场利率之差也由国家负担。优惠贷款主要用于防止各种自然灾害、进行农场结构调整、实现农场现代化以及进行土地整治等。这样，不仅保障了农民的利益，免除高利贷的盘剥，而且能有效引导农民按照政府的意图行事。

南非土地和农业发展银行（LADBSA）被称为"农业发展的主要催化剂"。该银行自从1912年建立以来，尽管经历了多次机构再构造，但一直与体现政府动机的一揽子农村可持续发展规划（ISRDS）相一致，以消除农业部门中的种族歧视、服务农村贫困人口和处于弱势不利的农村企业为使命，坚持支持农民和促进农村发展的方向不动摇。银行的未来发展目标仍然要服从于和服务于本国的农业发展战略规划，因为这是由该银行的政策性性质与职能决定的。在政府土地事务和农业部制订的南非农业发展战略计划这个政策框架之下，该银行的工作就是要实现七个方面的政府意旨（Presidential Imperatives）：农业发展、创造就业、地区一体化、城镇复兴、人力资源开发、避免艾滋病以及预防犯罪等。在2002年通过的《南非土地和农业发展银行法》第3章中，规定了银行的目标是：促进那些历史上处于弱势的群体或由弱势群体组成的组织对农业企业的发展以及相关的农业发展项目，消除过去农业部门中存在的种族和性别歧视的影响，促进和支持农地改革、土地再分配或开发计划等。

此外，诺贝尔和平奖获得者尤努斯及其创办的孟加拉国乡村银行，其贷款对象就是需要政策性信贷扶植的农村弱势地区的弱势穷人，这也体现了政府的扶贫政策意图。菲律宾土地银行（LBP）作为政府所有的农村政策性金融机构，对国家的目标和前途作出积极响应，为追求国家利益而承诺其不变的忠诚和献身性服务。

6.1.2 农业生产扶植功能的实现机制比较

国外农业政策性金融通过发放政策性贷款、提供农业生产保险及相应的专业性辅助和服务，为农业生产提供不同金融产品的特别扶植。法国政策性金融对农业生产的支持和扶植主要是采取提供大量的农业贴息贷款的方式。贴息贷款是国家对农业生产进行调控的一种经济手段，为此，国家权力机关为农业制定了特别的优惠贷款政策。贴息贷款的年利率很低，由国家承担资金成本与使用成本之间的差价，贷款年限也较长，一般在9~15年，还款年限也可延长3~5年。申请贴息贷款的条件更为宽松，一般地区农业共同经营集团和有限责任农场，其成员必须有一位直接以农业生产为第一职业，而在不发达地区条件放宽到可以是第二职业。发放政策性贴息贷款的金融机构，其发放资格是通过竞争来实现的。

目前，法国农业生产政策性贷款项目总体上包括两类：第一类，涉及从事农业生产活动的安置贴息贷款。这类贷款直接与贷款人的具体条件和从事的活动相关，如青年农民安家贴息贷款，其目的是帮助青年农民的农业生产活动。当农业生产活动停止时，要求偿还贷款，此贷款既不能被贷款人继续持有，也不能向其继任者转移。如果是农业合作组织贷款，在合作组织某一成员停止农业生产活动、合作组织解体的情况下，一般要求还款。但是其他从事农业生产活动的合作者在遵循所有贷款条件的前提下，可以考虑继续拥有此贷款权利。第二类，涉及农业生产设备的贴息贷款。这类贴息贷款也要求贷款者在停止农业生产活动时，根据合同规定偿还贷款。这类贷款一般属于生产资料改善计划范畴，主要有：（1）农业现代化特别贷款。这种贴息贷款旨在鼓励生产资料的现代化和多功能农业发展。申请这类贷款者必须纳入"PAM生产资料现代化计划"，如果贷款者停止生产活动，一般要求偿还贷款。但是如果继承者愿意遵守要求的贷款条件并执行新的生产资料改善计划，那么债务的转移也是可行的。（2）养殖业特别贷款。这类贷款不支持购买土地的费用。（3）特别植物生产贷款，主要是为了促进葡萄栽培、果树栽培、蔬菜种植以及园艺等生产活动。（4）公用农业生产资料特别贷款，目的是满足各种农业合作组织购买、更新共同使用的农业生产资料所需要的资金。（5）农业灾害特别贷款，主要提供给各种自然灾害的受害者，帮助其尽快恢复生产。（6）保证金贷款，主要是为了减少由于欧洲共同农业政策调整或者某些农业生产领域的危机可能给农业生产经营者造成的不利影响。

加拿大农业生产受天气影响很大，作物单产低而不稳，由于主产区气候比较寒冷，一些重要的谷类作物的产地又特别集中在草原三省，一旦气候有些不正常，产量所受的影响就很大。为此，加拿大农业信贷公司在过去的40多年里，一直结合本国农业生产的实际，经常开发新的金融产品以满足农业的新要求。例如，提供的贷款产品相当广泛，包括农业起步融资、土地贷款、设备贷款、建筑物贷款、固定额度融资、牲畜融资、林业贷款、果树或果园贷款、多目的融资、再融资等。而且每类贷款产品中又包括许多开发的新产品，如农业起步融资就有第一步贷款、现金流优化贷款、过渡贷款、发薪日贷款、"1-2-3成长贷款"等产品类别。

日本农林渔业金融公库目前还开办了专门针对特定农产品生产的SUPERL资金贷款。在全日SUPERL资金融资额（全日融资对象有24 280件）中，蛋、猪、牛、鸡、奶等畜产养殖业占58.7%，水稻、水果、花卉、设施农业等种植业占38.7%。至2007年，公库主要为农业生产者提供的融资品种有8种，分别是：强化经营基础资金，推进机构改善资金，综合设施资金，取得农地资金，巩固自农资金，共同利用资金，治理基础（土地改良）资金，其他资金等。印度针对粮食作物的生产性和季节性特点，国家农业和农村发展银行提供生产性信贷和季节性农业经营活动（SAO）融资。这些活动包括收获各种农作物，耕作，为播种、除草、移植做的准备工作，应用各种生产投入如种子、肥料等，以及田间作业所需要的劳动等。在1999年2月24日修订的《泰国农业和农业合作社银行法》第10章中，规定授予泰国农业和农业合作社银行更大的权力，以对那些农业遭受自然灾害破坏的农民提供金融援助。

6.1.3 农业基础建设开发功能的实现机制比较

日本农林渔业金融公库的资金运用，主要是对土壤改良、造林、林间道路、渔港等生产性基础设施建设资金提供贷款，以及对维持和稳定农林渔业的经营、改善农林渔业的基础条件所需资金提供贷款。贷款方式起初是通过其他金融机构委托贷款，后来逐步发展到直接贷款，并且一部分贷款由农协转贷给需求者，贷款利率较低，融资期限定期内付款期为2～20年，偿还期为10～45年。20世纪80年代以来，为增强国内农产品的市场竞争力，稳定农业发展，以顺应本国农业国际化、现代化发展要求，公库相应增加了强化农业经营基础资金等贷款。在农林公库资金中，SUPERL资金占46%，农业基础治理资金和农业设施资金分别占19%和29%；在农业现代化资金中，个人设施和共同利用设施分别占69%和31%。截至2008年3月末，公库贷款余额为28 232亿日元（折合1 976亿元人民币），其中农业14 534亿日元，占余额51%；林业8 080亿日元，占29%；食品产业4 986亿日元，占18%；渔业632亿日元，占2%。近年来，为保护自然环境以协调人与产业发展之间的关系，推进特色农业发展，农林渔业金融公库强化了园艺贷款等。公库每年都为公益项目（当地公益机构、公园和学校）提供花种、花茎、苗圃和其他园艺项目等援助。日本农林金库用醒目的广告语"绿色家乡，满园芬芳"发起了全国范围内的"爱花运动"。同时作为发起人，与各种公共机构和非营利性组织一起教育人们要关心爱护海洋，保护海洋资源、维护海洋环境，以充分发挥海洋在全球环境的维持与安全方面的重要作用。1994年，日本农林金库创立了农林基金有限公司，目标是保护自然、教育儿童和促进文化活动以改善人们的生活质量。该基金每年都专门为一些非营利性机构组织的慈善、环保、教育和文化活动提供捐献。

美国的农民家计局对改良乡村社区、促进乡村建设和环境保护提供贷款，有些公益性项目给予无偿拨款。农村电气化管理局对农村非营利性的电业合作组织和农场发放贷款，用于架设电线、组建农村电网、购买有关设备等，以改善农村公共设施和环境。1992年，美国国会通过了农场信贷系统安全和稳健法案，国会还要求农业信贷在为农业生产流通和农产品加工企业服务过程中发挥更重要的作用，同时，也要求其在农村的水利、排污贷款方面提供支持。印度国家农业和农村发展银行的贷款期限多为中长期，一般只为较大的农业基本建设项目贷款，如兴修水利、推广农业机械、土地开发等。作为印度中央银行附属机构的农业中间信贷和开发公司，也主要为大型农业基础项目提供贷款，其中以水利贷款为最多，农业机械贷款次之。亚洲开发银行拟定的农业贷款一系列政策，其中之一是支持农业基础设施的建设，将继续向灌溉、防洪、水土保持、土壤改良提供资助，以改善农业生产的基本条件。亚洲开发银行还支持乡村公路网等有利于发展农村工业的基础设施建设。

此外，泰国农业和农业合作社银行为根据内阁决议、政府机构计划或活动而设立的农业开发项目，提供短期、中期和长期信贷支持。目的之一就是帮助那些参与某些特殊农业开发项目的农民，解决低产品价格问题以及自然灾害损失问题。南非土地和农业发展银行对农场主的长期贷款，用于基础设施的建设以及购买土地、农机和牲畜，期限长达25~40年。

6.1.4 农产品价格支持功能的实现机制比较

针对农产品销售受季节性和自然性影响很大的特殊性，为了防止谷贱伤农，各国政府都采取积极的措施稳定农产品市场价格。美国的商品信贷公司（CCC）是政府为了应付农业危机和保障、提高农民收入而于1933年建立的农业政策性金融机构。在农产品抵押贷款项目中，鉴于农产品价格经常波动，在贷款到期时，若农产品价格下降，抵押的农产品实际价值则低于贷款本息，此时，借款人可以将抵押品出售给公司，将抵押品所有权转移给公司，充做全额支付贷款本息，实际上等同于按目标价格出售了农产品，避免了价格下降造成的收入减少。公司收不回贷款本息而取得抵押品，则不能追索贷款，因而这种贷款也被称为"无追索权贷款"（Nonrecourse Loan）。而若农产品价格上涨，抵押品实际价值超过贷款本息时，借款人可随时将抵押品按市场价格卖给公司，或在公开市场上出售，从而还清贷款本息并能获得额外收益。由此可见，这种贷款方式明显地反映出为农民提供价格支持和补贴的特点。1992 年，美国国会通过了农场信贷系统安全和稳健法案，要求农业政策性信贷在为农业生产流通和农产品加工销售企业服务的过程中发挥更重要的作用，以促进农产品流通，保护农民的生产积极性。美国进出口银行也为农产品的出口提供政策性出口信贷或贷款保证，尽管这种业务只占其业务总量的一小部分。根据 480 号公法修正案，美国可向农产品进口国提供美元优惠贷款，贷款期限更是长达 20～40 年。

泰国是亚洲唯一的粮食净出口国和世界上主要粮食出口国之一。泰国的大米出口量在世界上已居第一位，木薯输出位居全球之冠，出口的大米和木薯分别占世界出口总量的 25% 和 85%。在支持和促进农产品流通、保护农民利益中，泰国农业和农业合作社银行也发挥了重要作用。该银行以农民家庭为目标客户，为了支持和帮助农民客户销售农产品，专门建立了销售农业合作社和泰国农业有限责任公司，并尽力为农产品生产和销售提供农业信贷。开展了农产品延期销售贷款业务，以满足农民的家庭支出需要，避免在供给增多季节或价格低迷季节销售农产品。这种类型的销售贷款通常在 6 个月之内偿还。还提供了短期农业生产贷款品种，目的就是满足某一特定生产季节生产成本的需要，包括准备土地、种子、肥料以及雇佣劳动等的成本支出。贷款必须在 12 个月之内偿还，特殊情况可以延长到 18 个月，这考虑到有些农作物的生产周期可能比较长，如一些常年生植物，或者类似果树等。对于农产品原料加工、成品或半成品的销售等，该银行也提供短期生产贷款和长期资产投资贷款。前者的期限在 12 个月之内，后者的偿还期限在 15 年之内，特殊情况可以达到 20 年。在印度，为了保护农民的利益，印度国家农业和农村发展银行为谷物交易提供再融资。这种贷款的目的是为了使农民能够持有农产品而等待有利价格（Remunerative Price）的时机。贷款先提供给邦合作银行，然后再分配给区域中心合作社银行。在这种便利下，100% 的再融资都可以由区域中心合作社贷给合作社或农业耕作者，贷款期限最长为 6 个月，利率为 7.5%。

6.1.5　农村扶贫开发功能的实现机制比较

诺贝尔经济学奖获得者、美国经济学家舒尔茨曾经说过，世界上大多数人

6 国外优化农村政策性金融制度功能的经验和做法

是贫穷的,如果我们懂得了穷人的经济学,也就懂得许多真正重要的经济学原理。对农村政策性金融而言,金融扶贫开发是其一项长期而重要的基本功能,世界各国的农村政策性金融组织也通过有偿而无利或保本微利的非营利性融资,促进扶贫开发的有效性。印度是一个社会经济存在二元结构的典型国家,改善贫困阶层的待遇和开发边远、落后贫困地区,推进经济、社会的均衡发展,成为印度政府不容忽视的问题。为此,印度国家农业和农村发展银行积极参加各种扶贫计划,注重协调地区和产业差别,考虑地区和部门之间的发展不平衡问题,优先考虑欠发达地区和落后部门,特别注重对东北地区几个州的支持。对这些贫困地区所有机构以及区域农村产业计划(DRIP)下所有区域的再融资比例都是100%,而对其他地区的再融资比例则为90%。

泰国农业和农业合作社银行作为泰国农业政策性金融制度的唯一执行机构,为了实现其承担的扶贫开发使命,从1998年开始,该银行在德国技术服务局(GTZ)的帮助下,已经实施了针对极端贫困客户(Extremely Poor Clients)的小额信贷计划(Micro-Credit Programs)的实验工作,从而提高农民的收入和生活质量。对低收入农民和微型企业提供的金融产品种类繁多,包括营运资本贷款、教育贷款、支票提现贷款、存折储蓄、定期存款、特殊事件存款、老年储蓄、年轻人储蓄、健康保险、自然灾害保险、人寿保险等。此外,泰国农业和农业合作社银行还帮助穷人或微型农民客户设计了特殊农业开发信贷项目,主要是指一些长期的农业项目投资,这些投资必须得到泰国农业和农业合作社银行董事会的批准,相关的政府机构或私人部门也将支持这些项目的基础设施建设、生产投入以及技术服务。在2000年末,泰国农业和农业合作社银行已经确定了406名微型贷款客户,他们中的大多数是妇女。这种把小额信贷嫁接在农业政策性金融机构上的做法在南亚国家十分盛行,尤其以孟加拉国最为著名。

2006年10月13日,瑞典皇家科学院诺贝尔奖委员会宣布,将2006年度诺贝尔和平奖授予孟加拉国银行家尤努斯及其创立的格莱珉银行。"格莱珉"是孟加拉语"乡村"的意思,所以格莱珉银行一般称为"乡村银行";又因为这个银行是专门为穷人服务的银行,所以"乡村银行"也被叫做"穷人银行"、"光脚银行",尤努斯也被称为穷人的银行家。在诺贝尔和平奖委员会的颁奖词里,是这样描述尤努斯和他的乡村银行的:尤努斯通过孟加拉国乡村银行向孟加拉国社会最底层的穷人提供小额银行贷款,使这些在通常金融制度下无法得到信贷的人有了发展的起步资本。尤努斯的乡村银行,就是为了争取和维护穷人贷款的基本人权的公平性。他说"贷款的权利应被视为一种人权",穷人也应当拥有这个权利。乡村银行的贷款对象和贷款条件有两个显著的特点:一是只有那些最贫穷、没有土地或没有财产的农村穷人,才可以来贷款,才有资格成为它们的客户;二是贷款主要面向农村妇女,以及农村乞丐。所以,乡村银行的信贷对象,就是需要政策性贷款扶植的农村弱势地区的弱势穷人,这也体现了政府的扶贫政策意图。尽管目前学术界对乡村银行的属性问题(是政策性银行还是商业银行)还有争论,但从其贷款支持的强位弱势群体来看,该银行从事的是政策性金融业务,因而属于政策性金融制度的范畴。

尤努斯的乡村银行尽管充分相信穷人的信用,但在具体的业务操作中,为了防范和规避信贷风险,保障贷款的偿还性和安全性,还是采取市场化运作手段,创造性地采取了"小组+中心+银行"的信贷保障机制。这是一种极具智慧的金融创新。首先,需要贷款的申请人,必须事先加入一个由 5 人组成的贷款支持小组,并建立起相互的监督和激励机制,如果一人还款有困难,另外 4 人会想办法帮助他;如果一人不还贷款,小组其他成员也会因此而"信誉"受损,今后每人都再也拿不到贷款;如果小组每个成员都按时还款,他们可以获得向银行不断贷款的权利。这样,小组成员之间成为相互负责、相互监督的关系。由于与自身利益息息相关,每个人在挑选贷款小组的伙伴时总会格外谨慎,信用不佳者往往没有人搭理。"中心"是由 8 个小组组成的联盟,每周按时在约定的地点与银行工作人员开会,互相通报、商谈贷款偿还以及决定贷款事宜。中心负责人和组长在决定贷款时担负很大的责任,也有相当大的表决权。因此,尤努斯的乡村银行成立以来几乎没有坏账,连续 9 年获得盈利。在尼泊尔,目前约有 200 万个家庭(约占总人口的 30%)生活在贫困线以下,而且农村地区的贫困现象一般比城镇地区和郊区都要高,因此,减少贫困对尼泊尔的发展来说是一个巨大的挑战,也一直是政府发展规划的重点问题。为了解决这个问题,尼泊尔农业发展银行于 1975 年就设立了旨在支持穷人和弱势群体的小型农民发展计划。它也是联合国粮农组织/联合国开发计划署(FAO/UNDP)联合项目"农村改革发展亚洲调查项目"(ASARRD)的结果,这项调查项目承认必须为支持穷人和弱势群体付出特别的努力。作为一个实验项目，尼泊尔农业发展银行被委托执行该计划。

南非土地和农业发展银行接受政府的指令，同时法律也规定该银行要"满足农村贫困人口和贫穷农民（Poor Farmers and the Rural Poor）的资源需要"。为此，银行开发了一种专门针对这些历史上处于劣势的贫困群体的特别抵押担保计划，主要是为帮助弱势人群第一次购买土地而获得特别抵押贷款。借款人可以获得购买土地价值的80%的贷款额度，同时由银行作出最后决定。借款人最多可以获得50万兰特的特别低息贷款。如果借款人还想多借贷款，那么以银行的正常利率最多可以借50万兰特。如果借款人在5年之内卖掉了土地，该银行有权力收回正常利率和优惠利率之间的差额部分收益。如果借款人的配偶已经拥有土地，则借款人将不能申请低息贷款，但是其成年子女可以申请这种贷款。其目的是要解决农地所有权的不平衡问题，支持资金缺乏的农民。加拿大农业信贷公司设有社区投资分部，该部门的工作之一就是对改善某些社区的饥饿贫困状况提供援助等活动。农业信贷公司还是加拿大慈善中心未来计划的成员之一。该公司承诺把每年经营中的1%的利润以资金捐献、提供服务和礼物的方式送给那些慈善性质的或非营利性的社区组织。

6.1.6 农村专业性服务与协调功能的实现机制比较

在韩国农业政策性金融体制中占据主导地位的全国农业合作社联盟（NACF），除了承担政策性贷款外，还为农民提供技术教育、法律服务、医疗服务、丧葬服务，以及从事一系列环境保护活动等专业性服务。例如，为了帮助农民解决一些法律问题，该联盟于1995年建立了法律服务中心，还与韩国法律援助公司签订了书面协议，对处于劣势地位的农民提供免费的法律咨询和法律顾问服务，并计划在2003年之前筹集100亿韩元资金作为法律援助基金。随着公众对食品安全的重视和对环境重要性的认知，把工作重点集中在有利于环境保护的农业生产教育方面，对农民提供农业技术教育和与农业相关的信息服务。鉴于农民的医疗环境与城镇居民相比处于不利地位，该联盟发起了针对农民的医疗检查和治疗计划，包括对农民提供免费的或打折的治疗、定期体检等。为了提高农民的管理能力，该联盟还为农业管理提供顾问服务和先进的管理技术。农民不仅可以拨打"119"信息服务电话，从全国农业合作社联盟的地区办公室得到顾问服务，而且一些农场管理顾问团经常被派往农村地区提供服务，农民还可以允许登录全国农业合作社联盟的网站得到咨询服务。NACF还承担政府农业发展政策的实施和协调，如政府农业生产结构调整计划、农产品收购计划和推广农业技术等主要是依靠该联盟及其基层农协组织来实施的。该联盟还对政府农业贸易政策、政府在农村部门和地区政策中的潜在影响等进行战略研究。为了保护土壤，该联盟还把每年的11月9日作为"土壤日"，在全国范围内开展保护土壤的运动，对农民提供土壤改良的原料。为了保护农业古物和传播农业文化，该联盟成立了农业博物馆。为了加强城镇和农村地区之间的联系，推进城乡一体化，该联盟积极协调，从1995年以来，已经促成3 000多家城镇企业和农村建立了多种形式的友好合作关系。由于该联盟的可靠性和专业技术，该联盟还被政府指定为提供住房基金融资的机构，被称为"人民的银行"和"国家的家务管理银行"。

南非土地和农业发展银行通过在政府机构和农业生产活动之间发挥桥梁作用而对农村发展作出贡献，对政府的农业发展土地再分配规划、农业部门规划和政府的一揽子农村可持续发展规划等提供服务。通过设立一个规模在200万兰特的能力培养开发基金（CBDF），对那些新加入农业的农民的能力培养和技能开发提供支持。该基金的主要活动集中在两个方面：（1）对新加入的农民实施技能训练和能力培养计划；（2）对那些希望为农村升级作出贡献的学生提供奖学金，以促进农业教育的发展，同时对一些教育机构的某些旨在促进农村升级和农业发展的计划提供资金支持。

在印度，20世纪60年代中期以后，随着发展现代农业战略即"绿色革命"的广泛开展，农业投资需求激增，农业贷款供求之间的差距随之迅速扩大。为了解决这个问题，印度政府高度重视并授权国家农业和农村发展银行（NABARD）负责印度农业和农村地区经济活动的信贷领域的政策、计划和经营等所有重大问题。在《国家农业和农村发展银行法》的导言中也对银行的定位作了明确规定，即"提供并管理那些为促进和发展农业、小规模产业、村舍和乡村产业、手工业、其他农村工艺、其他农村地区的相关经济活动的信贷和其他便利，其目的是促进农村的整体发展，确保农村地区的繁荣以及解决与此相关的问题"。国家农业和农村发展银行还负责对邦合作银行（SCBs）和地区农村银行（RRBs）的监管职能，采取多种措施保证机构建设和改善农村信贷系统的服务能力，监督、恢复和改组信贷机构、培训人员；协调参与基层

6 国外优化农村政策性金融制度功能的经验和做法

开发工作的所有机构的农村融资活动,并协调与印度储备银行和其他国家机构之间的关系;促进在农村金融、农业和农村发展方面的研究工作,等等。

此外,美国 FCS 也专门为农场主、农(牧)场工人、水产品生产者和捕捞者提供信贷相关服务,也可以为以上贷款者的加工和交易活动提供服务。美国农业信贷银行(ACB)也被授权为美国的农产品出口提供融资以及对农场主拥有的合作社提供国际金融服务。加拿大农业信贷公司的社区投资分部,一直从事鼓励农业安全、对客户进行粮食生产提供教育等活动。新修订的《泰国农业和农业合作社银行法》第 31 章规定,在银行的借贷活动中,对于提高农民的知识水平、农民的生活质量和对农民辅助活动的贷款总量在总贷款量中的比例最高为 20%。菲律宾土地银行(LBP)的主要服务对象是农民和土地所有者,通过提供及时的金融和技术支持、投资信息、咨询援助等专业性服务,以持续地提高他们的社会经济地位。秘鲁农牧业发展银行还为农牧业提供技术援助。

6.1.7 农业政策性保险(担保)功能的实现机制比较

美国的农业政策性金融体制包括农村信贷体系和保险体系两个部分。作为一家由国会创立、政府控制的政策性农场信贷系统保险公司(FCSIC),其使命是:(1)通过正确地管理农场信贷保险基金,保护农场信贷系统的投资者,确保投保债务以及保护纳税人的利益。(2)行使其职能以减少保险基金的损失。(3)确保对农业借款者的未来有一个永久畅通的信用体系。该公司的保险费收入目标定位于保险基金的 2% 的水平,根据法律规定,如果存在超额的保险基金余额,将被分配给系统机构,以体现政策性保险公司的非营利性质。为了减轻自然灾害给农民可能造成的风险损失,美国政府对从事农业保险的机构提供大规模的保费补贴,从而使农民以较低的保费率普遍参加农业保险。美国是由联邦政府农作物保险公司负责在联邦建立再保险基金,负责向开展农作物保险的保险人提供超额损失再保险,再保险责任按赔付率分段确定,目的是既向各私营农作物保险公司提供超额损失再保险,又限制农作物保险公司的盈利水平。农业信贷管理局还向政府确定的急需发展而又风险较高的贷款对象和部门,提供联邦政府的农业保证贷款,即在贷款不能如期归还时,联邦政府允许支付由私人信贷机构所提供的贷款本息。美国农产品信贷公司和进出口银行都可为农产品进出口商提供信贷保证,即由一般的商业性机构为进出口商提供贷款,由农产品信贷公司和进出口银行予以担保,承担某些同出口交易有关的风险,以鼓励农产品的出口。这种信贷保证计划始于1979年,它使进出口商能从银行得到比普通信贷期限更长的贷款,而且利率较低,这种信贷的主要目的是改善农产品贸易条件。美国进出口银行还有一项支持经济上不发达或农村地区的企业、少数民族拥有的企业等出口活动的"流动资金担保计划"(WCGP),目的是鼓励商业性贷款人对这些企业从事各种与出口(包括农产品出口)相关的活动提供贷款。该计划担保贷款本金和应计利息的90%,而且有美国政府的全面保证。银行主要担保流动资金贷款的偿还,提供由于政治风险或商业风险而导致的外国进口商不能支付的风险保险。

加拿大农业信贷公司除了发放贷款外,还为农民提供各种类型的农业保险,可以对借款人自己、借款人的经营以及借款人的家庭起到保护作用。而且,参加保险以后,投保人也会发现,其从加拿大农业信贷公司获得的借款也被保险了。这些保险也可以用于对投保人从该公司的贷款的全额保险或者部分保险,这由投保人自行选择。具体的保险类型包括贷款人寿和事故保险、支付保护保险、关键人员保险、平衡保险等。如支付保护保险主要对投保人被保险的资金支付起保护作用,从而最终有利于其归还银行贷款,所以这种保险相当于对投保人的贷款提供了保险。这种保险的期限为两年,费用也相当低,对于那些从加拿大农业信贷公司获得大额贷款的人来说,参加保险是一种很明智的选择,在保险期间可以使投保人的合作伙伴(债务人)专注于业务发展,最终有利于债务的偿还。

2000年6月1日,通过合并重组而成立的韩国全国农业合作社联盟,成为韩国最大的农村政策性金融机构。同时,该联盟经营的信用担保系统也得到了相应调整,以最大限度地为农民和其他相关客户提供信贷担保和其他现代金融服务。联盟为农民提供的综合金融服务,也包括提供非营利性的保险服务(Non – Profit Insurance Services),以补偿农民无法预料的损失。该联盟目前正在大力发展针对农业、林业和渔业的信贷担保基金,因为有些农民想得到农业贷款但又没有抵押品,在这种情况下,联盟认为提供信用担保服务是必要的。

按照《南非土地和农业发展银行法》第26章"业务和安全安排指导"的规定,南非土地和农业发展银行可以提供相当广泛的各种业务,包括在其业务范

6 国外优化农村政策性金融制度功能的经验和做法

围内提供保险业务,但提供保险业务时不受1998年长期保险法和1998年短期保险法等商业性保险法规定的限制。另外,该银行不仅对农民、黑人和妇女等弱势群体提供特别抵押担保计划,而且还对公司客户及与农业活动相关活动的债务提供担保,支持其与农业相关的业务活动以及保险费担保。泰国农业和农业合作社银行除了提供自然灾害保险等险种外,也提供抵押和担保服务,内容包括个人担保、个人财产抵押、储蓄账户余额抵押、集团担保等。在菲律宾的农业发展中,政府非常重视政策性金融对农业的支持和促进作用,还专门建立了具有鲜明政策性特征的菲律宾谷物保险公司。

6.1.8 农村金融市场补缺性功能的实现机制比较

由于农业的特殊性质以及农业经营的低利润性,一般商业性金融资源很难配置到农业生产活动中去,这样市场选择的结果就是农业领域的金融资源严重不足。在这种情况下,只有靠政府的特殊政策才能弥补这一缺口。政府除了实施某些特殊的强制措施之外,最重要的就是设置农村政策性金融机构,其中后一种措施是最为重要的。当然,设置某些强制措施也具有明显的效果,但是即使如此,也难尽如人意。在巴西,政府为了使金融资源能够流向农业或农村领域就作出强制性规定,法律规定商业银行必须将农业信贷的一定比例发放给中小农业生产者。即使有这些政策,按照常理,商业银行也是选择那些较好的客户或质量较好的项目进行支持,而那些真正需要扶持的项目仍然得不到资金支持。最后这一责任只能落到农村政策性金融机构身上,因为政策性金融就是要选择那些市场不予选择或滞后选择而又对社会发展有重要意义的领域。

日本农林渔业金融公库一直以来严格秉持一个理念:"进入别人不愿意进入的领域,干别人干不了、不愿意干的事。"甘当实施政府政策的马前卒,甘当商业性金融功能的全局性补充角色。因此,公库严格界定了贷款对象:一般从农业者、中小型从农企业,贷款均为10年以上的中长期贷款。对公库资金支持对象的生产规模、贷款额度、贷款性质均有严格限制:农户耕地4公顷以上,贷款额度1 500万日元;村落营农组织或其他中小企业20公顷,项目贷款2 200万日元;所有贷款均限于固定资产建设。目前,公库资金支持的综合农协847个,正组合员500万人,准组合员419万人。对于具备从民间金融机构融资的企业原则上退出公库资金支持视线,如曾获得公库资金支持的全日渔业企业、全国规模最大的 ECHl 年存栏 700 万只蛋鸡养殖场等大型食品生产加工企业,已先后退出,为后来符合条件的从农业者腾出更多的政策性融资空间。

在印度,农业不仅严重缺乏资本,而且承受着高利贷放债者的剥削,尽管合作社和商业银行对农村提供了大量的信贷,但是调查发现,大部分穷人一般不能得到信贷和其他金融服务,为了弥补农村金融市场的不足,为穷人提供低成本的金融服务,一种新式银行就在农村建立起来了,这就是政策性的地区农村银行(RRBs),其目的是为农村人口中的那部分弱势群体提供金融服务,弥补农村金融市场的缺陷。1999 年,泰国农业和农业合作社银行的计划和政策部门作了一项题为"泰国农村金融体系:一个信贷提供的案例分析"的专题调查,结果发现在泰国农村,农业信贷风险不仅来源于农业生产的不稳定性、农产品价格的不稳定性,而且其经营成本也是相当高的,因此,私人部门机构一般不愿意为农业部门提供信贷。这一调查结果可以明显地表现出泰国农业和农业合作社银行弥补市场机制不足的积极作用。

6.1.9 农村政策性金融诱导性功能的实现机制比较

农村政策性金融的诱导性功能,更能体现农村政策性金融制度的精髓所在,也更为符合市场经济规则的基本要求,因此,世界各国的农村政策性金融都注重发挥其诱导性功能作用。例如,泰国银行(泰国的中央银行)要求所有的商业银行至少把其存款的 20% 投资于农业上,可以直接投入,也可以通过泰国农业和农业合作社银行的诱导性贷款来实现。而商业银行大都选择了后一种方式,这也为泰国农业和农业合作社银行提供了大量而稳定的资金来源,而与这些存款相关的盘活和服务成本都是由商业银行承担的,而不是由泰国农业和农业合作社银行承担。泰国农业和农业合作社银行的诱导性贷款,还提供一种所谓的"环境贷款",鼓励社会对农村环保事业的投资,支持农民参与环境保护。这项环境贷款计划也受到亚洲开发银行和日本海外经济协力基金(OECF)的支持。在该计划下支持的活动主要包括:(1)植树造林投资,包括土地准备、播种、苗木供应和必要的投资成本(不包括土地购买投资以及桉树的种植);(2)沼气池建设、沼气输送以及相关设备投资;(3)对与提高农民收入相关的农业活动的投资,这些活动必须遵守环境保护法,不能破坏自

6 国外优化农村政策性金融制度功能的经验和做法

然资源或其他环境。通过这种诱导性环境贷款计划,能够起到保护和改善环境的作用。

印度国家农业和农村发展银行作为一个农村最高级别的再融资机构（Apex Refinancing Agency），其主要职能之一就是为那些在农村地区提供开发性生产信贷和投资的机构提供再融资安排,发挥再融资的杠杆性作用。为此,银行专门设立投资信贷（中期或长期）再融资业务,目的就是为了加速私人资本的形成,从而促进持续、公平的农业和农村繁荣。经过印度储备银行的批准,有资格获得这一再融资的金融机构包括邦土地开发银行（SLDBs）、邦合作银行、地区农村银行、商业银行、邦农业发展金融公司（SADFCs）、初级城镇合作银行等。这种再融资支持的具体活动包括：对农业部门来说,为农业和相关活动的投资,如小型灌溉、农业机械化、土地开发、土壤保持、奶牛业、养羊业、家禽饲养、修建猪舍、农产品加工和农业服务等；对非农业部门来说,有工匠、小规模企业、微型部门、乡村产业、手工艺等活动。贷款期限最长为15年。再融资的标准包括项目的技术可行性、财务生存能力和银行可贴现能力、信贷监督的组织安排等。最终受益人包括个人、企业的所有者或合伙人、公司、政府拥有的企业或合作社。这种再融资的贷款额度一般在项目所需资金的90%以上,对不同的部门、活动以及不同的接受再融资的机构的比例稍有差别。

在摩洛哥独立之前,农业信贷活动仅仅局限于农业发展条件较好、被外国人看好的"有用地区",而那些占国家大部分面积的贫穷和边远地区则基本得不到金融支持。独立后的摩洛哥为了开发落后地区的农业生产潜力,自1969年起,设立了农业发展基金,专门负责处理国家对私人农业项目投资资金的诱导性资助事务,鼓励私人对农业开发的投资,后来为加大对私人投资的资金支持力度,又建立了国家农业信贷银行（CNCA）。这样,通过建立健全包括国家农业信贷银行和农业发展基金的摩洛哥农村政策性金融体制,从银行信贷与政府补贴两个渠道鼓励和诱导私人投资。

美国农产品信贷公司1979年以来实施信贷保证计划,通过为进出口商提供信贷保证,吸引和诱导商业性金融机构从事农产品贷款活动。即由商业性机构为进出口商提供贷款,由农产品信贷公司予以担保,承担某些同出口交易有关的风险,以鼓励农产品的出口。南非土地和农业发展银行的具体使命之一,就包括对私营部门向农业部门投资起到杠杆作用，引导商业性金融投资进入农业部门。

6.1.10 有限金融性功能的实现机制比较

国外农村政策性金融机构的业务经营活动，大都建立在专门立法的保障与规范之下，恪守非竞争性的中立原则，实现政策性与营利性两者之间的有机统一。在日本有关农村政策性金融的专门法律中，就规定了政策性金融机构不得通过业务经营与其他银行及非银行金融机构竞争。日本的农业政策性金融体制是建立在农业合作金融基础之上的，体现了政策性与合作性的有机结合，其核心机构是日本农林金库。该机构是一家成立于1923年的准政府机构，服务对象原则上限定在农业协同组合（农业合作经济机构）系统内部作为会员的农户和农业团体，而且不以盈利为目的，不主动参与商业银行之间的客户竞争，通过经营活动挣得的利润也被持续地返还给其成员。尽管日本农林金库的资金来源主要包括存款和发行金库债券，但也与其他类型的银行不一样，很少发生与存款银行等商业银行的"拉存款"竞争。因为日本农林金库的这些存款主要来源于农协系统合作社会员成员，尤其是那些农业合作社和渔业合作社成员，他们直接参与第一产业，当地的居民通过信农联和信渔联对日本农林金库相当信任，而且吸收的农村存款大部分是定期存款，这有助于保证日本农林金库融资体系的长期稳定。为了避免同商业性金融的直接竞争，也为了真正体现其促进农业第一产业可持续发展的宗旨，目前，日本农林金库有特定的贷款客户，主要包括三种类型：该系统中的合作社组织和农业、林业以及渔业经营机构，有助于第一产业发展的公司和组织，地方政府和其他公共机构。日本农林金库为合作社提供独特的低利率贷款，以支持第一产业部门和合作社组织的发展，其目标是训练下一代人积极参与农业、林业和渔业活动，以促进生态农业的发展。日本农林金库也为地区性公共部门组织和公共公司提供资金支持，目的是在当地社区建立一个强大的产业基础，从而提高当地居民的生活水平。此外，日本农林金库也支持第一产业相关部门以及成员组织的海外业务经营。

在加拿大，与商业银行选择设立在那些交通发达、经济金融条件较好的地区不一样，加拿大农业信贷公司（FCC）为了响应联邦政府要使联邦机构更加贴近其服务人群的号召，更好地服务农业和农村地区，在1992年重新部署了

6 国外优化农村政策性金融制度功能的经验和做法

公司总部办公处,把公司总部从渥太华迁移到现在的地点——萨斯喀彻温省的瑞吉那市。恪守百分之百致力于农业而不变的承诺,加拿大农业信贷公司并非单纯追求利润指标,在其成立近20年的时期内一直处于亏损的状态,但是政府并没有因此而撤销该机构或转型为其他性质的机构,而是逐步调整和改革,在促进农业发展的同时尽量做到有一定盈余,维持其可持续发展。出现这种情况的原因就在于加拿大政府对农业政策性金融性质、功能和职能的充分认识。

印度地大人多,经济社会发展严重不平衡,地区间、部门间发展水平参差不齐,发展任务繁重。国家农业和农村发展银行、地区农村银行等政策金融机构的分支机构,重点设于经济不发达地区和农村信贷机构稀少、商业银行分支行网点缺乏、农村金融活动较为薄弱的地区,向这些地区注入资金,促进这些地区经济金融发展。1975年地区农村银行刚开始经营的时候只有6家,到2001年3月31日,全国共有196家地区农村银行在500个区域经营,网络分支机构达到14 313个(不包括一些零星的小分支和临时性的柜台),其分支机构数占所有商业银行总网络分支机构数的37%。各国政策性金融机构开展业务活动的目的之一就是弥补商业性金融机构的不足,只不过这一特征在印度表现得更为典型而已。

作为一家政策性银行,南非土地和农业发展银行一直不把盈利作为其唯一动机,公平地为所有农民提供金融服务,也提供可行的、新型的和适合特定目的的金融产品,这些产品能够使那些新加入农业部门的经营者获得金融服务,因为这些人有其不利的和处于弱势的背景。当然,作为一家从事信用活动的金融机构,农村政策性银行也要遵循基本的金融规则开展业务活动,以保障信贷活动的安全性。如泰国农业和农业合作社银行规定,成为该银行的客户必须具备10项条件,其中包括:必须每年有一定合理数额的可用于交易的剩余农产品,或者能够提高其农业活动以增加收入保证足以偿还其贷款;必须诚实、守信、勤勉和节俭;必须不是已经处于破产边缘;必须不曾被该银行的分支机构除名过,且目前不拖欠任何农业合作社、农民协会以及其他提供农业信贷的机构的贷款。

6.2 国外完善农村政策性金融功能的基本经验

从以上对各国不断完善和强化农村政策性金融制度功能的比较研究中可以

看出，无论是发达国家还是发展中国家，各国都逐渐形成了政府主导型的农村政策性金融制度，并从农业政策性导向、农业生产扶植、农业基础建设开发、农产品价格支持、农村扶贫开发、农村专业性服务与协调、农业政策性保险（担保）、农村金融市场补缺性、首倡诱导与虹吸扩张性以及有限金融性运作等多个方面，建立健全农村政策性金融功能体系，实现农村金融资源配置的社会合理性目标，对农业和农村的发展给予有力的支持。

第一，坚持以服务农村强位弱势群体为宗旨、以金融扶贫开发为重点。对农村强位弱势群体的融资倾斜和强力扶植，是农村政策性金融制度安排的出发点和落脚点。从上述加拿大政策性农业信贷公司的经营理念，以美国农场信贷系统为核心的强大的农业政策性金融支持体系及其带有很强政治色彩的向农产品进口国提供长达20～40年的美元优惠贷款，以及被称为"农业发展的主要催化剂"的南非土地和农业发展银行，在政府的政策框架之下从七个方面努力实现政府的意旨，坚持支持农民和促进农村发展的方向不动摇等方面，都可以看到世界各国都在充分发挥政策性金融支持农业农村发展的这种政策性导向功能。尤其是作为政府所有的农村政策性金融机构的菲律宾土地银行，其对国家的目标和前途所作出的积极响应以及为追求国家利益而承诺其不变的忠诚和献身性服务的行为耐人寻味，对于当前一些仅仅追逐自己局部经济利益的政策性银行也颇有借鉴意义。事实上，各国的农村政策性金融制度也都把这种政策性属性特征落实到农村扶贫开发的主要业务之中。南非土地和农业发展银行从法律上规定了银行的目标之一，就是促进那些历史上处于弱势的群体或由弱势群体组成的组织，而且以服务农村贫困人口和处于弱势不利的农村企业为使命。又如尤努斯创办的孟加拉国乡村银行，泰国农业和农业合作社银行等，其贷款对象也主要是需要政策性信贷扶植的农村弱势地区的弱势穷人，也体现了政府的扶贫政策意图与农村扶贫开发的功能要求。

第二，为农业和农村全面持久地可持续发展提供基础性保障和发展后劲。从长远来看，农业农村发展和农民致富，都离不开四通八达的交通运输、及时捕捉市场信息的通信设施等农村基础设施的基础性保障。在这方面，国外也善于运用农村政策性金融的这种农业基础建设与开发的特有功能。例如，日本农林渔业金融公库就主要是对土壤改良、造林、林间道路、渔港等生产性基础设施建设资金提供贷款，以及对维持和稳定农林渔业的经营、改善农林渔业的基

6 国外优化农村政策性金融制度功能的经验和做法

础条件所需资金提供贷款。美国的农村电气化管理局对农村非营利的电业合作组织和农场发放贷款,用于架设电线、组建农村电网、购买有关设备等,以改善农村公共设施和环境;联邦土地银行的资金运用主要是提供长期不动产抵押贷款。印度国家农业和农村发展银行的贷款期限多为中长期,一般只为较大的农业基本建设项目提供贷款,如兴修水利、推广农业机械、土地开发等。印度国家农业和农村开发银行一般是为大型的农业基本建设项目贷款,如兴修水利、推广使用农业机械、土地开发等。作为印度中央银行附属机构的农业中间信贷和开发公司,也主要为大型农业基础项目提供贷款,其中以水利贷款为最多,农业机械贷款次之。亚洲开发银行拟定的农业贷款一系列政策,其中之一是支持农业基础设施的建设。南非土地和农业发展银行也对农场主提供长达25~40年的长期贷款,用于农村基础设施的建设等。

第三,不断设计开发和创新适合农业生产特点的政策性金融成品。农业中具有以生物生产为主的特点,由于生物生产所带来的季节性,各个生产经营单位的生产周转资金没有一个经常的、稳定的余额,所需资金往往为临时性、季节性的,要临时占用而非常年备足。这就需要农村政策性金融根据农业生产的特殊性要求,及时设计开发有针对性的农村政策性金融产品,有效地发挥对农业生产的扶植功能。加拿大农业信贷公司在过去的40多年里,就一直结合本国农业生产的实际,经常开发新的金融产品以满足农业的新要求。例如,提供的贷款产品相当广泛,包括农业起步融资、土地贷款、设备贷款、建筑物贷款、固定额度融资、牲畜融资、林业贷款、果树或果园贷款、多目的融资、再融资等,而且每类贷款产品中又包括许多开发的新产品,如农业起步融资就有第一步贷款、现金流优化贷款、过渡贷款、发薪日贷款、"1-2-3成长贷款"等产品类别。法国农业生产政策性贷款品种包括涉及从事农业生产活动的安置贴息贷款与涉及农业生产设备的贴息贷款,后者主要有农业现代化特别贷款、养殖业特别贷款、特别植物生产贷款、公用农业生产资料特别贷款、农业灾害特别贷款、保证金贷款等。日本农林渔业金融公库为农业生产者提供的融资品种主要有8种:强化经营基础资金,推进机构改善资金,综合设施资金,取得农地资金,巩固自农资金,共同利用资金,治理基础(土地改良)资金,其他资金。

第四,稳定农产品市场价格,防止谷贱伤农。各国农村政策性金融机构通过实施农产品价格支持功能，在农产品价格稳定和农民收入稳定与提高等方面都发挥了重要作用，成为政府贯彻农业政策的有力工具。在泰国农业和农业合作社银行的一项专题调查中，结果也发现在泰国农村，农业信贷风险也来源于农业生产的不稳定性、农产品价格的不稳定性，而且其经营成本也是相当高的，因此，私人部门机构一般不愿意为农业部门提供信贷。所以，泰国农业和农业合作社银行一方面专门建立了销售农业合作社和泰国农业有限责任公司，从农产品流通上帮助农民客户销售农产品；另一方面，还尽力为农产品生产和销售提供农业信贷，开展了农产品延期销售贷款业务，以满足农民的家庭支出需要，避免在供给增多季节或价格低迷季节销售农产品。日本农林渔业金融公库从20世纪80年代以来，为增强国内农产品的市场竞争力，也相应增加了强化稳定农业发展的贷款。美国的政策性金融机构商品信贷公司的任务，就是管理实施价格和收入支持计划，为支持农产品目标价格提供无追索权的贷款和补贴补偿，为农民提供价格支持和补贴，以稳定农业生产者收入，保护广大消费者利益。此外，还帮助农业合作社扩大农产品销售，促进农产品出口等。美国进出口银行也为农产品的出口提供政策性出口信贷或贷款保证，尽管这种业务只占其业务总量的一小部分。根据480号公法修正案，美国可向农产品进口国提供贷款期限长达20~40年的美元优惠贷款。

第五，积极参与制定和协调国家农村经济金融发展规划及政策。扩大农村政策性金融机构参与制定和协调国家农村经济政策尤其是农村金融政策的权利，也是国外农村政策性金融实现其农村专业性服务与协调功能的一个基本经验和做法。例如，印度政府就高度重视并授权国家农业和农村发展银行负责印度农业和农村地区经济活动的信贷领域的政策、计划和经营等所有重大问题，负责对邦合作银行和地区农村银行等农村金融机构的监管职能，在农村金融方面协调与印度储备银行和其他国家机构之间的关系，促进在农村金融、农业和农村发展方面的研究工作，等等。而且，还通过《国家农业和农村发展银行法》对此特别权利予以明确规定。在韩国农业政策性金融体制中占据主导地位的全国农业合作社联盟，除了承担农村政策性贷款外，还承担政府农业发展政策的实施和协调，如政府农业生产结构调整计划，农产品收购计划和推广农业技术等主要是依靠该联盟及其基层农协组织来实施的；还为农民提供技术教育、法律服务、医疗服务、丧葬服务，以及从事一系列环境保护活动等专业性服务。该联盟还对政府农业贸易政策、政府在农村部门和地区政策中的潜在影响等进行战略研究。由于该联盟的可靠性和专业技术，该联盟还被政府指定为提供住房基金融资的机构，被称为"人民的银行"和"国家的家务管理银行"。南非土地和农业发展银行通过在政府机构和农业生产活动之间发挥桥梁作用而对农村发展作出贡献，对政府的农业发展土地再分配规划、农业部门规划和政府的一揽子农村可持续发展规划等提供服务。

第六，重视和强化农业风险的分散及保险（担保）机制，健全农村政策性金融制度体系。政策性农业保险与担保是农村政策性金融制度体系的一个主要组成部分，许多国家一般是通过两个途径来切实履行和实现农业政策性保险（担保）的功能的。一方面建立政策性农业保险和担保机构，专门从事农业保险与担保及相关业务。如美国通过建立联邦政府农作物保险公司，负责在联邦建立再保险基金，负责向开展农作物保险的保险人提供超额损失再保险，再保险责任按赔付率分段确定，目的是既向各私营农作物保险公司提供超额损失再保险，又限制农作物保险公司的盈利水平。美国政策性农场信贷系统保险公司的一个根本任务，就是确保对农业借款者的未来有一个永久畅通的信用体系，通过正确地管理农场信贷保险基金，保护农场信贷系统的投资者，确保投保债务以及保护纳税人的利益。同时，美国政府对从事农业保险的机构提供大规模的保费补贴，从而使农民以较低的保费率普遍参加农业保险。菲律宾政府也专门建立了具有鲜明政策性特征的菲律宾谷物保险公司。另一方面，在现有农村政策性银行等信贷机构内的业务经营中，集政策性信贷与保险（担保）于一体，构建银保互动机制。例如，加拿大农业信贷公司除了发放贷款外，还为农民提供各种类型的农业保险，可以对借款人自己、借款人的经营以及借款人的家庭起到保护作用。而且，参加保险以后，投保人也会发现，其从加拿大农业信贷公司获得的借款也被保险了。对于那些从加拿大农业信贷公司获得大额贷款的人来说，参加保险是一种很明智的选择，在保险期间可以使投保人的合作伙伴（债务人）专注于业务发展，最终有利于债务的偿还。美国农产品信贷公司和进出口银行都可为农产品进出口商提供信贷保证，承担某些同出口交易有关的风险，以鼓励农产品的出口。此外，南非土地和农业发展银行、韩国全国农业合作社联盟、泰国农业和农业合作社银行等除了发放政策性贷款外，也提供自然灾害保险等险种和抵押、担保服务。

第七,坚持有所为、有所不为的经营原则。政策性金融与商业性金融有所不同,其中也体现在农村政策性金融具有农村金融市场补缺性功能、首倡诱导与虹吸扩张性功能、有限金融性功能等特殊功能方面。从世界各国农村政策性金融机构的业务运作中也可以清楚地看到这一点。国外农业政策性金融机构的一项主要职能就是提供农业优惠贷款,弥补农业信贷资金缺口,满足农业资金需求。如日本农林渔业金融公库一直严格秉持一个理念:"进入别人不愿意进入的领域,干别人干不了、不愿意干的事",甘当商业性金融功能的全局性补充角色。日本合作金融系统中政策性农业贷款额占其贷款总额的90%,而一般金融机构这一比率只有0.3%。美国农业不动产贷款中,政策性金融机构贷款比重在一半以上,商业银行不足9%。在银行设立及分支机构网点设置上也是拾遗补阙,与商业银行选择设立在那些交通发达、经济金融条件较好的地区不一样。如加拿大农业信贷公司为了响应联邦政府的号召,更好地服务农业和农村地区,把公司总部从繁华的大都市迁移到一般城市。这种以国家利益为重的务实求效的精神是很值得学习的。而且,加拿大农业信贷公司并非单纯追求利润指标,在其成立近20年的时期内一直处于亏损的状态,但是政府并没有因此而撤销该机构或转型为其他性质的机构,而是逐步调整和改革,在促进农业发展的同时尽量做到有一定盈余,维持其可持续发展。出现这种情况的原因就在于加拿大政府对农业政策性金融性质、功能和职能的充分认识。这一点也很值得有些国家学习,尤其是那些强调农业政策性金融机构要盈利的国家更应当借鉴其经验。

| 金融发展
理论前沿丛书 |

7
构筑功能完善的我国农村
政策性金融制度新体系

7 构筑功能完善的我国农村政策性金融制度新体系

在以上几章对农村政策性金融理论研究与实证分析的基础上，本章根据农村政策性金融制度功能实现的要求，从科学认识和高度重视农村政策性金融制度建设、明确农村政策性金融机构职能定位、构建以农村政策性金融为主导的农村金融协调发展机制、加快发展政策性农业保险、构筑"政合合一"的农村政策性金融组织体系、建立健全农村政策性金融支持保障机制等方面，分析并提出了改革和完善我国农村政策性金融制度体系的一系列政策建议。针对当前我国发展农业保险的迫切性，本章对政策性农业保险制度的理论与实践问题进行了重点探讨。在系统性研究的基础上，强调应该在强化农村政策性金融整体功能的基础上，重构我国农村政策性金融制度体系，充分发挥农村政策性金融机构在推进农业农村发展中的先导性、主动性、主导性和主体性的积极作用。

7.1 从"三农"问题战略高度，科学认识和重视农村政策性金融制度

通过对国际上完善农村政策性金融功能及运行情况的考察，可以清楚地发现无论是发达国家，还是发展中国家，都十分重视运用农村政策性金融手段，其目的都是支持和保护农业生产，维护农业在国民经济中的基础地位，促进农业综合发展。近年来国内外相关理论研究与实践发展都充分说明，[①] 农村政策性金融作为政策性金融体系中的一种制度安排，也绝不仅仅是市场经济发展中的一种暂时性的例外和权宜之计，绝不仅仅是一种特殊的金融机构而已。它的产生、存在与发展有着更为深刻的经济金融与社会根源，它是市场缺陷与政府干预、资源配置主体和资源配置目标错位与失衡的必然结果。它是市场性与公共（产品）性、财政性与金融性、微观性与宏观性、有偿性与无偿性、直接管理与间接管理、市场缺陷与政府干预的巧妙结合与统一。农村政策性金融的产生、存在与发展，在从根本上和整体上优化了一国宏观经济调控体系的同时，也从根本上优化了一国的宏观金融调控体系，凸显了"一石二鸟双优化"的功能。就市场经济总体而言，商业性金融是主体，政策性金融是辅助与补

[①] 这里，主要根据白钦先教授的相关政策性金融理论思想，来论述我国农村政策性金融制度建设的重要性和战略性。白钦先. 白钦先经济金融文集（第1卷）[M]. 北京：中国金融出版社，2009.

充，而就"三农"问题或农村金融等某一特定领域来说，则农村政策性金融更可能是主体或主角而非配角。国外普遍存在的农村政策性银行及非银行农村政策性金融机构就充分证明了这一点，并在继续强化、完善其制度功能和充分发挥其作用。从空间上讲，农村政策性金融存在于几乎全世界所有国家和地区，包括发达国家、发展中国家和经济转型国家；从时间上讲，农村政策性金融是近现代经济生活中普遍存在的一种经济金融现象，不是某个国家的暂时性、局部性现象。尽管随着各国经济与社会向更高层次发展，农村政策性金融的种类、业务方式和运作范围与领域可能发生种种变化，但它的基本机制与功能将长久存在并发挥作用。从更深层次看，在可以预见的将来，不管一国经济与社会发展处在多么高的层次或水平上，市场机制本身所固有的某些缺陷与不足都不会消失，资源的微观或宏观配置主体所关注的目标侧重点之间的差异，也不会自动消失或自动趋于一致，尤其是在广大发展中国家，农村政策性金融将会得到更久、更快、更大的发展。因此，市场经济和金融活动最发达的美国，将其农业政策性金融机构在法律上定位为"永久性法人机构"，这恐怕也是从长期实践和长远预测、深思熟虑的结果。

关心农民、支持农业和农村的发展，不仅是战略问题、经济问题，也是个政治问题。在我国社会主义初级阶段建设社会主义新农村，解决"三农"问题，在商业性金融支农不足、农村信用社属性模棱两可、农村金融市场失灵问题一直持续存在的情况下，只能把希望寄托在农村政策性金融身上，并通过完善和强化农村政策性金融功能，使其能够真正担负起"农村金融服务主力军"的历史重任。在建设新农村和社会主义和谐社会的大背景下，作为我国农村政策性金融制度主要承载体的中国农业发展银行，其存在的意义已不是农业发展银行本身，而是"三农"问题；农业发展银行存在的问题也不是其自身的定位问题，而是整个农村政策性金融体系的发展和定位问题。没有农村政策性金融的强劲支持，就难有农村经济的长久繁荣；农村政策性金融发展是关系到我国亿万农民切身利益和农业、农村经济发展的一件大事；增加对农业和农村的资金投入，解决农民贷款难问题，是增加农民收入，促进农村产业结构调整和农村经济发展的重要途径。由此看来，我国农村政策性金融功能及其制度体系完善得如何，直接关系到"三农"问题解决的成功与否。所以，我们应该站在"三农"问题的战略高度来审视农村政策性金融的历史作用，从农村经济社会综合发展的角度来认识农村政策性金融改革发展的重要意义。在建立健全农村金融服务体系的工作中，自始至终都不能否定乃至取消农村政策性金融的特殊功能性作用；在与农村商业性金融（包括民间金融）、合作金融以及农村财政等共生并存的相互协调发展中，农村政策性金融可以针对商业性金融功能实现的状况和程度，围绕自身特有的功能要求来建立相应的政策性金融组织制度结构（包括机构类型、法律法规等），开展具体的金融业务。

综合各国政策性金融的业务及其职能，在维护社会稳定与可持续发展方面尤以农村政策性金融最为突出。为充分利用WTO"微量允许"、"绿箱"补贴权利，农村政策性金融支持农业和农村社会发展的途径必不可少。从世界范围来看，不论是发达国家还是发展中国家，都普遍建立了各种各样的农业政策性金融机构，在支持各国农业发展、保护农民利益和维护社会稳定方面发挥了积极作用。中国提出了构建社会主义和谐社会和建设小康社会的宏伟目标，这是中国社会经济发展的内在要求，也是广大人民的愿望和根本利益所在，更关系到中国社会的稳定和综合国力的提高，而构建社会主义和谐社会的重点、难点都在农村尤其是中西部农村。这样，中国农村政策性金融在特殊时期就更有了特殊的战略重要性。目前，作为我国农村政策性金融主力军的农业发展银行的支农力度不强、业务范围狭窄，农村政策性金融的功能还没有真正发挥，距离"三农"的需求较远。所以，在建设社会主义和谐社会和小康社会的背景下，农业发展银行的金融支农力度亟须加强。另外，"三农"问题与政策性金融的关系也不只是仅仅体现在农业发展银行功能作用的充分发挥上，针对我国农村相对落后的地域广度及其巨额的资金需求，农业发展银行显然独木难支，亟须其他政策性金融制度承载体尤其是不同业务范围、不同功能的政策性金融机构，如区域开发性政策性金融、农产品进出口政策性金融、政策性信贷担保机构等的共同参与、多管齐下，业务尽可能多地涉足"三农"领域，方能从根本上解决问题。

7.2 按照功能观点完善农村政策性金融体系和明确职能定位

根据农村政策性金融的十大功能要素，目前我国农村政策性金融还明显存在着功能体系不完善、不健全的突出问题。农村政策性金融功能的独特性，是要求农业发展银行和其他农村政策性金融制度承载体的业务职能，[①] 不仅体现在支持农产品价格功能方面，而且还要体现在扶持农业生产功能、扶贫开发功能、农业项目配套服务功能等方面。亦即扩展功能，支持农业产前和产中领域以及区域扶贫开发，为提高农业的综合生产能力，实现农业现代化提供全方位、多形式的支持，加速农业可持续发展。其核心是加大对农业产前和产中环节的资金投入，特别是投资在农业生产环节上那些投资大、周期长、直接经济效益低、商业银行不愿投资，而对整个农业发展又是至关重要的项目上。例如，为农村兴修水利工程、整治土地、保护生态环境和农业基本建设发放贷款；支持农业科技开发、推广和利用，推进农业机械化、良种化；鼓励农村文化青年务农和掌握农业生产技术，以提高农业生产水平等。从业务职能上补充商业银行的业务空缺，即做商业银行不能做的业务，而不做商业银行能做的业务，从根本上协调和处理好农村政策性金融与商业性金融的业务关系。针对我国农业保险市场失灵问题、不同层次农村金融需求主体的融资难问题，当前还要根据农业政策性保险（担保）功能的要求，建立专门的农业保险经营机构和融资担保机构，加快发展政策性农业保险（担保）制度。

在农村政策性金融功能体系中，加大农村政策性金融的诱导性支持保障力度尤为重要。发挥农村政策性金融的诱导性功能，能够顺应农村金融不同需求主体多元化的市场融资需求。农业投融资的首倡诱导与虹吸扩张性功能，更能体现农村政策性金融制度的精髓所在，也更符合市场经济规则的基本要求，因而是农村政策性金融诸多特殊功能中最基本、最核心、最重要的主导性功能。一方面，受政府财力资源的限制，我国农村政策性金融机构的资本和资金规模相对商业性金融机构而言极为有限，所以农村政策性金融机构利用自身拥有的信息优势，先期优选政府支持的农业产业项目并投入少量资金以小博大，可以

---

① 笔者以为，尽管功能和职能的含义有某种广义上的重合与交叉之处，但从更为确切的或狭义上理解，二者还是有一定属种概念的区别的，即作为属概念的"功能"，应定义为事物从总体或基础而言的一般功效、效用、效应、效能或作用；作为种概念的"职能"，则是影响功能发挥的作用范围和职责义务，是功能的具体延伸和体现；"功能"与"职能"这两个不同概念相互之间体现的是一般与具体、内容与形式的属种概念关系。据此，对农村政策性金融机构的定位，实际上是指基于农村政策性金融功能基础上的机构性质定位和职能定位，主要体现为对不同农村政策性金融承载体的性质、业务职责及其作用范围的界定。

7 构筑功能完善的我国农村政策性金融制度新体系

虹吸更多的商业性或民间社会资金积极参与农村政策性投融资领域，使商业性金融机构能够利用农村政策性金融机构审查能力（即信息生产能力）强的信息"溢出效应"和信贷决策机制，"免费乘车"，参与融资，从而有利于降低市场上信息不对称的平均水平。另一方面，现代经济金融是以商业性金融为主要载体的市场经济金融体制，强调诱导性功能，可以充分调动和激励商业性金融的融资积极性，扩大其融资规模，增加其盈利机会，降低农村政策性金融对金融市场的过度介入和不必要的、过多的政府干预。因此，农村政策性金融的业务行为不能有悖于市场经济基本原则的要求，即使在商业性金融不予选择或滞后选择的产业项目，而需要农村政策性金融开始唱主角时，也要尽可能地注重发挥农村政策性金融对商业性金融的首倡诱导与虹吸扩张性功能。另外，按照农村政策性金融的补充与逆向选择功能，农村政策性金融机构的业务活动也不能偏离其既定的"政策性"定义域，不能涉足或过多从事乃至进而不退地垄断商业性金融业务；按照有限金融性功能，农村政策性金融机构就不能像商业性金融机构那样一切业务都紧紧围绕盈利最大化这个唯一目标，不能主动与商业性金融机构抢客户、抢项目和展开激烈竞争等，从而更好地协调农村政策性金融的外部关系，体现农村政策性金融对河南现代农业建设的诱导性支持保障方式。

为此，作为农村政策性金融制度主要承载体的中国农业发展银行要立足于倡导投资方向，加强与中国农业银行和其他商业性金融机构开展多种形式的业务合作。例如，在农业产业项目的政策性贷款方面，选准和扶持能够带动千家万户的农村龙头企业及农产品商品基地，通过直接或间接的资金率先投放，改善投资环境，降低投资风险，可以增强其他金融机构、经济组织和个人的投资信心，吸引和诱导商业性、合作性银行和其他社会资金从事这些符合农业政策意图的农业产业贷款和投资，从而对政策扶持项目的投资形成乘数效应，以较少的政府财政资源推动更多的资金投入农业产业化领域，达到既定的农业产业化政策目标。在农村政策性项目的保险、担保方面，通过为农村"龙头企业"或其他农村中小企业、规模经营的农户提供贷款担保或者贴息，帮助服务对象向商业银行贷款，为商业性金融和社会资金投入农业和农村创造条件，并以此促进农村信用体系建设，改善农村社会信用环境。此外，农业发展银行开展多年的粮食信贷业务，使其内部聚集了一批熟悉和精通粮食产业运作和市场规律的信贷人员,在政府和企业关于粮食经营和市场发展方面能够提供很专业的服务。譬如,结合粮食期货市场的状况和走势,对贷款企业的经营提出买进或卖出的建议,就使粮食企业受益匪浅。所以,农业发展银行要发挥其农村专业性服务与协调的特殊功能,还要重视开展扶贫性金融业务,承担其农村扶贫开发的基本功能。

建立健全农村政策性金融功能体系,当前迫切要求尽快明确农村政策性金融机构的职能定位。中国农业发展银行在其业务职能上要尽快全方位地"归位",从职能上明确区别于商业银行,做商业银行不能做的农业政策性金融业务。农业发展银行在其职能定位问题上,与其说是"定位",毋宁更准确地说是"归位",即针对农业发展银行1998年以来业务调整为仅仅承担单一的农副产品收购"出纳"业务职能的全方位的职能"归位",是重新回归于农业政策性金融本应有的独特职能定位。农业政策性金融机构的政策性是区别于其他各类农村商业性金融机构的显著特征,因此,应改变农业发展银行现行政策性、准政策性、商业性贷款分类方式,其开办的所有贷款业务都统一界定为政策性贷款业务,但在具体贷款品种的管理方式上根据具体业务实际实施差别管理。

所以,中国农业发展银行的职能定位要在国家支农体系和农村金融体系的框架内统筹考虑,围绕以服务"三农"强位弱势群体为本的"务农"指导思想,从事综合性农业开发信贷业务和建设综合性农业政策性金融服务体系。农业发展银行改革与发展的总体目标应该是:根据统筹城乡经济协调发展,满足"三农"发展需求,按照农村金融体制改革的总体要求,通过调整职能定位,完善经营管理机制,把农业发展银行办成资产状况良好、业务管理规范、具有较强政策执行力和可持续发展能力的、名副其实的农业政策性银行。因此,农业发展银行的职能可定位为:为"三农"发展提供多功能、全方位扶持性金融服务的农业政策性金融机构。同时,随着国内外经济金融运行环境的变化以及不同时期我国农村经济和社会政策的调整变化,农业发展银行的职能定位也具有相应的动态调整性特征。

7.3 构建以农村政策性金融为主导的农村金融协调发展机制

其所以提出建立以农村政策性金融为主导、农村金融多元协调发展的新机制，主要是考虑到"三农"发展实际以及长期以来农村金融机构存在着外部性约束问题。由于农业生产经营、农业自身积累、农户生产消费和农业资金周转的长期性、波动性、分散性等特点，决定了农业外部资金的需求为长期的、高风险的、总额巨大和单笔额小等特征。对于一般金融机构而言，经营农业贷款和农业保险将面临风险大、收益少、成本高、资金周转较慢等不利因素，这完全有悖于其营利性经营的原则。因此，一般商业性金融机构不愿意经营农业贷款和农业保险。加之农村市场的不完善、农村金融机构与农村借款人之间的信息不对称和借款人自身存在的道德风险以及金融机构方面存在的成本、风险与收益的不对称，进一步引发金融机构的逆向选择和"嫌贫爱富"而加快撤离农村贫困地区，这种外部性约束形成农村金融发展的恶性循环。针对农村金融领域出现的市场失灵问题，迫切需要不以盈利为目的的农业政策性银行和其他政策性非银行金融机构的主动介入，充分发挥其特有的首倡诱导与虹吸扩张性功能，主动承担农业弱质经济体的前期成本，引导商业性金融的积极性，从而建立以农村政策性金融为主导的农村金融新体系，推进现代农业的跨越式发展。

建立农村信用社与农村政策性银行合二为一的农村政策性金融新体制是一个突破口。无论是从历史上来看还是从理论上来看，农村政策性金融与合作金融的关系日益密切，合作经济在农村政策性金融运营中的作用不可忽视。1876年，德国雷发巽银行的组建，不仅标志着合作金融的诞生，也使得合作性金融成为农村政策性金融的最早载体。这一创举一直持续了一个多世纪，目前世界上大多数国家的农村政策性金融仍然与合作金融有着某些特殊的联系，甚至是交织在一起的，实际上合作金融仍然作为农村政策性金融的重要载体。在政策性金融的具体形式中，也只有农村政策性金融选择了这种协调发展模式。把农村政策性金融与农业合作经济组织结合在一起，或者说，把政策性金融的职能嫁接在农业合作经济组织上面，已经在很大程度上解决了交易成本问题，解决了农民的分散性问题，还解决了农村信用社改革举步维艰和农业发展银行功能不完善、体系不健全的问题。从金融创新的角度讲，这种创新属于农村政策性金融中最重要的制度创新。农村信用社与农村政策性银行合二为一，主要是业务上的相互协作，而机构上则相互独立。新型的农村政策性金融体系是一种官（农业发展银行）民（农村信用社）结合模式，主要是由县联社、基层农村信用社委托—代理农业发展银行的政策性金融业务。这种"官民结合"模式类似于法国农业信贷银行（CA）的"上官下民"运营模式。

充分发挥农村政策性金融对民间金融的引导作用。由于农村一直存在着商业性金融"奢侈性"与政策性金融严重短缺的矛盾，民间金融或非正规金融在一定程度上就成为政策性金融短缺的替代品。从经济学原理上讲，金融产品与金融服务，是一种不折不扣的"奢侈品"，这是由金融资本的属性所决定的，从而也是不以人们意志为转移的客观规律。正因为如此，商业性金融服务从来都是"锦上添花"而不是"雪中送炭"。在农村政策性金融功能缺位的环境下，农业经济要生存、要发展不得不借助非正规金融。非正规金融因人、因时、因地有很大的差异性，在某些情况下，非正规金融具有"高利贷"特征，而在另外一些场合，它又具有"社区公共产品"、"家族公共产品"、"行会公共产品"的特征。因此，非正规金融在一定程度上成为政策性金融短缺的替代品。针对非正规金融有可能带来的风险及负面效应，建立起来的农村政策性金融制度，应该充分发挥其特有的诱导性功能作用，通过业务指导与制度的完善以及各种技术手段的运用，最终使非正规金融在农村金融市场中达到"管而不死，活而不乱"的境地。

农村政策性金融与政府财政之间也密不可分。政策性金融虽然名义上归于"金融范畴"，但其核心内容是财政支撑的，政策业务的亏损要由财政来补贴，资金的投向与投量必须完全体现政府的意志，这些都是财政运作机制的体现。而纯粹的金融业务从来都是"嫌贫爱富"的，无论是在发达国家还是在发展中国家，金融业最密集、金融资本最集中的地区都是城市而不是农村。为此，世界各国在发展市场经济的过程中，都由政府向农业提供巨额的资金，来支持农业的发展。所以，政府除了积极支持并为农业发展银行采取有效途径广筹政策性信贷资金提供条件外，还要尽最大财力补充农业发展银行的政策性信贷资本金，为农业发展银行提供低成本的资金来源和维持农业发展银行正常运转的费用，对农业发展银行按规定用途发放的低息贷款给予利差补贴，而且随着农业政策性金融业务发展规模的逐渐扩大，及时足额地补充农业发展银行的资本金。通常情况下，一般通过减免税收或直接列入财政预算来补充资本金。此外，还可以建立支农风险基金，并把有关部门主管的农业政策性资金和农业财政投资集中由农业发展银行实行专户管理、监督使用，从充足的资金来源上保障农业发展银行有效地履行自身的特殊使命，填补农村商业性金融职能作用的不足和空白。

综上所述，应该在处理好农村政策性金融与合作金融、民间金融、农业财政之间相互关系的基础上，重点是重构农村政策性金融与农村合作金融协作共赢的一体化新机制，从而逐步建立以农村政策性金融为主导的农村金融新体系，实现农村金融的协调发展。即建立以国有政策性金融（中国农业发展银行）为主导，以国有商业性金融（中国农业银行）为补充，以商业性和政策性非银行金融机构为两翼（商业性投资、保险公司和政策性保险担保公司、农村公益信托等），以兼具商业性与政策性双重属性的地方性农村合作金融（合作银行和信用社）为庞大基础的农村金融新体制。

7.4 加快发展政策性农业保险

自从2004年中央一号文件首次提出我国要"加快建立政策性农业保险制度"以来，连续6年的中央一号文件和党的十七届三中全会《中共中央关于推进农村改革发展若干重大问题的决定》，都将政策性农业保险列为金融支持农业发展的重要内容。2009年的中央一号文件首次明确提出"加快发展政策性农业保险"，并要求"探索建立农村信贷与农业保险相结合的银保互动机制"。可见，中央对发展农业保险的高度重视。尽快构建功能完善、机制健全的政策性农业保险制度体系及其运作机制，无疑对提升我国农村金融及农业保险服务新农村建设的水平和能力具有重要的现实意义。

关于农业保险经营与发展的模式，国外有六种模式（杜彦坤，2005）：政府主办、商业保险公司经营，政府主办、政府成立公司经营，政府补贴、社会组织经营，政府和金融机构主办、政府控股公司经营，政府提供政策支持、自愿互助合作经营，以及严格限定承保条件的商业性经营等发展模式。国内在推进农业保险制度试点中有五种模式（王小平，2004）：政府扶持、商业保险公司代理农险政策性业务，成立政策性保险公司，成立互助保险经营机构，外资保险公司经营农业保险业务，成立专业性农业保险公司等经营模式。在农业保险与农村信贷互动模式上，也有研究者（张浩等，2010）将其归纳为两种主要模式：一是政府主导的政策性农业保险与农村信贷互动模式，包括政策性农业保险＋优惠信贷利率模式，新型农业综合保险＋信贷＋政府扶持模式，保险＋信贷＋财政补贴模式等。二是市场主导的商业性农业保险与农村信贷互动模式，包括农户贷款＋个人意外伤害保险模式，保险公司与农村信用社合作开展的农户小额信贷保险业务模式等。

针对目前我国政策性农业保险发展中突出存在的一些结构性问题，笔者认为，当务之急应该主要从科学认识政策性农业保险制度，建立健全以立法保障为基础的政府对政策性农业保险支持的长效机制，构筑以农业巨灾保险与农业巨灾债券为核心的农业巨灾风险转移分散模式，构建以农业发展银行为基础、政策性农村信贷与政策性农业保险相结合的农村政策性银保互动机制等方面，进一步推进我国政策性农业保险快速而健康地可持续发展。

7.4.1　科学认识政策性农业保险制度的内涵与意义

7.4.1.1　政策性农业保险的含义界定

正如政策性金融与商业性金融是现代金融组织体系中相互对称、平行、并列、并存的两大基本金融中介一样，在现代农业保险制度体系中，一般也可概括为商业性农业保险与政策性农业保险这两大相互对称、平行、并列和补充的保险中介。鉴于农业保险所特有的尤其是在制度初创时期的高赔付、低收益的运作情况，商业性保险一般不愿或无力承保，所以，农业保险主要是由政府或政府专门机构承担、主动先期介入的，一般是指农业政策性保险或政策性农业保险，属于政策性保险制度的范畴，即具有政策性属性的农业保险。而且，政策性农业保险主要是指狭义的、具有高风险与高赔付率并存特性的经济政策性农业保险（与社会政策性农业保险相对应），即针对农业（种植业、养殖业）生产的"两业保险"。这种狭义的农业保险应该成为政策性农业保险的主体和政府支持的重点险种。因此，所谓政策性农业保险，应该是指国家为实现农村社会经济目标与农业和农村发展政策，保障农村"强位弱势群体"金融保险发展权和金融保险平等权，而实行一定的政策倾斜和重点扶持的非营利性的保险险种和特殊制度安排。

7.4.1.2 政策性农业保险同商业性农业保险、政府农业财政、农业保险政策的区别

政策性农业保险在举办主体、经营目标、承保机制等方面与商业性农业保险迥然不同。从举办的主体来看，商业性农业保险可以由国营、公私合营或私营的保险公司专营和举办，遵循等价有偿的商业原则，而政策性农业保险一般都是风险大、利薄甚至亏本的但又关系国计民生和社会安定的项目和对象，所以，一般都由政府专门成立的专业保险公司承保。从经营目标上看，商业性农业保险公司以利润最大化为经营目标；而政策性农业保险公司遵循非营利性目标，虽然也要求经济核算，但必须兼顾甚至注重社会的宏观经济效益，在亏损项目上由财政给予适度支持或兜底。从承保机制来看，商业性农业保险的品种多，可由投保人任意选择和自己决定投保金额，甚至保险费率（价格）也可谈判。而政策性农业保险则不同，它有特定的险种、单一费率，保险人为了防止逆向选择，还要求投保人对政策性保险项目的所有对象都必须投保。另外，政策性农业保险也是一种历史的、动态的制度变迁。一个保险险种能否被列为政策性农业保险，要看保险市场的发展状况和国家政策上是否优先发展。如果商业性农业保险公司愿意承保的，就无须国家的政策性参与，只有商业性保险公司在现有条件下不愿承保的，才需要国家的政策性参与，政策性农业保险只能作为商业性保险的一种补充形式。

同时，还要明确政策性农业保险同政府农业财政、农业保险政策等相关概念的理论界限。市场经济条件下的农业财政是一种公共财政，尽管公共财政的逻辑前提也是市场失灵，但其核心概念是公共产品（主要是纯公共产品），与政策性农业保险资源配置客体的准公共产品有所不同，尤其是公共财政资源配置或公平分配的无偿性，也同政策性农业保险资源配置的有偿性截然不同。所以，政策性农业保险不等于农业财政融资，也不是政府的"第二财政"。否则，就不能称其为真正的、科学的政策性农业保险，政策性农业保险机构也就不能称其为保险机构，机构自身也必将是"短命"的、不可持续发展的。古今中外政策性农业保险机构的历史经验和教训已经充分证明了这一点，这是其一。其二，政策性农业保险也不同于农业保险政策。农业保险政策，一般是指政府及其保险监管部门所制定的农业保险宏观调控政策；从政策性农业保险与

商业性农业保险相互对称的角度来看，农业保险政策还可以分为针对政策性与针对商业性的农业保险政策两大类。政策性农业保险是针对强位弱势群体而言的一种制度安排，而农业保险政策的客体既有强位弱势对象也有强位强势对象，具有一般性、宏观性、整体性的特点。

7.4.1.3 农业保险由政府主动介入的必要性

无论是从理论上还是在国内外的实践中，都证明在市场经济条件下单纯依靠商业性保险去承保和经营农业保险完全行不通。一方面，由于农业保险的外部性、高风险、高成本、高价格和农户对农业保险的有效需求较低，不足以支持一个商业化的农业保险市场；另一方面，农业保险的高赔付、低收益甚至负收益以及农业保险中长期存在的道德风险和逆向选择，无法维持商业保险公司对农业保险的供给。在这种条件下，这部分保险资本必然投向其他能盈利的险别或险种，或向其他产业部门转移，这就从根本上抑制了农业保险的有效供给。

因此，农业保险如果没有政府的主动介入和支持而走商业化的道路难以成功，这是全世界农业保险界经过多年实践普遍认可的理论，也是我国商业保险公司纷纷退出农业保险的主要原因之一。我国于1982年开始由中国人民保险公司等陆续开办农业保险业务，但随着政府支持性措施的减弱，特别是保险公司开始向商业性保险公司转变后，农业保险业务逐步萎缩，而且由于风险大、经营成本高、投保率低和赔付率高，导致经营者持续性收不抵支，农业保险长期亏损，各家保险公司相继取消了农业保险的经营。目前，我国农业保险仍处于低水平的发展初级阶段，表现为"三高三低"，即高风险、高亏损、高需求和低覆盖率、低供给、低投保率。为此，借鉴国际经验，根据各地农村经济和农业发展实际，我国应该主要采取政策性保险与商业性保险相结合的方式，在政府成立专门保险机构或职能部门负责农业保险经营、实施政府政策支持的同时，努力发挥商业性保险运作的市场配置作用，降低财政负担，逐步建立起农业政策性保险和农业商业性保险并存的多层次体系、多渠道支持、多主体经营的农业保险制度框架。

另外，值得一提的是，虽然农业保险是难度很大的财产保险业务，但它又为商业保险公司提供了一个庞大的保险市场和极有分量的业务来源，当狭义财产保险、责任保险等市场被各公司基本分割完毕时，农业保险将成为业务竞争的又一个领域。根据我国现阶段经济社会发展的需要和保险业发展的薄弱环节，保监会已明确将农业保险与养老保险、健康保险、责任保险并列为未来重点发展的四大领域之一；我国未来保险竞争的主战场也将主要是在农村。所以，从商业保险公司的经营战略来看，应该积极参与到经营农业保险的业务领域中，而且早进入、早主动、早受益。当然，这也与政府有相应的激励和支持政策，以及农业政策性保险机构的互补性配合密不可分。从而建立起农业保险与商业保险既有分工又相互合作的制度体系，充分发挥政策性金融、商业性金融的整体效能，实现政策性业务的市场化运作、政策性扶持和多元化经营。

7.4.2 政府对政策性农业保险发展的支持方式

在政府与政策性农业保险的关系问题上，政府如何有效地支持和监督政策性农业保险，从而既能保证国家农业和农村发展政策目标的实现，又可以保障政策性农业保险公司等制度承载体的可持续发展，这是各国政府面临的一个重要而亟待解决的问题。这里，重点是研究建立政策性农业保险自动稳定的财政补偿机制、地方政策性农业保险的立法原则及基本框架等问题。

一国立法机关或政府为政策性农业保险提供的支持是多方面且完善配套的，是法律的、经济的、行政的、直接与间接的等多种方式、手段相互结合、交替使用的综合体。

1. 法律规范。政府关于政策性农业保险的立法是农业保险有效运行的基础环境与前提条件，也决定了农业保险的正常运营与持续发展。国外一般都针对政策性农业保险的特点而单独立法，并在其成立运行伊始即颁布实施，而且这种立法并不单纯是对政策性农业保险的一种优惠和特权，相反更多的是对它的规范和限制。（1）从政策性农业保险立法的基本框架和内容上来看，既是机构组织法又是业务活动法，既对政策性农业保险的宗旨、性质、法律地位、任务、职能、机构设置、设立变更终止的条件与程序、权利与义务、法律责任等方面作出规定，还明确规定政策性农业保险的业务活动原则、资金来源渠道和财政援助办法（尤其是体现政府担保的国家信用特征）、资产运用范围、外部关系、监督管理，从而既有利于政策性农业保险的依法有效运营，全面提高资产质量，也有助于政府对政策性农业保险的依法监管。另外，值得一提的是，一部农业保险法也并非一开始即完美无缺地一劳永逸，适时地调整并加以完善才是合理的选择。(2)从地方政策性农业保险的立法原则来看,应该主要包括以下几个方面:一是充当"最后出借人"原则。就是要求参保对象必须是在其他商业性保险公司不能投保的条件下才给予最后的支持。二是非主动竞争性原则。就是要求政策性农业保险机构不能主动地同商业性保险公司竞争,即争业务、争客户、争市场,它只是补充商业性保险的不足而不是替代它。因为政策性农业保险享有国家信用的地位和政府的直接的、间接的,显性的、隐性的优惠待遇,主动参与市场竞争就是一种不公平竞争行为。三是倡导性原则。即对其他保险机构自愿从事的政策性农业保险业务,给予偿付保证或者再融资,目的是支持、鼓励、吸引和推动更多的保险机构开展政策性农业保险活动。

所以,立法机关要借鉴国外相关经验做法,抓紧研究制定和颁行有关规范政策性农业保险运作的法律法规、条例,进而,尽快明确建立以政府财政为主要后盾的政策性农业保险利益补偿与保障机制,对农业保险采取多种形式的政策支持,包括对农户的保费补贴,对农业保险机构和商业保险公司的经营费用补贴、税收优惠、利率优惠、提供再保险、建立巨灾风险基金等。具体来说,在政策性农业保险法中,一般要明确农业保险的目标、保障范围、保障水平、组织机构与运行方式、政府的职能作用、经营主体资格、农民的参与方式、保险双方权利义务、会计核算制度、精算制度、初始资本金筹集数额和方式、财政补贴标准及计算方法、管理费和保险费分担原则、异常灾害条件下超过总准备金积累、赔款和处理方式、各有关部门的配合、资金运用等内容。

2. 财政援助。这是体现政府对政策性农业保险强有力支持的重要手段与保证。比较各国政策性农业保险发展的轨迹可以看出,政策性农业保险对政府财政存在着内在依赖的本质联系,财政是政策性农业保险最可靠、最强而有力的资金后盾。主要包括:(1)政府拨付巨额资本金并随时追加。要通过法规形式而非人为随意方式,形成一个长期稳定可靠、持续增长、自动补偿的财政"自动调节器"增资机制,即在政策性农业保险机构既有国拨资本的基础上,再定期或不定期地增拨资本,并及时地核补利差和政策性亏损,减免税负,以及按年度不断提取、积累二级资本或附属资本(公积金)。最终形成一种自动的而不是主观随意性很大的政策性农业保险自动稳定的财政补偿机制。(2)依法免税减税,不断扩充自有资本,形成资本实力与时俱进的机制。

(3) 通过财政拨款、财政贴息等提供充足的和低成本的融资。(4) 享受政府利差补贴。(5) 在特殊情况下政府承担政策性农业保险的部分不良债权或对其政策性亏损进行补偿。(6) 债券信用担保。国家对政策性农业保险的对外融资借款，包括对其发行政策性债券融资等提供信用担保，提高其信用等级，降低其筹资成本，使其也享有"金边债券"的盛誉地位。

3. 业务协助。政策性农业保险除接受政府财政的直接援助和指导外，也接受政府其他相关主管部门及保险监管机构的业务上的协助支持。政策性农业保险既有一定的相对独立性也具有较强的专业性，并有特定的支持对象和领域，而政府有关部门作为相关行业领域经济与社会发展规划的制定者和组织管理者，可以为政策性农业保险业务活动提供指导和支持。

7.4.3 农业巨灾风险的保险处理技术及转移分散模式

关于巨灾风险的含义，目前学术界并未明确统一界定，一般是指发生概率低但导致巨大经济损失和严重人员伤亡的自然灾害或人为灾祸，包括地震、洪水、雪灾、风暴以及战争、恐怖袭击等。就国内来讲，绝大多数研究者认同现阶段全局性的巨灾风险主要集中于自然灾害层面，主要有洪水、地震、干旱和强热带气旋（如台风）等。从保险业角度，美国联邦保险服务局（ISO）按照1998年的价格水平，将巨灾定义为"导致财产直接保险损失超过2 500万美元并影响到大范围保险人和投保人的事件"。国内学者（汤爱平，1999）从经济损失的数额和人员的伤亡情况两个方面，提出了巨灾风险判定的原则标准，如表7-1所示。

表7-1　　　　　　　　巨灾的判定

	国家级		省（市）级		市、县级		
巨灾	损失占GDP的比值	重伤和死亡的比率	损失占GDP的比值	重伤和死亡的比率	损失占GDP的比值	重伤和死亡的比率	
						人口百万级	人口十万级
	$>2\times10^{-3}$	$>8\times10^{-4}$	$>1\%$	$>5\times10^{-3}$	$>20\%$	$>3\%$	$>10\%$

资料来源：汤爱平. 自然灾害的概念、等级[J]. 自然灾害学报，1999 (3).

巨灾风险对农业生产和农村发展的影响巨大，农业巨灾风险损失的发生将严重破坏农业基础，并通过农业的基础地位乘数性地放大效应，对经济和社会稳定产生极大的冲击。近年来，我国农业自然灾害损失有日益增加的趋势，如

2008年的南方冰雪灾害、四川汶川和青海玉树的特大地震、2009年初我国遭遇历史罕见的特大干旱等。我国目前尚未建立起有效的农业自然灾害风险管理机制和巨灾损失分担体系，农业巨灾风险管理和损失补偿还处于十分原始和落后的状态（孙祈祥，2007；谢家智，2008等）。国外农业巨灾风险的管理多是在本国原有农业保险体系架构的基础上拓展和完善的，政府直接或间接参与的农业保险体系是各国农业巨灾风险管理的主要载体。在此背景下，有必要应用巨灾风险管理理论与方法，探讨我国农业巨灾风险的保险处理技术及转移分散模式。

7.4.3.1 农业巨灾风险管理模式

纵观世界各国的发展实践，对农业巨灾风险的管理模式主要有：政府主导模式，农业巨灾保险模式，社会援助模式，自我补偿模式等。（1）政府主导模式。这种模式是以政府为主体，以财政资金和必要的行政手段为主要工具，对灾害损失进行分担和补偿的灾害管理机制。也即农业巨灾风险损失主要由中央及地方政府负担，或灾后重建主要由政府部门组织实施。这种模式可以使国家在救灾资源的调动上迅速而且集中，然而，由于农业巨灾年度间的不平衡和政府财政的年度预算平衡间存在冲突，我国是发展中国家，农业巨灾造成的损失必然会影响到我国的财政收支平衡，无偿的财政救援也会造成政府财政赤字增加。而且，我国农业自然灾害损失补偿的社会缺口非常大，国家在有限的财力下所能解决的也仅仅是"临时性"和"紧急性"援助。（2）农业巨灾保险模式。即农业巨灾风险所造成的损失相当程度上通过保险市场交易得到分摊和补偿。例如，世界上有许多国家，巨灾之后的保险赔款一般可达损失金额的30%以上，发达国家甚至可达60%~70%，余下的部分由承灾主体和政府共同承担。从这个意义上讲，农业巨灾保险模式其实是一种混合型模式，承灾主体、政府、保险及再保险企业共同参与、共担风险、共同受益。近年来，国内学术界一直在呼吁应尽快建立健全我国巨灾保险制度。并且，普遍认同把巨灾保险定位于政策性保险甚至强制保险（熊海帆，2008）。因为农业巨灾保险属于公共产品或准公共产品的范畴，离开了政府或缺乏政府实质有效的推动，这种产品的供给体系便不能有效运行。（3）社会援助模式。主要是国内外社会各界人士、团体和组织出于人道主义自愿对灾区或受灾人员进行款物的帮助，捐赠非常有限，在巨大的损失面前更是微不足道的。（4）自我补偿模式。即巨灾风险损失主要由各承灾主体独立负担。显然，这种模式的灾害处理能力是最低的，主要分布于经济水平极其低下的国家和地区。

综上所述，单纯以一种模式和方法对农业灾后的损失进行补偿，不能有效地解决问题。笔者认为，我国应该尽快构筑以政策性农业巨灾保险模式为主体，政府和市场、国内和国外多重主体共同参与的多元化农业巨灾损失分担补偿体系和风险管理模式。

7.4.3.2 农业巨灾风险的保险处理技术及转移分散模式

在财务型的风险处理技术中，被认为最重要的还是通过保险交易来转移之。而真正对农业巨灾风险管理产生实质性推动作用的，是保险风险证券化进程的出现，由此催生出了与资本市场相连接的一系列创新型交易工具即可替代性风险转移工具（ART），其中巨灾债券、巨灾期货、巨灾期权和巨灾互换等工具拓展了农业巨灾风险管理的有效途径。（1）农业巨灾债券，是通过资本市场发行收益率与农业特定巨灾损失相连接的债券，将保险公司承保的巨灾风险分散给数量众多的债券投资者，从而在风险与收益相对等的前提下倍增巨灾风险的处理能力。农业巨灾债券的功能实现，是借助特殊目的机构（SPV）的设立来完成的，这种SPV包括再保险公司、特殊信托机构等。一方面，SPV向投资者发行债券筹集巨灾保障基金并加以运作增值，另一方面也接受母公司的巨灾投保并收取再保险费。期限届满后若约定的农业巨灾风险事件没有发生，投资者可以收回高于普通债券的本利和，但若约定的农业巨灾事件发生了，SPV将会向母公司理赔巨额损失，有余额的部分返还投资者，但可能丧失部分甚至全部的债息与本金。在农业巨灾债券条款设计方面要充分考虑省情特点。首先，初期应首推本金保障型的农业巨灾债券；其次，考虑到我国农业巨灾风险评估技术比较落后以及道德风险因素，初期应先发展指数触发型产品；再次，风险类型方面应首推与旱灾险挂钩的农业巨灾债券；最后，考虑到历史数据的缺乏，债券风险利差的确定可依据国际可比水平或类似再保险业务的价格。（2）农业巨灾期货与期权。作为一种套期保值的资本市场工具，其交易基础是同某种巨灾风险的损失率或损失指数相连接的，而不是普通金融期货及期权的金融资产或证券指数。（3）农业巨灾互换。如果一个保险公司在巨灾高发地区承保了大笔业务，它就应该将一定比例的业务与较低风险的业务进行互换，每一笔互换是一个双边的协议，它在两个保险实体之间建立了一个交互的再保险契约，以此来交换巨灾发生时的资金转让。

如上所述，农业巨灾债券作为实现农业巨灾风险分担和转移的一种重要手段，对于完善农业巨灾风险分担机制、推动农业巨灾保险发展具有十分重要的作用。农业巨灾风险总体上讲还是一类可造成全局性影响的重大灾害事故，从风险管理理论上看，农业巨灾风险转移处理机制中应该充分发挥政府作为最后再保险人的角色，即在保险行业和承灾主体均各自发挥自己应有作用的前提下，遵循风险管理的一般原则和市场经济的基本规律，为农业巨灾风险的转移分担分散进行最终担保。所以笔者认为，由政府或专门组建体现政府意图的政策性农业保险公司，负责发行农业巨灾债券来分散巨灾风险及保险公司的风险，是目前转移分散农业巨灾风险的最有效的方法。因此，当务之急是要通过建立专门承担农业巨灾再保险业务的机构，来加快推出农业巨灾债券，促进我国农业巨灾保险的发展。

7.4.4 建立农村政策性信贷与农业保险相结合的银保互动机制

根据农业保险的特点及其社会管理和调控功能，以及农业政策性保险应充分发挥其首倡诱导基础上的虹吸与扩张性功能的理论要求，笔者认为，应该着眼于保障我国农业和农村发展的战略高度，首先构建主要由商业保险公司经营农业原保险、由中国农业发展银行经营农业再保险的多元化的农业保险运行机制，进而建立健全我国农村政策性银保的互动运作机制。鉴于我国政策性农业保险制度缺位的问题现状，中国农业发展银行要从代理农业保险业务开始，逐步过渡到办理农业保险业务，主要是农业再保险业务。比如在保费收缴和保险理赔时，可以通过农业发展银行利用农户账户进行划转，减少保险费用收取与赔付的中间环节，防止资金被挪用、不能及时到户的情况发生。目前，可对农业保险的投保人提供贷款担保或对向投保者提供低息农业贷款的金融机构给予利息补贴，待条件成熟时，可以将参加保险作为贷款发放的条件之一。农业发展银行通过参与代理农业政策性保险，把农村信贷和农业保险结合起来，可以让农户在参加农业保险中对相应农产品起到保值避险的作用，农业发展银行进行农业贷款时也就比较可靠顺利，进而提高农民参与农业保险的积极性。因此，在目前的现实条件下，比较可行的银保互动机制就是将信贷与投保进行有效衔接，即农民参加农业保险是获得贷款的先决条件，这也是国际上发展农业保险的一种模式,如 1994 年美国《农业保险修正案》明确规定,不参加政府农作物保险计划的农民不能得到政府的其他福利计划。法国、菲律宾、泰国、印度等国也对种植被保险农作物,且申请到该农作物生产贷款的农户依法强制投保。

农村政策性银保相结合,也是节省机构创建的交易成本和弥补商业性金融在农业政策性保险领域作用不足的需要。从政策性农业保险与商业性农业保险相互协调发展的角度,以及世界各国农业保险通过商业性保险公司经营政策性业务的发展趋势看,我国应该建立主要由商业保险公司经营农业原保险、由中国农业发展银行经营农业再保险的多元化的农业保险运行机制。对经营农业保险的公司出现流动性资金不足时,允许其向农业发展银行申请一定额度的无息或低息贷款;鼓励农业保险公司利用现有的农村金融机构销售保险产品。从而建立健全以农业发展银行为依托的农村政策性信贷与农业保险相结合的银保互动机制。这样,不仅可以充分利用现有农业政策性银行和商业保险公司的资源,实现农业保险与商业保险的有机结合,确保政府意图目标的真正实现,还能够减少政府财政支出,避免新机构设立的膨胀和过高的交易成本和经营成本,有利于农业发展银行通过农业政策性保险与农业政策性贷款的有机融合,扩大其业务职能范围,更好地发挥政府农业政策性金融政策的整体效能,尽快填补农业再保险领域的空白,并且现实可行,易于操作。当然,也可以委托中国再保险(集团)股份有限公司或其他有实力有兴趣的商业保险公司经营一部分农业保险的再保险业务,但必须明确农业发展银行经营农业再保险业务的主渠道作用,并承担对商业性再保险的"最后保证人"角色。同样,对于农业保险中风险巨大、商业保险无力承保的巨灾险种,农业发展银行也可以主动经营,并由政府以农业巨灾保障基金等形式负担。通过农业发展银行的再保险业务或者农业风险基金等形式来分散农业保险经营者的风险,进而加快发展和建立健全我国的政策性农业保险制度。

7.4.5 加快发展政策性农业保险的基本对策

7.4.5.1 坚持以政策性农业保险为主、以商业性保险为辅的原则

鉴于农业的外部性特征和农业自身的弱质性,纯粹依靠商业性保险是行不通的,这在我国农业保险的发展历程中可以看到。反观在实行政策性农业保

后，农业保险发展态势非常良好，充分证明我国农业保险应该走以政策性保险为主的道路。所以在较长的时期内，应该以大力加快发展政策性农业保险为主。当然，为了发挥市场机制的基础性作用，也可由商业保险公司经营农业原保险、政策性金融保险机构经营政策性农业再保险；在农业现代化水平和产业化水平不断提高后，再积极主要地发展商业性农业保险。坚持以加快发展政策性农业保险为主，就要求政府必须进一步加大对政策性农业保险的扶持力度，以确保试点工作稳步持续推进。一方面，可以通过制定税收优惠政策和提供经营管理费用补贴和再保险补贴，激励各类保险经营主体经营政策性农业保险业务；另一方面，通过加大中央财政对中西部欠发达地区的补贴力度，实施差异化补贴政策等，进一步完善当下对参保农民实行的保费补贴方式，逐步建立鼓励和扶持政策性农业保险保费补贴的长效机制。因为农业保险属准公共物品性质的政策性保险，其发展在很大程度上依赖于政府政策扶持特别是财政补贴。同时，政府还要设立政策性农业保险监管机构，以区别于对商业性保险的监管规则和内容。借鉴美国、日本等国家的经验，我国应以目前的保监局政策性农业保险监管部门和人员为基础，成立专门的政策性农业保险监管机构，如设立专门的农业保险管理局，以适应政策性农业保险的快速发展。

7.4.5.2 加快农业保险立法的进程

在世界范围内，多数国家倾向于通过相关立法特别是专门立法来规范政府的政策扶持行为。尽管中国的农业法、保险法对农业保险有原则性的规定，但这些规定过于笼统，缺乏可操作性，不能切实有效地为农业保险提供法律保障。目前我国农业保险发展中遇到的问题，比如政策性农业保险的经营主体、组织推动方式、准备金积累等方面缺乏明确的制度安排等，与缺乏专门的、明确的法律规范有很大关系。美国1938年就颁布了《农作物保险法》，开始试办农作物保险。在农业保险的发展过程中，美国政府根据法律对农业保险提供高额补贴及其他优惠政策，对保护农业生产者免遭自然灾害侵袭起了很大作用。所以，我国应该尽快对农业保险进行地方性立法，明确农业保险的政策性属性，对政府政策扶持行为进行规范，界定农业保险的定义、性质和种类，规定农业保险法的基本原则与适用范围，以及创设农业保险组织、农业保险合同、农业保险费率、农业保险补贴、农业保险基金、农业保险监管等制度,着力构建一套既能克服市场失灵又能克服政府失灵的农业保险可持续发展机制。其中最重要的就是保险费率和保险补贴的确定方法,通过法律确定费率的方法,再因地制宜地确定补贴办法,合理降低农民负担,最终合理确定政府、保险公司和农户三者之间的权利和义务,推进农业保险不断壮大,发挥农业保险的功能,促进政策性农业保险的法制化、制度化、规范化发展。

7.4.5.3 完善农业再保险和巨灾损失补偿制度

由于农业风险具有高度关联性,致使农业风险损失在时间和空间上不易分散,很容易形成农业巨灾损失。因此,我国首先要逐步建立一个农业巨灾专项风险基金。此基金的建设应明确三个方面:一是基金的筹集。应明确规定各级政府每年按一定比例通过财政补贴和财政拨款方式支持基金;每年从国家的粮食风险基金中抽出一部分;从农险公司无大灾年份农业保险保费结余滚存中抽出一部分;允许由政策性农业保险机构在资本市场上发行农业巨灾风险基金债券;以及鼓励社会各界积极进行捐助,以各地政府投资为主,企业、社会团体参股的形式等来筹集资金。二是基金的使用。应明确规定基金主要用于农业大灾保险赔付,也可辅助性地作农业保险优惠贷款之用。三是基金的监管。应明确规定由专门的政府机构或其他经授权的部门实行专业监管,确保农业巨灾风险基金保值增值,专款专用。通过积累,形成一个农业巨灾保险制度,应对农业生产当中的重大自然灾害。在建立巨灾基金后,再大力发展农业保险再保险机构。国家可通过政策支持由中国农业发展银行、中国再保险集团公司承担国家农业再保险职能,可给予补助和税收优惠政策,让其为各家从事农业保险的机构分散风险;同时,鼓励各保险主体积极寻求与国际再保险企业的合作,将农业风险向更大范围内分散。

7.4.5.4 提高政策性农业保险的覆盖率,丰富农业保险品种

农业保险责任范围的大小及险种的设置是判断一国农业保险事业发展水平的重要标准。一般而言,农业保险的范围越大,农业保险水平就越高。从理论角度讲,凡是农业生产中所遭受的各种自然灾害和意外事故均应被保险,尤其是在农业产业化和市场化的今天,农业的风险不仅仅有自然风险,还有市场风险。可见,现行的农业保险制度所设定的保险险种与农业生产还有较大差距。因此,笔者建议对关系国计民生的种植业和养殖业实行适度的强制性保险,可

将各种支农优惠政策和贷款优惠政策与政策性农业保险结合起来。这样既能规避农户的逆向选择行为,提高政策性农业保险的覆盖面以在更广阔的空间范围内分散风险,又能降低农户贷款的违约风险,保证农村信贷更好地发挥服务"三农"的作用。同时,保险公司也应因地制宜地创新农业保险产品,除主要粮食作物保险外,还应开展林木、油菜、香蕉、烟叶等特色作物保险及农产品价格、农产品质量和天气气象指数保险等,应涉及粮食作物、经济作物、蔬菜园艺、生猪、家禽、水产养殖等多个领域。通过农业保险产品的多样化实现保险的功能。另外,农业风险依然是影响农户购买农业保险很重要的一个方面,农户参保时要考虑其生产所面临的风险种类及农户对风险的认知程度。因此,为了推动政策性农业保险试点工作的有效开展,在农业保险险种的设计上应更多地考虑农户的风险需求;对农业生产影响较大的风险,要加强风险损失保障。

7.4.5.5 加大对政策性农业保险的宣传教育力度

从对我国农业保险的实证分析中可以看出,农民的保险意识非常薄弱,对农业保险的作用还心存疑惑,农民不信任又不愿意交钱让保险来保护自己;农户的文化程度低也导致了其对农业保险的政策性了解不够,同时农户对政策性保险的功能和执行情况还持怀疑态度。由此可见,如何让农户了解保费补贴政策以及如何使更多的农户有资格获得保费补贴,是进一步发挥保费补贴激励作用的关键。因此,我国各级政府及有关部门应通过多种形式加大对农业保险的宣传力度,继续发挥基层政府的宣传职能,加强农户的农业保险参保意识以及加深对保费补贴政策的认识,使政策性农业保险知识深入人心,进而自觉地参加保险。同时,在政府财力许可的条件下,扩大保费补贴的覆盖面,使更多的农户有资格参加政策性农业保险,以提高农户的福利。

7.5 构筑"政合合一"的农村政策性金融组织体系

组织机构安排既是农村政策性金融制度的承载体和实现形式,也是农村政策性金融制度的保障,组织机构设置合理与否直接关系到农村政策性金融制度的运行效率。实际上,基于金融功能观的农村政策性金融中介组织形式设计取决于多种综合因素,其中根本因素有两个:一是不同农村政策性金融制度载体的业务对象特征，如业务量或规模、空间分布结构、时间上的稳定和变化程度等；二是交易费用，主要指组织安排上的费用比较，如机构创设费用与代理费用的比较等。

针对我国农村合作金融发展的现状和问题、农村政策性金融体制的实际情况以及农村金融体制改革的系统性、整体性和宏观性的战略需要，在农村政策性金融机构与农村信用合作社的业务机制"合二为一"的基础上，重构农村政策性金融体制和服务体系已经势在必行。笔者认为，利用中国农业发展银行现有的分支机构与农村信用社相结合，构建上为中国农业发展银行，下为农村信用社，形成"上官下民"垂直合作的组织机构，是中国农村政策性金融机构组织模式的现实选择，也比较适合现阶段的具体国情和经济金融运行环境。这一组织机构安排模式可以使农业发展银行和农村信用合作社形成优势互补、扬长避短、共同发展的格局，提高中国农村政策性金融制度的运行效率，既有助于解决农业发展银行"基层无腿"和农村信用合作社"群龙无首"的问题，也能够节约组织安排上的交易费用。为此，可以建立以农村政策性银行为依托、以基层农村信用社为业务支撑点、集农业政策性信贷与农业政策性保险（担保）于一体、相对独立分权的农村政策性金融运行模式。

这种模式的运作特点是：（1）中央、省级、县级和乡镇四级机构。农业发展银行中央级机构相对稳定，负责制定有关政策和研究，包括支持政策、业务范围、支持重点以及业务的检查监督和评价，中央级机构不负责具体业务。省级机构下设子公司和办事点，地市级不设机构。（2）农业发展银行省级分行在总行的直接领导下，负责国家农村政策性金融政策的分解和执行，协调与省联社的业务委托—代理关系和业务计划，可以承办大额政策性金融业务。省级机构根据本省农业发展情况、财政实力，安排业务发展重点和不同县级支行的业务运行。（3）农业政策性信贷与政策性农业保险业务分账户经营、核算，两种业务相互独立，互不交叉。（4）充分发挥基层农村信用社直接服务"三农"的机构网点优势和合作金融制度优势，积极开展农村政策性信贷、保险的委托—代理业务，实现农村政策性金融与合作金融的互利共赢。这种运行模式的结构如图7-1所示。

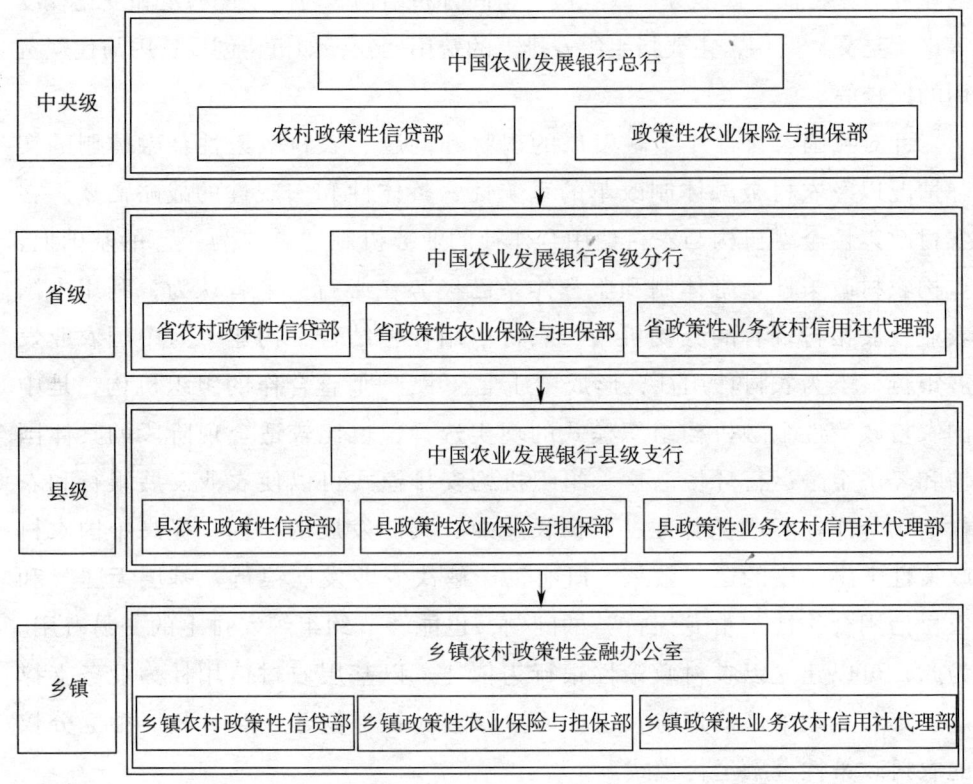

图7-1 "政合合一"的农村政策性金融组织体系

7.6 建立健全农村政策性金融支持保障机制

从政府的层面上,应该做好农村政策性金融制度运行的金融生态环境建设和保障,主要包括相应的专门立法、监督、利益补偿机制等,这是实现农村政策性金融可持续发展的必要条件和前提。

7.6.1 切实加快农村政策性金融立法工作

国外政策性金融机构规范运作的一个显著特征是,机构建设与法制建设同步进行,包括农村政策性金融机构在内的不同的政策性金融机构各有不同的专门法律,而且这些单独立法与时俱进,具有一定的动态调整性特点。相比之下,我国政策性金融机构已组建运作十年有余,但政策性金融专门立法严重滞后，先天不足，这也是导致政策性金融机构一度经营亏损和无序竞争等的根本原因之一。2005年《国务院关于深化经济体制改革的意见》提出"择机出台政策性银行条例"，但目前仍没有实质性进展。既然相关法律法规不可或缺，国家就应该抓紧制定和出台"农村政策性金融条例"，加快"农业政策性银行法"等专门法律的立法进程，明确农业政策性银行的职能定位、经营原则、服务领域、业务范围、风险补偿机制，界定政策性亏损与经营性亏损，建立还贷约束机制，明确财政、政策性银行与承贷主体等的责任范围，防止农业政策性金融财政化、商业化。制定并组织实施"农业保险法"，用法律形式确立农业保险为政策性法定保险，确立农业保险的地位和作用，明确农业保险的组织形式、税收减免政策、财政补贴方式等，从而发挥法律的规范、约束和保护作用。

7.6.2 建立适合于农村政策性金融（保险）特点的特殊的金融监督制度

金融监管制度之所以重要，是因为促进经济发展的不仅是资金的流动和配置，更重要的是资金的使用效率。严格的金融监管与在财务结构健全、经营理念正确的基础上尊重农村政策性金融机构的经营自主权并不是对立的。农村政策性金融机构以执行国家政策为前提，贷款投向较商业银行更注重社会效益，资产质量在很大程度上取决于政府行为。因此，政府应针对农村政策性金融执行国家政策和业务经营的实际情况，确定相应的监督标准和考核体系，实行政策性金融与商业性金融不同的监督目标和操作模式。农村政策性金融监督机制，体现的是一种特殊的监督关系，即依据单独的农村政策性金融法所形成的一种特殊的监督机制和权力结构。监督的目标是实现政府的农业与农村发展政策意图，提高金融资源公平合理的配置。这种特殊的农村政策性金融制度监督内涵主要表现为：由政府相关部门和权威专家或其他行业人员代表国家和公众的利益组合而成的特殊的董事会或理事会的权利制衡结构或治理结构，并由董事会（理事会）对机构行使最高的决策、协调与监控的职能权力；以及由政府直接控制农村政策性金融机构的主要人事任免权，政府相关部门参与协调与制约，国家审计机构定期或不定期地专门审计监督，从而从机构外部对农村政策性金融机构进行控制、组织、约束、协调、保障的特殊监督机制。这样，就从农村政策性金融机构的外部和内部两个层面上，构成了农村政策性金融独特的监督机制和权力结构。

借鉴世界各国农村政策性金融监督制度及运作机制的经验，我国应该尽快构筑有本土特色的农村政策性金融监督体制。当务之急是从监督的法律依据、监督的主体结构和监督考评指标体系等方面尽快建立健全中国农村政策性金融监督机制和结构。其中，特别是要加强对农村政策性金融机构的政策导向作用的引导，尽量减少其片面追求盈利的动机，有所限制其兼营商业性业务的规模和范围。

首先，尽快出台专门而特殊的农村政策性金融法律法规，实现依法监督、制约和引导的规范性要求。

其次，在农村政策性金融监督主体上分为宏观和微观两个层次，并体现为不同的监督机制和治理结构。通过这两个监督层面或外部治理和内部治理的有机统一，形成农村政策性金融的监督机制、决策机制、激励约束机制和自我调控机制等相互结合的良好的治理结构，进而为其业务行为提供行动界限和激励机制。宏观层次上的农村政策性金融机构监督主体，借鉴美国设立农业管理局监督管理农村政策性金融的经验做法，可在中央财经领导小组或中央农村工作领导小组下设立农村政策性金融管理委员会，由有关部门领导参加，对农村政策性金融（保险）的一些重大问题进行决策，对农村政策性金融机构进行总体性协调、规划、考评、人事安排、经济处罚和依法监督。农村政策性金融管理委员会的当务之急是首先要加强对农村政策性金融体制改革的组织领导，负责设计改革方案。同时，负责审定各种农村政策性金融机构的设置，制定行为规范，发挥其宏观协调功能，负责制定和调整农村金融政策，包括支持政策、支持重点、支持程度，以及各部门之间的协调沟通等。

微观层次上的农村政策性金融机构监督主体，是由不同的农村政策性金融分别构成的特殊形式的董事会（或理事会）。董事会主要负责日常经营决策、政策执行和内部稽核监督控制。之所以称其为特殊的董事会，主要体现在有别于商业性金融机构由股东大会选举的董事会的成员构成上。即农村政策性金融机构的董事会成员结构必须是经国务院批准和任命的、由业务相关的政府职能部门、金融保险机构和商业界的代表以及学术机构的专家等有关人员共同参与组成的。

再次，实现对农村政策性金融的有效监督，关键是要制定一套适合农村政策性金融业务特性要求的科学的业绩考评标准并自成体系。考核指标要定量化和具体化，含义必须明确，可统计和进行纵向、横向的比较，要超越类似于或雷同于商业性金融保险机构的盈利性考评要求，在注重评价农村政策性金融的政策实现度的基础上，将其政策性贡献同其工作业绩和工作报酬也同时挂钩和制度化，体现规范、约束机制与激励机制的有机统一。一般而言，衡量和评价农村政策性金融的效果不外乎两个方面：一是财务稳健度，主要参考资产质量和利润两个指标，综合考察经营管理水平。农村政策性金融机构作为一种保险机构，也要求其资产安全以及至少是保本微利基础上的非竞争性盈利。这是农村政策性金融机构生存和可持续发展的基本要求。二是政策实现度，包括农村政策性金融机构与政府的沟通协调度，信贷、保险、担保对形成现实农业生产能力的贡献度，对地区发展目标的实现度等具体指标。当然，要严格准确地认定和区分政策性亏损和经营性亏损。对于政策性亏损，应该由政府财政兜底；对于经营性亏损，必须追究相关人员的经济和法律责任。

最后，要注重发挥国家审计监察和新闻媒介的社会舆论监督作用。农村政策性金融机构也要定期向社会公众公开、公布财务报表和业务活动情况，增加透明度，以尽可能地防止内部人控制和寻租现象。

7.6.3 建立自动稳定的农村政策性金融利益补偿机制

农村政策性金融机构也是一个政策性机构，难免会发生政策性亏损，这种风险补偿需要国家在经营拨备和呆坏账处理上给予一定的优惠政策，以保证政策性金融财务上的可持续。因此，必须建立合理的利益补偿机制，而且这种机制是长期的、自动的和稳定的，以维护农村政策性金融机构的正当权益，保证农业投入的连续性、有效性和积极性。

（1）积极充实资本金。较高的资本充足率是农村政策性金融机构建立良好的市场认知度和机构信用的关键，是市场化募集资金的前提和防控风险的保障，也是持续经营的必要条件。由于我国一些金融机构采用按资本金规模进行授信额度管理的方式，农业发展银行较低的资本金和资本充足率严重制约了其市场筹资的规模与成本。从各国农业政策性金融机构的资本情况看，其资本充足率均高于一般商业银行，如印度农业和农村发展银行资本充足率为39%，泰国农业和农村合作银行资本充足率为20%。[①] 2007年末，我国农业发展银行的加权风险资产为4 700亿元，而目前农业发展银行实收资本仅为165亿元，尚未达到注册资本200亿元的规定，资本充足率水平较低。按照目前加权风险资产占全部资产一半左右的比例计算，当资产规模扩张至2万亿元时，加权风险资产为1万亿元，比照商业银行8%的资本充足率，农业发展银行资本金数额应该达到800亿元。因此，建议以财政直接注资为主、农业发展银行实现利润转增资本金为辅，综合运用多种渠道充实资本金，尽快提高农业发展银行的资本充足率。(2) 建立利差拨补制度。对于需要财政贴息的政策性业务，其利差要严格由财政补贴，并保证财政补贴的及时到位，而对于非财政补贴的业务，明确其经营亏损由自己承担。(3) 合理确定经营费用补贴。由于农村政策性金融机构代理着一部分财政支农业务，其经营费用也要完全由财政补贴。(4) 实行利率优惠制度。依法对涉农政策性金融业务给予政策优惠，对再贷款利率、呆账准备率、固定资产（基本建设贷款、技术改造贷款）等"三农"贷款利率允许适当浮动，体现政策性贷款的优惠性。(5) 提高呆坏账准备率，从而保证农村政策性金融机构资金的良性循环。(6) 实行税收优惠制度。与国家农业税减免政策相配合，按照"多予、少取、放活"的原则，实施农村政策性金融机构优惠税收政策，免征营业税，降低所得税税率，提高农村政策性金融机构的可持续发展能力。

此外，根据金融业务活动的特点和要求，政府还要完善征信体系，优化金融生态的信用环境；努力推进农村土地产权制度改革，赋予农户承包地使用权抵押效力，提高农户的抵押担保能力，降低金融支持的成本，等等。这对于从根本上改变中国农户贷款难和金融机构难以对农户发放贷款的状况有着较为特殊的意义。发达国家农民贷款的主要抵押品是土地，德国农户贷款90%左右均是以房地产作抵押的（其余10%的贷款为信用贷款）。

综上所述，本书可以得出以下基本的研究结论与政策建议：

第一，全面深刻地领会科学的政策性金融理论与农村政策性金融制度特征及特有功能，不能断章取义地误解、错解或曲解。农村政策性金融作为一种制度安排，绝不仅仅是市场经济发展中的一种暂时性的例外和权宜之计，农村政

[①] 林飞. 关于构建农业发展银行可持续发展筹资机制的探讨[J]. 农业发展与金融, 2008 (3).

7 构筑功能完善的我国农村政策性金融制度新体系

策性金融和商业性金融与其他金融形式的共生共存，不仅是一个经济金融规律，也是一个自然历史规律；不仅有其一般的经济理论基础，而且农村政策性金融功能观也为我们提供了一个崭新的佐证视角。因此，农村政策性金融是世界各国经济金融与社会发展的常例、通例，也事关中国农业可持续发展与新农村建设的大局、全局，因而不可或缺、不可替代；古今中外，农村政策性金融"一石二鸟双优化"功不可没，只能加强、不能削弱。

第二，农村政策性金融制度与农村政策性金融机构等制度承载体不同，两者是制度安排的永恒性与制度载体或实现形式的多元性的关系，或者说是内容和形式的关系。农村政策性银行改革也丝毫不影响农村政策性金融制度安排的稳定性、永存性、永恒性。我们应该坚信、坚持科学的政策性金融理论。因为政策性金融是立足于国家的、民族的、全局的、宏观的、整体的、长远的、未来的利益，维持国家经济金融与社会的可持续发展，关注和服务于强位弱势群体，并最终提高国家与居民的福利。中国农村政策性银行的改革与发展，也必须坚持政策性金融质的规定性，始终不能偏离科学政策性金融理论的正确轨道。农村政策性银行如何深化改革，也不能忘记农村政策性金融制度安排的初衷和宗旨。

第三，基于农村政策性金融功能观，建立健全农村政策性金融制度体系，扩展和完善农村政策性金融业务领域。围绕农村强位弱势对象及领域，为农村基础设施、农村中小企业包括农业产供销在内的广义的农业生产活动、农户的生产生活消费及其文化教育等，提供全方位的、多种形式的农村政策性金融服务。为此，必须重构农村政策性金融制度体系，建立健全包括农业政策性银行与非银行政策性农业保险、担保、公益信托、投资基金、资产管理等在内的相互补充的农村政策性金融机构体系和业务体系。

第四，采取行为控制策略，进一步加快农村政策性金融专门立法的步伐。对于农村政策性金融功能弱化和农业政策性银行组建以来不断出现的种种棘手问题，以及理论与实践中日益呈现的种种认知偏差和行为偏差及其有限理性行为，只有出台实施专门的法律法规，予以明确的界定、规范、约束与保障，一切问题才能迎刃而解。

第五，政策的制定者和监管者应建立农村政策性银行改革噪声过滤机制。通过深入系统地研究和广泛宣介政策性金融与农村政策性金融科学理论，旨在减少相关虚假信息或无效率的噪声，树立正确、真实的舆论导向，教育、引导农村政策性金融改革参与者提高分析思辨能力，纠正其认知偏差与行为偏差。

第六，农村政策性金融的市场化运作必须合法合规，遵循适度有限性的经营原则。农村政策性金融的市场化运作原则，是其微观运营中必须遵循的基本准则，但必须依赖于、服从于、服务于国家法律或者法规对农村政策性金融自身基本性质、宗旨、职能定位与定性这一最高原则。市场化运作也不等于农村政策性银行质的商业化或转型为商业银行。农村政策性金融应该按照其有限金融性功能要求，从事农村政策性业务经营活动。

第七，中国的发展不能迷失自我，农村政策性金融的改革发展也必须结合国情。中国需要建设中国思维的主体性，预防中国思维的美国化或者欧洲化，努力走出有中国特色的农村政策性金融改革与可持续发展之路。否则，中国很难成为一个真正的大国，尤其是一个可持续发展的大国；更难发展中国的社会科学，农村政策性金融及农业政策性银行的改革发展也会误入歧途。

金融发展
理论前沿丛书

附录

附 录

附录一 农户政策性金融需求问卷

您好！本问卷仅为了研究农村政策性金融供求情况，更好地为"三农"提供政府政策性金融服务，不涉及您的个人隐私，问卷将严格保密，仅供研究之用。谢谢您的合作！

填写说明：除了注明可多选或填空的题目外，其余题目限选1个答案。

1. 您认为农民生产和生活中面临的主要问题是什么：（可多选）

①缺乏资金 ②缺乏农业技术 ③农业自然灾害 ④农产品销售价格不稳 ⑤农村基础设施薄弱 ⑥市场空间不大 ⑦信息获得困难 ⑧致富技能约束 ⑨其他（请注明）_____

2. 近年来，您实际借款一般找谁借：（可多选）

①农村信用社 ②农业银行 ③工商银行 ④建设银行 ⑤中国银行 ⑥邮政储蓄银行 ⑦中国农业发展银行 ⑧国家开发银行 ⑨中国进出口银行 ⑩民间借款（包括亲友、合作基金会、专门放款人、互助会等） ⑪不愿向外借款，没有借款经历 ⑫向外借不到款，没有借款经历 ⑬其他（请注明）_____

3. 您的借款主要是用于哪些方面：（可多选）

①建房 ②供子女上学 ③婚丧嫁娶 ④人情往来 ⑤养老 ⑥医疗 ⑦购买家用电器 ⑧生活困难 ⑨偿还借款或缴纳税费 ⑩经商（服务业、运输业） ⑪购买化肥、农药、种子等生产资料 ⑫生产性投资（种植业、养殖业） ⑬其他（请注明）_____

4. 您在2005—2008年实际借款的次数有_____笔；期间，您的实际借款规模与期望规模是：（在每一行的适当方框中打✓）

	3 000元以下	3 000~5 000元	5 000~10 000元	10 000~50 000元	没有
①实际借款规模	□	□	□	□	□
②期望借款规模	□	□	□	□	□

5. 您目前的借款规模能否满足需要：

①完全能满足 ②大部分能满足 ③满足一些 ④不能满足

6. 近年来，您从农村信用社或银行贷款的满足程度：

①贷到了所需的全部款项　②大部分都贷到了　③只贷到了一小部分　④完全没有贷到款　⑤其他（请注明）_____

7. 您从金融机构贷款难的原因主要是：（可多选）

①贷款手续复杂、审批时间长　②缺乏抵押或担保人　③贷款前期费用高　④金融机构不愿意向我们贷款，因为_____

8. 您希望是从正规金融机构贷款，还是向私人借款：

①从正规金融机构贷款　②向私人借款

9. 您对农村金融服务的需求是：（可多选）

①存款服务　②贷款服务　③资金汇兑　④农业保险　⑤担保服务　⑥金融咨询服务　⑦出口信用保险　⑧非营利性的政策性金融服务　⑨其他（请注明）_____

10. 您在向农村信用社或银行贷款时，采用什么担保方式：（没有获得贷款的，不做本题）：

①个人信用　②财产抵押　③房产抵押　④土地抵押　⑤亲友担保　⑥专门机构担保　⑦其他_____

11. 您对目前农村信用社和银行的贷款利率是否可以接受：

①可以接受　②有些高，应该低一点　③太高，根本不能接受　④无所谓，只要能借到钱就行　⑤您可以接受的最高年贷款利率是____%

12. 在贷款的期限上，您希望的主要是：

①1年以内　②1~2年　③3~4年　④5年以上　⑤无所谓，只要能贷到款就行

13. 您认为信用重要吗：①很重要　②比较重要　③不重要

14. 您过去几年的借款是否能够按期归还：

①能够按期还本付息　②只付息不还本，本金转为下一期的借款　③延期归还和至今尚未归还借款　④借款尚未到期，还无法确认能否到期归还

15. 您有没有借钱给别人后被拖欠的经历：①没有　②有

16. 您是否了解下列政策性金融机构：（在每一行的适当方框中打√）

附　录

	很了解	了解一些	不了解	没听说过、一点也不知道
①中国农业发展银行	□	□	□	□
②国家开发银行	□	□	□	□
③中国进出口银行	□	□	□	□
④中国出口信用保险公司	□	□	□	□

17. 对于上述政策性金融机构，您得到过它们的贷款或保险服务吗：（填有、无）____；如果得到过，是哪个（填序号）：____；是否满足了您的需要（填是、否）：____

18. 您希望中国农业发展银行应该是什么样的政策性银行：

①专门为"三农"提供优惠贷款、保险（担保）等一系列政策性金融服务的非营利性农村政策性银行

②取消农村政策性银行，农业发展银行转型为农村开发性商业银行

③其他（请注明）_____

19. 您认为政府设立中国农业发展银行等政策性银行有必要吗：

①很有必要　②有必要　③没有必要　④完全没必要，有商业银行就行了

20. 您对本地农业发展银行和其他政策性金融机构提供金融服务的满意程度：

①非常满意　②比较满意　③不满意　④很不满意

21. 您对农业保险和信用保险（担保）的了解程度：

①很有必要，但还没有这种机构　②现有农业保险费率太高，无力投保　③现有担保机构门槛太高，无法担保　④其他_____

22 您的性别：①男　②女

23. 您的年龄：①20~30岁　②30~40岁　③40~50岁　④50岁以上

24. 您的文化程度：①小学　②初中　③高中/职高/中技　④大专以上　⑤文盲

25. 您的家庭人口：①3人以下　②3~4人　③5~6人　④7人以上

26. 农户耕地面积：①小于或等于10亩　②大于10亩、小于30亩　③30亩以上

27. 农户经济活动类型：①传统农业（种植业、养殖业）　②农业与非农

兼业　③非农业

28. 农户的年均收入：_____元

29. 您对改善农村政策性金融服务的意见和建议：（可附页）_____
_____

30. 被调查农户联系电话：_____

居住地：_____省_____县（市）_____乡（镇）_____村

调查员签名：_____　电话：_____

附录二　农村企业政策性金融需求问卷

您好！本问卷仅为了研究农村政策性金融供求情况，更好地为"三农"提供政府政策性金融服务，不涉及企业的隐私，问卷将严格保密，仅供研究之用。谢谢您的合作！

填写说明：除了注明可多选或填空的题目外，其余题目限选1个答案。

1. 企业发展面临的主要制约因素是什么：（可多选）
①缺乏资金　②技术力量不足　③市场空间不大　④信息获得困难　⑤政府的行政干预　⑥税收负担　⑦技工人员约束　⑧其他（请注明）_____

2. 近年来，企业融资借款的渠道主要有：（可多选）
①农村信用社　②农业银行　③工商银行　④建设银行　⑤中国银行　⑥邮政储蓄银行　⑦中国农业发展银行　⑧国家开发银行　⑨中国进出口银行　⑩民间借款（包括亲友、合作基金会、专门放款人、互助会等）　⑪其他企业借款　⑫发行债券筹资　⑬向外借不到款，没有借款经历　⑭自有资金　⑮其他（请注明）_____

3. 在上述融资渠道中，哪些是企业在成立或发展初期的主要渠道：（填序号）_____

4. 企业的借款主要是用于哪些方面：（可多选）
①建造厂房　②购买设备　③购买原材料和半成品　④归还原贷款或支付利息　⑤短期流动资金周转　⑥技术改造和产品升级　⑦企业成立初期发展的需要　⑧其他_____

5. 企业在2005—2008年的实际借款规模与期望规模：（在每一行的适当方框中打✓）

	10万元以下	10万~50万元	50万~100万元	100万元以上	没有
①实际借款规模	□	□	□	□	□
②期望借款规模	□	□	□	□	□

6. 目前的借款规模能否满足企业的需要：

①完全能满足　②大部分能满足　③满足一些　④不能满足

7. 企业近年来从金融机构贷款的满足程度：

①贷到了所需的全部款项　②大部分都贷到了　③只贷到了一小部分　④完全没有贷到款　⑤其他_____

8. 企业从金融机构贷款难的原因主要是：①贷款手续复杂、审批时间长　②缺乏抵押或担保人　③贷款前期费用高　④金融机构不愿意向我们贷款，因为_____

9. 企业希望是从正规金融机构贷款，还是从民间借款：①从正规金融机构贷款　②从民间借款

10. 企业对农村金融服务的需求是：（可多选）

①存款服务　②贷款服务　③资金汇兑　④农业保险　⑤担保服务　⑥金融咨询服务　⑦出口信用保险　⑧非营利性的政策性金融服务　⑨其他_____

11. 企业在向金融机构贷款时，采用什么担保方式：（没有获得贷款的，不做本题）：

①企业信用　②厂房和设备抵押　③土地抵押　④亲友担保　⑤其他企业担保　⑥专门机构担保　⑦其他_____

12. 企业对目前金融机构的贷款利率是否可以接受：

①可以接受　②有些高，应该低一点　③太高，根本不能接受　④无所谓，只要能借到钱就行　⑤您可以接受的最高年贷款利率是____%

13. 在贷款的期限上，您希望的主要是：

①1年以内　②1~2年　③3~4年　④5年以上　⑤无所谓，只要能贷到款就行

14. 您认为信用重要吗：①很重要　②比较重要　③不重要

15. 企业过去的借款是否能够按期归还：

①能够按期还本付息　②只付息不还本，本金转为下一期的借款　③延期归还和至今尚未归还借款　④借款尚未到期，还无法确认能否到期归还　⑤其他_____

16. 企业有没有借出款后被拖欠的经历：①没有　②有

17. 您是否了解下列政策性金融机构：（在每一行的适当方框中打✓）

	很了解	了解一些	不了解	没听说过、一点也不知道
①中国农业发展银行	□	□	□	□
②国家开发银行	□	□	□	□
③中国进出口银行	□	□	□	□
④中国出口信用保险公司	□	□	□	□

18. 对于上述政策性金融机构，企业得到过它们的贷款或保险服务吗：（填有、无）____；如果得到过，是哪个（填序号）：____；是否满足了您的金融需要（填是、否）：_____

19. 您希望中国农业发展银行应该是什么样的政策性银行：

①专门为"三农"提供优惠贷款、保险（担保）等一系列政策性金融服务的非营利性农村政策性银行

②取消农村政策性银行，农业发展银行转型为农村开发性商业银行

③其他（请注明）_____

20. 您认为政府设立中国农业发展银行等政策性银行有必要吗：

①很有必要　②有必要　③没有必要　④完全没必要，有商业银行就行了

21. 您对本地农业发展银行和其他政策性金融机构提供金融服务的满意程度：

①非常满意　②比较满意　③不满意　④很不满意

22. 您对农业保险和出口信用保险（担保）的了解程度：

①很有必要，但还没有这种机构　②现有农业保险费率太高，无力投保　③现有担保机构门槛太高，无法担保　④其他_____

23. 企业成立于_____年，企业产品的销售范围是：

①本市　②本省其他地区　③国内其他省份　④出口

24. 企业的注册类型是：

①国有企业　②集体企业　③私营企业　④个体经济　⑤股份合作企业　⑥联营企业　⑦有限责任公司　⑧股份有限公司　⑨外商投资企业　⑩港澳台商投资企业　⑪其他_____

25. 企业的行业分布是：

①农业　②食品加工　③矿产、石油产品　④纺织制品　⑤木材制品　⑥金属制品　⑦设备制造　⑧非金属制品　⑨化学及纸制品　⑩建筑　⑪电、气、水供应　⑫贸易服务　⑬其他_____

26. 企业的资产规模（包括注册资本）是：

①10万元以下　②10万～50万元　③50万～100万元　④100万～500万元　⑤500万元以上

27. 企业从业人员总数是：

①10人以下　②10～50人　③50～100人　④100～200人　⑤200～500人　⑥500人以上

28. 您对改善农村政策性金融服务的意见和建议：（可附页）_____
_____

29. 被调查企业联系电话：_____

位置：_____省_____县（市）_____乡（镇）

调查员签名：_____　电话：_____

附录三　地方政府政策性金融需求问卷

您好！本问卷仅为了研究农村政策性金融供求情况，更好地为"三农"提供农村政策性金融服务，不涉及您单位的隐私，问卷将严格保密，仅供研究之用。谢谢您的合作！

填写说明：除了注明可多选或填空的题目外，其余题目限选1个答案。

1. 政府在新农村建设中面临的主要制约因素是什么：（可多选）

①缺乏资金　②缺乏农业技术　③农业自然灾害　④农村基础设施薄弱　⑤扶贫开发　⑥信息获得困难　⑦农村缺乏专业人才　⑧农民技能培训力度不

够　⑨其他（请注明）_____

2. 近年来，政府为服务"三农"而融资的渠道主要有：（可多选）
①农村信用社　②农业银行　③工商银行　④建设银行　⑤中国银行　⑥邮政储蓄银行　⑦中国农业发展银行　⑧国家开发银行　⑨中国进出口银行　⑩财政投资或拨款　⑪向外借不到款，没有借款经历　⑫其他（请注明）_____

3. 目前的借款规模能否满足政府的需要：
①完全能满足　②大部分能满足　③满足一些　④不能满足

4. 政府的借款主要是用于哪些方面：（可多选）
①农田水利工程　②乡村道路交通　③农电改造　④通信电视　⑤农业科技推广　⑥农业生态环境改善　⑦农业产业结构调整　⑧新农村建设　⑨扶贫开发　⑩归还原贷款或支付利息　⑪改善政府办公条件　⑫其他（请注明）_____

5. 政府在2005—2008年的实际借款规模与期望规模：（在每一行的适当方框中打✓）

	50万元以下	50万~500万元	500万~1 000万元	1 000万元以上	没有
①实际借款规模	□	□	□	□	□
②期望借款规模	□	□	□	□	□

6. 近年来，政府从金融机构贷款的满足程度：
①贷到了所需的全部款项　②大部分都贷到了　③只贷到了一小部分　④完全没有贷到款　⑤其他（请注明）_____

7. 政府从金融机构贷款难的原因主要是：
①贷款手续复杂、审批时间长　②缺乏抵押或担保人　③贷款前期费用高　④政府过去有拖欠贷款行为　⑤金融机构不愿意向我们贷款，因为_____

8. 您对农村金融服务的需求是：（可多选）
①存款服务　②贷款服务　③资金汇兑　④农业保险　⑤担保服务　⑥金融咨询服务　⑦出口信用保险　⑧非营利性的政策性金融服务　⑨其他_____

9. 政府在向金融机构贷款时，采用什么担保方式：（没有获得过贷款的，不做本题）

①政府信用　②地方财政担保　③行政指令性贷款　④土地抵押　⑤专门机构担保　⑥其他_____

10. 政府对目前银行的贷款利率是否可以接受：

①可以接受　②有些高，应该低一点　③太高，根本不能接受　④无所谓，只要能借到钱就行　⑤您可以接受的最高年贷款利率是____%

11. 在贷款的期限上，政府希望的主要是：

①1年以内　②1~5年　③5~10年　④10年以上　⑤无所谓，只要能贷到款就行

12. 您认为信用重要吗：①很重要　②比较重要　③不重要

13. 政府过去的借款是否能够按期归还：

①能够按期还本付息　②只付息不还本，本金转为下一期的借款　③延期归还和至今尚未归还借款　④借款尚未到期，还无法确认能否到期归还　⑤其他_____

14. 您是否了解下列政策性金融机构：（在每一行的适当方框中打✓）

	很了解	了解一些	不了解	没听说过、一点也不知道
①中国农业发展银行	□	□	□	□
②国家开发银行	□	□	□	□
③中国进出口银行	□	□	□	□
④中国出口信用保险公司	□	□	□	□

15. 对于上述政策性金融机构，政府得到过它们的贷款或保险服务吗：（填有、无）____；如果得到过，是哪个（填序号）：____；是否满足了您的金融需要（填是、否）：____

16. 您希望中国农业发展银行应该是什么样的政策性银行：

①专门为"三农"提供优惠贷款、保险（担保）等一系列政策性金融服务的非营利性农村政策性银行

②取消农村政策性银行，农业发展银行转型为农村开发性商业银行

③其他（请注明）_____

17. 您认为政府设立中国农业发展银行等政策性银行有必要吗：

①很有必要　②有必要　③没有必要　④完全没必要，有商业银行就行了

18. 您对本地农业发展银行和其他政策性金融机构提供金融服务的满意程度：

①非常满意　②比较满意　③不满意　④很不满意

19. 您对农业保险和出口信用保险（担保）的了解程度：

①很有必要，但还没有这种机构　②现有农业保险费率太高，无力投保 ③现有担保机构门槛太高，无法担保　④其他_____

20. 您对改善农村政策性金融服务的意见和建议：（可附页）_____
_____

21. 被调查者的联系电话：_____

位置：_____省_____县（市）_____乡（镇）政府

调查员签名：_____电话：_____

附录四　农户农业保险调查问卷

您好！本问卷仅为了研究农村保险供求情况，更好地为"三农"提供政策性保险服务，不涉及您的个人隐私，问卷将严格保密，仅供研究之用。谢谢您的合作！

填写说明：除了注明可多选或填空的题目外，其余题目限选1个答案；并在您选择的答案序号上画勾。

1. 您认为农民在生产和生活中面临的风险主要有：（可多选）

①农业自然灾害　②作物种子虚假风险　③农药虚假风险　④信息获得的准确度　⑤农产品销售价格波动风险　⑥看病费用风险　⑦其他（请注明）_____

2. 您知道在农村有哪些针对农业的保险：（可多选）

①农村医疗保险　②农民养老保险　③农作物保险　④牛、羊、猪、鸡、鸭等养殖业保险　⑤粮食、肉食、木材、药业、乳业等加工企业财产保险 ⑥其他（请注明）_____

3. 您在生产和生活中防范风险的方法是：（可多选）

①购买信誉好的农作物种子　②依靠子女养老　③购买农作物保险　④参加农村合作医疗　⑤其他（请注明）＿＿＿＿＿＿＿＿＿＿＿＿

4. 您弥补风险损失的方法是：

①保险赔付　②政府救助　③其他（请注明）＿＿＿＿＿＿＿＿＿＿

5. 您一般遭受到的风险损失额占农作物产出的比例大概是：

①10%～30%　②40%～60%　③70%～80%　④90%以上

6. 近五年来，您投的保险次数：

①1～2次　②3次以上　③每年都投　④其他（请注明）＿＿＿＿＿

7. 您愿意买的保险种类是：（可多选）

①农民养老保险　②农村合作医疗保险　③种植业保险　④养殖业保险　⑤其他（请注明）＿＿＿＿＿＿＿＿＿＿＿

8. 您希望多少保费是合适的：

①1 000元以下　②1 000～2 000元　③2 000～3 000元　④3 000～5 000元　⑤其他＿＿＿＿＿

9. 您对保险的种类还有别的什么需求：（可多选）

①希望多增加自然灾害方面的保险　②增加农机保险的险种　③农作物种子的保险　④其他（请注明）＿＿＿＿＿＿＿＿＿＿＿

10. 您愿意购买保险吗：

①愿意　②基本愿意　③看情况而定　④不愿意　⑤其他（请注明）＿＿＿＿＿＿＿＿＿

11. 您对目前保险公司的赔付做法是否接受：

①可以接受　②有些低，应该高一点就可以接受　③太低，根本不能接受　④无所谓，只要能赔付就行　⑤其他＿＿＿＿＿＿＿＿＿＿＿

12. 您的保险概念主要是从哪里来的：

①保险公司的宣传　②亲戚朋友　③电视传媒　④政府部门的推荐　⑤其他＿＿＿＿＿＿

13. 您认为保险重要吗：①很重要　②比较重要　③不重要

14. 您在什么情况下愿意购买保险：

①经常遇到灾害　②扩大种植或者养殖规模　③收入稳定　④其他＿＿＿＿＿＿＿＿＿＿＿＿＿＿

15. 您认为在农村搞养殖业会面临哪些风险：
①家畜病疫　②销售价格不稳定　③成本过高　④其他（请注明）_____

16. 您认为目前的状况购买保险合算吗：
①可以　②有点困难　③不打算购买　④其他（请注明）_____

17. 您的种植业面临哪些风险：（没有种植业的可以不做）
①劣质种子　②假农药、化肥　③销售价格　④自然灾害　⑤其他_____

18. 您是从什么渠道购买的保险：
①保险公司上门服务　②自己主动投保　③其他（请注明）_____

19. 您对购买保险的保费（费率）价位：
①能接受　②有点贵，还是能接受　③太高，不能接受　④其他_____

20. 您对农业保险和担保的了解程度：
①很了解　②了解一些　③不了解　④没听说过、一点也不知道

21. 您的性别：①男　②女

22. 您的年龄：①20～30 岁　②30～40 岁　③40～50 岁　④50 岁以上

23. 您的文化程度：①小学　②初中　③高中/职高/中技　④大专以上　⑤文盲

24. 您的家庭人口：①3 人以下　②3～4 人　③5～6 人　④7 人以上

25. 农户耕地面积：①小于或等于 10 亩　②大于 10 亩、小于 30 亩　③30 亩以上

26. 农户经济活动类型：①传统农业（种植业、养殖业）　②农业与非农兼业　③非农业

27. 农户的年均收入：_____元

28. 您对改善农村政策性保险服务的意见和建议：（可附页）_____

29. 被调查农户联系电话：_____
居住地：_____省　　县（市）　　乡（镇）　　村
调查员签名：_____　电话：_____

参考文献

[1] 白钦先. 白钦先经济金融文集（1-5卷）[M]. 北京：中国金融出版社，2009.

[2] 白钦先. 中国农村金融体制改革的战略性重构重组与重建[J]. 中国金融，2004（12）.

[3] 白钦先. 金融可持续发展研究导论[M]. 北京：中国金融出版社，2000.

[4] 白钦先，徐爱田，王小兴. 各国农业政策性金融体制比较[M]. 北京：中国金融出版社，2006.

[5] 白钦先，李钧. 中国农村金融"三元结构"制度研究[M]. 北京：中国金融出版社，2009.

[6] 白钦先，徐爱田. 中国农业政策性金融：十年历程评价与未来发展对策[J]. 农业发展与金融，2004（7）.

[7] 白钦先，王伟. 科学认识政策性金融制度[J]. 财贸经济，2010（8）.

[8] 白钦先，王伟. 政策性金融可持续发展必须实现的"六大协调均衡"[J]. 金融研究，2004（7）.

[9] 白钦先，王伟. 政策性金融监督机制与结构的国际比较[J]. 国际金融研究，2005（5）.

[10] 白钦先，王伟. 信贷配给政府介入与政策性金融[J]. 浙江金融，2004（4）.

[11] 白钦先，薛誉华. 各国中小企业政策性金融体系比较[M]. 北京：中国金融出版社，2001.

[12] 白钦先，徐爱田，欧建雄. 各国进出口政策性金融体制比较[M]. 北京：中国金融出版社，2002.

[13] 白钦先，郭刚. 对我国政策性金融理论与实践的再探索[J]. 财贸经济，2000（10）.

[14] 白钦先，陈阳，彭智. 农村社会保障金融体系的国际比较与借鉴：金融功能视角[J]. 广东金融学院学报，2007（6）.

[15] 成思危. 改革与发展：推进中国的农村金融[M]. 北京：经济科学出版社，2005.

［16］陈军，曹元征．农村金融深化与发展评析［M］．北京：中国人民大学出版社，2008．

［17］陈璐：我国农业保险业务萎缩的经济学分析农业经济问题［J］．农业经济问题，2004（11）．

［18］陈雪飞．农村金融学［M］．北京：中国金融出版社，2007．

［19］陈妍，凌远云，陈泽育等．农业保险购买意愿影响因素的实证研究［J］．农业技术经济，2007（2）．

［20］陈元．由金融危机引发的对金融资源配置方式的思考［J］．财贸经济，2009（11）．

［21］陈元．在开发性金融实践与理论研讨会上的讲话［R］．2004．

［22］曹晓东，贺学会．政策性金融的抑制效应分析［J］．财经理论与实践，1999（1）．

［23］褚福灵．组建社保银行管理社保基金［N］．人民日报，2007 – 05 – 31．

［24］达莫达尔·N. 古亚拉提．经济计量学精要（第3版）［M］．北京：机械工业出版社，2006．

［25］戴相龙，黄达．中华金融辞库（政策性金融分卷）［M］．北京：中国金融出版社，1998．

［26］丁兆明．保险功能之我见［J］．市场论坛，2005（7）．

［27］董玉华．市场、政府与农业、农民、农村金融［J］．农村金融研究，2007（6）．

［28］2007 中国农村金融论坛·特刊［N］．金融时报，2007 – 12 – 07．

［29］费振国，丁荣贵．论农业基础设施建设与农业政策性金融体系的重构［J］．商业研究，2008（5）．

［30］范恒森．金融制度学探索［M］．北京：中国金融出版社，2000．

［31］范静．农村合作金融产权制度创新研究［M］．北京：中国农业出版社，2006．

［32］冯文丽．我国农业保险市场失灵和制度供给［J］．金融研究，2004（4）．

［33］甘绍群．"三农"问题与农业政策性金融研究［J］．金融与保险，2004（6）．

［34］高晖，陈春．国开行：尴尬前行［J］．银行家，2007（12）．

［35］龚明华．发展中经济金融制度与银行体系研究［M］．北京：中国人民大学出版社，2004．

［36］国务院发展研究中心课题组．依托国家信用行使职能——国外政策性金融的发展趋势［J］．国际贸易，2005（5）．

［37］国家开发银行政研室．开发性金融知识问答，国家开发银行网

（www. cdb. com. cn），2004.

[38] 郭刚. 政策性金融论 [D]. 辽宁大学博士学位论文，2002.

[39] 郭文萱. 农业保险的三大困惑 [J]. 中国金融家，2009（6）.

[40] 郭晓航，姜云亭. 农业保险 [M]. 北京：中国金融出版社，1987.

[41] 韩俊等. 中国农村金融调查 [M]. 上海：上海远东出版社，2007.

[42] 何广文. 对农村政策金融的理性思考 [J]. 农业经济问题，2004（3）.

[43] 何广文. 农村政策金融制度创新和机制转型 [J]. 经济研究参考，2004（47）.

[44] 何广文，冯兴元，郭沛等. 中国农村金融发展与制度变迁 [J]. 北京：中国财政经济出版社，2005.

[45] 胡学好. 中国政策性金融理论与实践 [M]. 北京：经济科学出版社，2006.

[46] 胡炳志. 中国金融制度重构研究 [M]. 北京：人民出版社，2003.

[47] 黄达. 金融学 [M]. 北京：中国人民大学出版社，2003.

[48] 贾康. 建立和发展中国政策性金融体系不容回避 [J]. 今日中国论坛，2009（4）.

[49] 姜欣欣. 加快农村金融体制创新 支持中国现代农业发展 [M]. 金融时报，2009 - 06 - 29.

[50] 韩国产业银行. 韩国产业银行的作用和发展方向 [R]. 2004.

[51] 黄丽珠. 弱势金融支持：中国金融业未来发展的要务 [N]. 金融时报，2007 - 03 - 05.

[52] 课题组. 河南农业保险发展研究 [J]. 金融参考，2008（5）.

[53] 孔宪勇. 农业政策性金融改革的紧迫性 [N]. 金融时报，2002 - 05 - 20.

[54] 雷蒙德·W. 戈德史密斯著，周朔等译. 金融结构与金融发展 [M]. 上海：上海三联书店、上海人民出版社，1994.

[55] 李光. 中国农村投融资体制改革研究 [M]. 北京：中国财政经济出版社，2005.

[56] 李国虎. 农业政策性金融研究 [D]. 华中农业大学博士学位论文，2000.

[57] 李建英. 转轨期农村金融体系研究 [M]. 北京：经济管理出版社，2007.

[58] 李琴英. 对我国农业保险及其风险分散机制的若干思考 [J]. 金融理论与实践，2007（9）.

[59] 李军. 农业保险的性质、立法原则和发展思路 [J]. 中国农村经济，1996（1）.

[60] 李心丹. 行为金融学——理论及中国的证据 [M]. 上海：上海三联书店，2004.

[61] 李扬. 中国金融发展报告（2005）[M]. 北京：社会科学文献出版社，2005。

[62] 李扬，王国刚等. 中国金融改革开放30年研究 [M]. 北京：经济管理出版

[63] 林宝清. 论保险功能说研究的若干逻辑起点问题 [J]. 金融研究, 2004 (9).

[64] 林丽琼, 张文棋. 我国农业政策性金融制度创新思考 [J]. 福建论坛（人文社会科学版）, 2005 (1).

[65] 刘民权. 中国农村金融市场研究 [M]. 北京：中国人民大学出版社, 2006.

[66] 刘力. 行为金融理论对效率市场假说的挑战 [J]. 经济科学, 1999 (3).

[67] 刘京生. 中国农业保险制度论纲 [M]. 北京：中国社会科学出版社, 2000.

[68] 刘仁伍. 新农村建设中的金融问题 [M]. 北京：中国金融出版社, 2006.

[69] 刘锡良等. 中国转型期农村金融体系研究 [M]. 北京：中国金融出版社, 2006.

[70] 龙文军. 谁来拯救农业保险——农业保险行为主体互动研究 [M]. 北京：中国农业出版社, 2004.

[71] 卢平, 蔡友才. 构建农村政策性金融体系问题研究——我国农村政策性金融国际借鉴与改革思路 [J]. 南京农业大学学报（社会科学版）, 2005 (1).

[72] 罗纳德·I. 麦金农. 经济自由化的顺序——向市场经济过渡中的金融控制 [M]. 北京：中国金融出版社, 1993.

[73] 马奎, 杨梅. 经济市场化含义刍议 [J]. 北方经贸, 2007 (11).

[74] 穆罕默德·尤努斯. 小额信贷：缓解贫困问题的一条重要途径 [J]. 经济科学, 2006 (6).

[75] 穆迪投资服务公司全球信贷研究部. 中国银行业展望：改革继续进行，问题有待解决 [M]. 北京：中信出版社, 2004.

[76] 宁满秀, 邢郦, 钟甫宁. 影响农户购买农业保险决策因素实证分析：以新疆玛纳斯河流域为例 [J]. 农业经济问题, 2005 (6).

[77] 牛晓健. 政策性金融创新研探究——论政策性银行和社会保险可能的融合 [J]. 当代经济科学, 2003 (6).

[78] 卿淑群. 政策性银行学 [M]. 成都：西南财经大学出版社, 1999.

[79] 瞿强. 经济发展中的政策金融——若干案例研究 [M]. 北京：中国人民大学出版社, 2000.

[80] 盛洪. 现代制度经济学 [M]. 北京：北京大学出版社, 2003.

[81] 施红. 政府介入对政策性农业保险的运作效率影响的分析 [J]. 农业经济问题, 2008 (12).

[82] 宋宏谋. 中国农村金融发展问题研究 [M]. 太原：山西经济出版社, 2003.

[83] 宋辅良. 金融家新形势下的社会责任 [J]. 中国金融家, 2007 (11).

[84] 史清华. 农户借贷行为演变趋势比较研究 [J]. 中国经济问题, 2006 (3).

[85] 孙祁祥, 朱南军. 保险功能论 [J]. 湖南社会科学, 2004 (12).

[86] 孙祈祥等. 中国巨灾风险管理：再保险的角色 [J]. 财贸经济, 2004 (9).

[87] 孙蓉, 费友海. 风险认知、利益互动与农业保险制度变迁——基于四川试点的实证分析 [J]. 财贸经济, 2009 (6).

[88] 谭庆华. 政策性金融功能研究——兼论中国政策性金融发展 [D]. 中山大学博士学位论文, 2005.

[89] 谭庆华, 呙玉红. 政策性金融的引导—虹吸—扩张机制及相关政策探讨 [J]. 广东商学院学报, 2004 (4).

[90] 唐成. 中国的政策性金融和邮政储蓄的关系研究 [J]. 经济研究, 2002 (11).

[91] 唐旭等. 中国金融机构改革：理论、路径与构想 [M]. 北京：中国金融出版社, 2008.

[92] 唐文琳, 边作新. 金融体制的国际比较 [M]. 南宁：广西民族出版社, 2001.

[93] 汤爱平. 自然灾害的概念、等级 [J]. 自然灾害学报, 1999 (3).

[94] 陶建平. 长江中游平原农业洪涝灾害风险管理研究 [D]. 华中农业大学博士学位论文, 2003.

[95] 田霖. 我国金融排除空间差异的影响要素分析 [J]. 财经研究, 2007 (4).

[96] 庹国柱, 丁少群. 农作物保险风险和费率分区问题的探讨 [J]. 中国农村经济, 1994 (8).

[97] 庹国柱, 李军. 农业保险 [M]. 北京：中国人民大学出版社, 2005.

[98] 汪三贵, 朴之水, 李莹星. 贫困农户信贷资金供给与需求 [M]. 北京：中国农业出版社, 2001.

[99] 王大用. 政策性银行：不以盈利为目标不等于不盈利 [N]. 经济观察报, 2007-01-15.

[100] 王广谦. 20世纪西方货币金融理论研究：进展与述评 [M]. 北京：经济科学出版社, 2003.

[101] 王广谦等. 中国金融改革：历史经验与转型模式 [M]. 北京：中国金融出版社, 2008.

[102] 王敏俊. 影响小规模农户参加政策性农业保险的因素分析——基于浙江省613户小规模农户的调查数据 [J]. 中国农村经济, 2009 (3).

[103] 王群琳. 中国农村金融制度的缺陷与创新 [M]. 北京：经济管理出版社, 2006.

[104] 王信,丁少群. 发展我国政策性农业保险的路径选择[J]. 中国集体经济, 2007 (10).

[105] 王曙光. 金融自由化与经济发展[M]. 北京:北京大学出版社,2003.

[106] 王伟. 我国农村政策性金融功能弱化的行为金融学分析[J]. 上海金融,2008 (11).

[107] 王伟. 基于功能观点的政策性金融市场化运作问题探析[J]. 贵州社会科学, 2009 (2).

[108] 王伟. 政策性金融学理论框架研究[J]. 金融理论与实践,2008 (2).

[109] 王伟. 农村政策性金融支持现代农业发展研究[J]. 农业经济研究,2009 (4).

[110] 王伟,田杰. 基于DEA模型的财政金融支农资金配置效率实证研究[J]. 武汉金融,2009 (5).

[111] 王廷科,薛峰. 现代政策性金融机构:职能、组织与行为理论[J]. 金融与经济,1995 (2).

[112] 王雅婷. 北京通州地区政策性农业保险实施状况调查报告[J]. 首都经济贸易大学学报,2009 (3).

[113] 王义桅. 中国发展不能迷失自我[N]. 环球时报,2007-09-07.

[114] 王相品. 中外农业政策性金融理论与实务[M]. 北京:中国金融出版社,1999.

[115] 魏华林. 论人类对保险功能的认识及其变迁[J]. 保险研究,2004 (2).

[116] 温铁军. 市场失灵加政府失灵双重困境下的"三农"问题[J]. 读书,2001 (10).

[117] 吴晓灵. 政策性银行应独立立法[N]. 国际金融报,2003-04-23.

[118] 吴雨珊. 三大政策性银行被动转型"开发性金融"新主张招强硬反弹[N]. 21世纪经济报道,2005-02-21.

[119] 邢慧茹,陶建平. 巨灾风险、保费补贴与我国农业保险市场失衡分析[J]. 中国软科学,2009 (7).

[120] 邢鹂. 新疆生产建设兵团农业保险发展的实证分析[J]. 石河子大学学报(哲社版),2003 (2).

[121] 谢家智. 我国农业巨灾保障体系构建的思考[J]. 中国农村信用合作,2008 (12).

[122] 谢爱辉. 我国农村政策性金融体系构建方略[J]. 农村经济,2006 (11).

[123] 谢康，乌家培. 阿克洛夫、斯彭斯和斯蒂格利茨论文精选［M］. 北京：商务印书馆，2002.

[124] 熊海帆. 有关巨灾风险管理问题研究的一个综述［J］. 第八届中国金融论坛会议论文，2008.

[125] 杨涛. 政策性银行改革要避免走极端［N］. 上海证券报，2007-03-27.

[126] 约翰·格利和爱德华·S. 肖. 经济发展中的金融深化［M］. 上海：上海三联书店，1988.

[127] 约瑟夫·E. 斯蒂格利茨. 政府为什么干预经济［M］. 北京：中国物资出版社，1998.

[128] 臧明义. 中国政策性金融理论与实践研究［D］. 中共中央党校博士学位论文，2006.

[129] 曾康霖. 漫谈金融研究［J］. 中国金融，2010（4）.

[130] 曾康霖. 我国金融事业发展的缺陷需要弥补——从以科学发展观发展金融事业谈起［J］. 金融研究，2004（12）.

[131] 张贵乐. 合作金融论［M］. 大连：东北财经大学出版社，2001.

[132] 张金林. 现代保险功能：一般理论与中国特色［J］. 中南财经政法大学学报，2004（6）.

[133] 张杰. 中国农村金融制度：结构、变迁与政策［M］. 北京：中国人民大学出版社，2003.

[134] 张立军，湛泳. 金融发展与降低贫困——基于中国1994—2004年小额信贷的分析［J］. 当代经济科学，2006（6）.

[135] 张浩，李前进，吴莹. 农业保险与农村信贷互动机制研究［J］. 上海金融，2010（3）.

[136] 张满红. 6 000亿元：城市"抽血"农村［J］. 新闻周刊，2002-10-11.

[137] 张舒英. 日本政策性金融面临的挑战及改革方向［J］. 中国金融，2007（8）.

[138] 张艳娟. 中国农业政策性金融制度研究［D］. 辽宁大学博士学位论文，2009.

[139] 张跃华，史清华，顾海英. 农业保险需求问题的一个理论研究及实证分析［J］. 数量经济技术经济研究，2007（4）.

[140] 张跃华，顾海英，史清华. 农业保险需求不足效用层面的一个解释及实证研究［J］. 数量经济技术经济研究，2005（4）.

[141] 张涛. 政策性银行要向综合性开发金融机构转型［N］. 金融时报，2005-08-08.

［142］张涛，卜永祥. 关于中国政策性银行改革的若干问题［J］. 经济学动态，2006（5）.

［143］赵京霞. 进出口银行的国际比较［M］. 北京：中国青年出版社，1996.

［144］政策性银行改革与转型国际研讨会. 人民网（www. people. com. cn）直播全文，2006 - 04 - 29.

［145］郑永年. 要预防中国思维的美国化［N］. 参考消息，2007 - 08 - 22.

［146］兹维·博迪，罗伯特·C. 莫顿著，伊志宏等译. 金融学［M］. 北京：中国人民大学出版社，2000.

［147］钟甫宁，宁满秀，邢鹂. 我国政策性种植业保险制度的可行性研究［M］. 北京：经济管理出版社，2007.

［148］钟笑寒，汤荔. 农村金融机构收缩的经济影响：对中国的实证研究［J］. 经济评论，2005（1）.

［149］周霆，邓焕民. 中国农村金融制度创新论：基于"三农"视角的分析［M］. 北京：中国财政经济出版社，2005.

［150］周才云. 我国农业保险：难题及其破解［J］. 理论探索，2009（4）.

［151］周小川. 对中国金融改革的两点关注：养老金体制和机构成长［J］. 中国金融，2005（21）.

［152］中国农村金融学会. 中国农村金融改革发展三十年［M］. 北京：中国金融出版社，2008.

［153］中国农业发展银行北京分行课题组. 中国农业发展银行现代企业制度基本架构问题研究［J］. 金融参考，2004（4）.

［154］朱文，王芳. 我国农村政策性金融存在的问题及改革展望［J］. 云南财贸学院学报，2001（1）.

［155］庄俊鸿. 政策性银行概论［M］. 北京：中国金融出版社，2001.

［156］Ahsan, S. M., Ali, A. & Kurian, K.. Toward a Theory of Agricultural Insurance［J］. American Journal of Agricultural Economics, 1982.

［157］Arestis, P. & A. Caner. Financial Liberalization and Poverty［R］. Working Paper, No. 411, 2004.

［158］Banerjee, A. V. & A. F.. Newman. Occupational Choice and the Process of Development［J］. Journal of Political Economy 101 (2): 274 - 298, 1993.

［159］Barnett, B., J. Skees & J. D. Hourigan. Explaining Participation in Federal Crop Insurance［R］. Staff Paper 275. University of Kentucky, 1990.

参 考 文 献

[160] Burgess, R. & R. Pande. Do Rural Banks Matter? Evidence from the Indian Social Banking Experiment [R]. CMPO Working Paper Series No. 04 – 104, 2003.

[161] Carbo S., Gardener E. P., Molyneux P.. Financial Exclusion [R]. Palgrave Mac-Millan, 2005.

[162] Chambers, R. G.. Insurability and Moral Hazard in Agricultural Insurance Markets [J]. American Journal of Agricultural Economics, 1989.

[163] Department for International Development. The Importance of Financial Sector Development for Growth and Poverty Reduction [R]. Policy Division Working Paper No. PD030, 2004.

[164] Geda, A., A. Shimeles & D. Zerfu. Finance and Poverty in Ethiopia [R]. Research Paper No. 51, United Nations University, 2006.

[165] Galor, O. & J. Zeira. Income Distribution and Macroeconomics [J]. Review of Economic Studies 60: 35 – 52, 1993.

[166] Geetha Nagarajan and Richard L. Meyer. Rural Finance: Recent Advances and Emerging Lessons, Debats, and Opportunities [R]. Reformatted Version of Working Paper, 2005.

[167] Goodwin, B. K.. Premium Rate Determination in the Federal Crop Insurance Program: What do Averages have to Say, About Risk? [J]. Journal of Agricultural and Resource Economics, 1994.

[168] Hans Reich. The Role of a Development Bank in a Social Market Economy [R]. China Development Bank International Advisory Council Meeting, 2002.

[169] Honohan, P.. Financial Development, Growth and Poverty [R]. World Bank Policy Research Working Paper 3203, 2004.

[170] Jalilian, H. & C. Kirkpatrick. Financial Development and Poverty Reduction in Developing Countries [R]. Working Paper No. 30, University of Manchester, 2001.

[171] Jeanneney, S. G. & K. Kpodar. Financial Development, Financial Instability and Poverty [R]. CSAE Working Paper Series, 2005.

[172] Kahneman, D. & A. Tversky. Prospect Theory: An Analysis of Decision Under Risk [J]. Econometrica 47 (March): 277, 1979.

[173] Kempson, E. & C. Whyley. Kept Out or Opted out? Understanding and Combating Financial Exclusion [R]. Bristol UK, Policy Press, 1999a.

[174] Kempson, E. & C. Whyley. Understanding an Combating Financial Exclusion [J]. Insurance Tend, 1999b.

[175] Keynes, J. M.. The General Theory of Employment, Interest and Money [M].

London‐Basingstoke: Macmillan, 1936.

[176] Knight, T. O., & K. H. Coble. Survey of U. S. Multiple Peril Crop Insurance Since 1980 [J]. Review of Agricultural Economics, 1997.

[177] Ledgerwood, J.. The Microfinance Handbook: An Institutional and Financial Perspective [R]. SBP Technical Paper Series, Dec, 1998.

[178] Li, H., L. Squire & H. Zou. Explaining International and Intertemporal Variations in Income Inequality [J]. Economic Journal 108 (1): 26－43, 1998.

[179] Mandira Sarma. Index of Financial Inclusion [R]. Working Paper No. 215, 2008.

[180] Matin, I., D. Hulme & S. Rutherford. Financial Services for the Poor and Poorest: Deepening Understanding to Improve Provision [R]. Working Paper, No. 9, University of Manchester, 1999.

[181] Meyer, Richard L. and Geetha Nagarajan. Rural Financial Markets in Asia: Policies, Paradigms, and Enformance. [M]. Manila: Asian Development Bank and Hong Kong. Oxford University Press, 2000.

[182] Nelson, C. & Loehman E.. Further Toward a Theory of Agricultural Insurance [J]. American Journal of Agricultural Economics, 1987.

[183] Ng Kee Choe. Functions and Market Positioning of Development Financial Institutions and Commercial Banks [R]. China Development Bank International Advisory Council Meeting, 2002.

[184] Rangarajan Committee. Report of the Committee on Financial Inclusion [R]. Committee Report, 2008.

[185] Ranjan, R. R. & L. Zingales. Saving Capitalism from the Capitalists: Unleashing the Power of Financial Markets to Create Wealth and Spread Opportunity [M]. New York: Crown Business, 2003.

[186] Schultz, Theodore. W.. The Value of Ability to Deal with Disequilibria [J]. Journal of Economic Literature, Vol, 13, September 1975.

[187] Shiller, R. J.. Market Volatility [M]. MIT Press: Cambridge, MA, 1989.

[188] Stiglitz, J.. The Role of the State in Financial Markets [R]. Proceedings of the World Bank Annual Conference on Development Economics, pp. 19－52, 1998.

[189] Steel, William F. and Stephanie Charitonenko. Implementing the Bank's Strategy to Reach the Rural Poor [R]. Report No. 26030. Washington, D. C.: Agriculture & Rural Development Department, 2003.

参 考 文 献

[190] Tasuku Takagaki. The Fourth International Advisory Council Meeting of CDB [R]. China Development Bank International Advisory Council Meeting, 2002.

[191] Tversky, A. and D. Kahneman. Judgment Under Uncertainty: Heuristics and Biases [J]. Science 185, 1124-1131, 1974.